KB061195

퓨즈만이
희망이다

퓨즈만이
희망이다

신영전 —— 사회비평에세이

디스토피아 시대, ———— 우리에게 던지는 어떤 위로

한겨레출판

일러두기

1. 글의 말미에 글이 게재됐을 때의 원제목과 게재 매체, 게재 일자를 밝혀두었습니다.
   단, 제목이 그대로인 경우에는 원제목을 밝히지 않았습니다.

2. 분량 문제로 매체 게재 시 싣지 못한 초고를 모두 실어서 게재 시와는
   일부 차이가 날 수 있습니다.

'아픔의 연대'를 위하여

이 책은 지난 15년간 한국 사회 건강정치학이라는 공간에서 주요 이슈가 되었던 사건들의 기록입니다. 그러니까 이 책에는 아주 최근의 글도 있지만 어떤 글은 무려 15년 전의 것이지요. 오래전에 있었던 일이라 벌써 많은 이들에게 낯선 사건이고, 몇몇 출판사 관계자분들의 말처럼 시의성이 떨어지는 것들일 수 있습니다. 하지만 저는 책에 그 오래된 것들을 꼭 함께 싣고 싶다고 어린애처럼 우겼습니다.

그 이유는 오늘날 우리 사회 도처에 넘쳐흐르는 아픔들은 비록 그 이름이 매일매일 바뀌어도 본질은 여전히 그대로이며, 그 아픔을 넘어서기 위한 '아픔의 연대'의 필요성 역시 여전히 유효하다고 생각했기 때문입니다. 아니, 그 아픔의 근원이 오랜 시간이 지나도 변함없이 얼마나 집요하게 우리를 얽매고 있는지 고발하고 싶었습니다.

또한 잊지 않고 기억하고 싶었습니다. 제 생각과 문장의 완성도에 상관없이 이는 우리 건강정책사에서 하나의 기록물로서 의미를 가진다고 생각했습니다. 소설가 밀란 쿤데라의 말처럼 "인간에 대한 억압과 맞서 싸우는 것은 기억과 망각 사이의 싸움"이기 때문입니다. 기록은 기억을 지배합니다. 그렇기에 기록은 약자가 가질 수 있는 마지막 무기지요. 어린 나이에 수용소에서 죽어갔지만 나치의 유대인 학살을 세상에 알린 안네 프랑크의 일기처럼, 조국은 망했지만 기록을 통해 '촉한정통론'을 만들어낸 촉나라 진수의 기록물처럼 말입니다.

여덟 개의 키워드로 분류된 글 중 〈1장 성찰: 우리가 놓친 것들〉은 비교적 최근의 글들을 모은 것입니다. 특별히 「우월한 생은 없다」로 시작되는 이른바 "없다" 시리즈는 우리가 당연하다고 여기는 세상을 뒤집어 생각해 보고 싶은 마음에서 시작한 글들입니다. 한 철학자의 말처럼 누군가 세상과 역사를 바꾸고 싶다면 의미(意味)의 체계를 총체적으로 변화시킬 수 있어야 하기 때문입니다.

〈2장 책임: 아무도 책임지지 않는다〉는 주로 정부의 건강정책에 대한 비판을 담고 있습니다. 참여정부 시절 모 보건복지부 장관은 많은 시민단체와 국가인권위원회의 반대 의견에도 불구하고 가난한 의료급여 환자들을 의료비를 낭비하는 범죄자 취급하며 본인부담금을 만들고 특정 의원만 갈 수 있게 하는 정책을 강행했습니다(「다시 써야 할 반성문」 등). 인간적으로 좋아했던 노무현 대통령도 의료민영화라는 판도라의 상자를 열어젖혔지요(「'눈물의 대통령」). 같은 편인 줄 알았던 이들의 '배신(?)'

이기에 더욱 가슴이 아팠습니다. 이명박, 박근혜 정권 시절에는 홍준표 경남도지사가 공공의료의 오랜 상징인 진주의료원의 문을 닫는 사건이 있었습니다(「형평운동기념탑 앞에서」 등). 코로나19 유행과 함께 우리나라 공공의료가 얼마나 소중한 사회안전망인지 몸으로 체감하고 있는 지금, 홍준표 전 도지사는 다시 국회의원이 되어 돌아왔지요. 하지만 문제는 보수 진영만이 아닙니다. 문재인 대통령 역시 "의료민영화의 관 뚜껑을 완전히 닫겠다"라는 약속을 하고 대통령이 되었지만, 야당 시절 반대하던 '규제프리존' '규제샌드박스' '원격의료' '영리 유전자검사' '데이터 3법' 등 보수 정권 때도 감히 하지 못했던 의료영리화 정책의 전도사 역할을 자처하고 있습니다. 이런 현상을 어떻게 이해해야 할지 여전히 모르겠습니다(「두 번째 '눈물의 대통령'」).

〈3장 자본: 공포와 불안을 팔다〉는 정부의 정책 중 의료민영화 정책에 대한 비판 글입니다. 특별히 영리 유전자검사 허용과 같이, 해서는 안 되는 일까지 저지르고 있는 현 정부의 의료영리화 정책은 과거의 의료민영화 정책에 비해 훨씬 파괴력이 있는 것입니다. 과학적으로 입증조차 되지 않은 '치매 유전자'나 '암유전자'가 있다는 유전자 영리회사의 검진 결과를 통지 받은 20세 젊은이의 고통과 불안을 상상해 보십시오. 과학적 근거가 없거나 부족한 '유전자-질병 관계'를 가지고 사람들의 공포와 불안을 야기시켜 비싼 의료서비스를 구매하게 만들려는 영리기업의 상술을 합법화시켜 주고 있는 현 정부 앞에 시민과 시민사회는 무력하기만 합니다. 왜냐하면 이른바 '거대

과학-자본-공권력'의 결탁이 만들어내고 있는 새로운 '철의 삼각'은 인류 역사상 가장 강력한 권력이기 때문입니다(「신(新) 파우스트, 당신은 왜 나를 궁금해하지요?」 등). 이 장에는 제가 대통령 직속 국가생명윤리심의위원회를 그만두며 대통령에게 쓴 사직서도 포함되어 있습니다.

〈4장 건강: 네가 아프면 나도 아프다〉는 우리가 얼마나 서로 긴밀히 연결되고 있는지, 건강한 사회적·물리적 환경이 우리가 건강하기 위해 얼마나 필요한지(「피로는 간 때문이 아니다」), 그리고 우리의 아픔은 '서로 돌봄'을 통해서만 극복될 수 있다는 믿음(「돌봄의 공동체를 위하여」 등)에 대한 글들입니다.

〈5장 평화: "평화가 길이다"〉는 제게 특별한 장입니다. 2002년부터 2년간 저는 보스턴으로 안식년을 떠났습니다. 모처럼 갖게 된 성찰의 시간 가운데, 차로 30분도 안되는 지척의 거리에 1990년대 말 30만 명이 굶어 죽는 엄청난 비극이 발생했음에도 불구하고 취약계층 건강정책을 전공하는 제가 그 아픔에 무심했다는 사실을 통렬히 반성했습니다. 미국에서 돌아오자마자 북한 관련 공부와 활동을 시작했습니다. 그중 대표적인 사업이 '영유아와 모성 보건 협력사업'입니다(「김정숙, 리설주, 펑리위안 여사께」 등). 그 후 15년 동안 십여 차례 북을 다녀오고 이리저리 뛰어다녔지만 아직 갈 길이 멉니다. 무능했으니 그만두고 싶지만, 새로 짓기로 약속하고 부숴버린 후 남북관계 경색으로 약속을 지키지 못한 남포 어린이병원을 다시 멋지게 증·개축할 때까지 '한반도 평화체계 구축 활동'은 제게 시시포스의 돌과 같은 과제가 될 것입니다(「그때도 그랬다」 등).

〈6장 경계: 경계를 넘어〉는 제 몸과 생각이 한반도라는 경계를 넘으며 쓴 글들입니다. '모든 경계는 의식의 경계'일 뿐이라 믿고, 오직 '보편적 진리에만 복무하고자 하는' 한 아나키스트이자 코즈모폴리턴의 꿈을 독자들과 함께 나눌 수 있기를 바랍니다(「국경을 넘는 방법」 등).

〈7장 싸움: 푸른 유리 한 조각〉은 유달리 겁이 많았던 한 청년, 그래서 6·10 민주 항쟁 때에도 최루탄을 피해 다니기에 급급했던 한 병약한 의대생이 왜 싸울 수밖에 없었는지에 대한 이야기입니다. 또한 우리 어른들의 잘못 때문에 하늘나라에 먼저 간 우리 아이들 앞에 쓴 반성문과 각서(「"이제 우리가 자리를 지킬 차례"」)입니다.

제가 참여했던 싸움들은 대부분 패배가 예정되어 있는 약자들의 싸움이었습니다. 오래전 제 인생의 한 스승은 제게 "지는 데 익숙해지면 안 되지, 그래서 나는 잘 싸우지 않아. 그렇지만 싸우면 반드시 이기지"라고 말했지만, 운명인지 늘 제 역할은 '패전 담당 투수'일 때가 많았습니다. 하지만 덕분에 약자들의 싸움은 어떻고, 또 어때야 하는지, '진짜 싸움'은 무엇이고, 그 싸움에 나서기 위해 우리들 마음속에 간직해야 하는 것이 무엇인지 이제 조금은 알 듯하기도 합니다(「푸른 유리 한 조각」).

〈8장 희망: 퓨즈만이 희망이다〉는 이 책의 마지막 장이자, 지난 제 공생애(公生涯)를 통해 제가 내놓을 수 있는 결론인 셈입니다(「역설과 희망의 정치학」 「우리가 꿈꾸는 '100만 원의 기적'」). 우리는 '퓨즈'라는 희망과 어깨동무를 하고(「퓨즈만이 희망이다」) 은하수로 갈 수 있을까요(「은하수로 가는 방법」)?

이 책이 인쇄되어 나오면, 그 책을 들고 저 남쪽 땅에 있는 감은사지 탑을 들러 대왕암이 보이는 바닷가에 만파식적(萬波息笛) 소리를 들으러 가야겠습니다. 피리를 불면 적군이 물러나고 병이 나았으며 가뭄에 비가 내렸다는 그 피리 말입니다(「만파식적을 찾아서」).

'부분의 합보다 큰 전체'

"굳이 책으로 묶어내야 하나요?" 이 질문은 제 글들을 묶어 책으로 내자고 제안했던 십여 개 출판사 모두에게 제가 던졌던 질문이었습니다. 비록 이 글이 건강정치학 역사의 기록물로 조그만 의미가 있다 하더라도 여기 실린 대부분의 글은 언제든지 인터넷에서 찾아 읽을 수 있기에 더욱 그랬습니다. 그간의 글들을 기계적으로 묶어내는 것만으로는 책을 내야 하는 이유를 저 자신에게조차 설명할 수 없었습니다. 그래서 졸고들을 모아 재배치하고 소제목을 달고, 최종적으로 그 전체 글들을 하나의 제목으로 칭함으로써 개별 글들의 단순한 나열이 만들어내지 못했던 완전히 새로운 그 무엇을 만들어낼 수 있겠냐고 주제넘은 요청을 했습니다. 부분의 합이 전체를 넘을 뿐만 아니라, '무에서 유를 창조하듯' 개별 글들을 쓸 때 저조차도 생각하지 못했던, 그 무엇을 창조해 달라고 우긴 거지요. 사실 그 가능성을 믿었다기보다는 무언가 그럴듯한 핑곗거리를 만들어 졸고를 묶어 책으로 내는 부끄러움을 피해보려는 시도였습니다. 그런데 그런 저를 비웃듯, 한겨레출판은 그 멋진 일을 해냈습니다. 그렇기에 이 책이 가지는 멋스러움이 있다면 그건 제 졸고 때문이 아니라, 강가에 나뒹구는 잡석으로 멋진 정원을 만들어낸 김수영, 김경훈 선생님 이하 편집부 여러분들 덕분이라 할 것입니다.

〈홀랜드 오퍼스〉와 《건강정치학》

그동안 모인 글을 보며 서문을 쓰고 있노라니 다소의 감상이 없지 않습니다. 그래서인지 문득 스티븐 헤렉 감독의 영화 〈홀랜드 오퍼스〉의 한 장면이 떠올랐습니다. 이 영화의 주인공은 멋진 음악을 작곡할 시간을 벌기 위해 다니던 직장을 그만두고 한 학교의 음악 선생이 됩니다. 하지만 결론적으로 그는 정년퇴직할 때까지 한 곡도 쓰지 못합니다. 학생들을 가르치고 그들의 문제를 함께 해결하는 데 너무 많은 시간을 써버린 탓이지요. 정년퇴직을 맞아 짐을 챙겨 학교를 나오는 그의 손을 한 학생이 잡아 이끌어 그를 강당으로 데려갑니다. 그곳에는 그의 가르침과 도움을 받았던 많은 졸업생들이 악기를 들고 모여 있었고 그중 한 졸업생이 그에게 지휘봉을 건네주며 말합니다.

"우리가 당신의 작품입니다."

제 책상에서 가장 가까운 왼쪽 책장에는 제가 쓰고 싶은 《건강정치학》이라는 전문 서적을 쓰는 데 필요한 책들이 빼곡히 자리를 차지하고 언제쯤 자기를 이용해 책을 써줄지 지난 30년간 말똥말똥한 눈으로 저를 쳐다보고 있습니다. 하지만 아직까지 그 책을 쓰지 못했고 그 가능성도 요원해 보입니다. 그런데 오늘 이 책의 서문을 쓰기 위해 그간 제가 쓴 글들을 하나하나 다시 읽노라니 결국 이것이 제가 지난 30년간 쓰려고 했던 그 《건강정치학》이란 책이 아니었나 하는 생각이 들었습니다.

'미망(迷妄)'이 아니라 '희망'을 만들어내길

한국 사회 건강정치라는 시공간 속에서 이루어진 사건들을 기록하고 기억하는 일이 아무리 중요하다 하더라도, 한겨레출판이 만들어낸 작품이 아무리 훌륭하다 해도, 잊지 말아야 할 것이 있다는 걸 잘 압니다. 그건 제 생각의 한계뿐만 아니라 기본적으로 글이 가지는 한계를 명심하는 일입니다. 오래전 이미 인권운동가 서준식 님이 간파했던 것이기도 하지요.

"우리가 사는 세상에는 기본적으로 폭력의 원리가 관철되어 있으며 이 사회는 아직 글로써 사회가 변할 만큼 신사적이지도 이성적이지도 않다. '땅 위에 그어 놓은 금 안에서만 놀아라!' 이것이 이 사회의 룰이며 그 금을 넘어가면 반드시 피를 보게 되어 있는 것이 우리의 현실이다. 그리고 '진보적’ 글쟁이들의 글이란 ‘금 안에서 노는’ 글이다. 이성이 폭력적 구조의 벽에 부딪치는 지점부터는 어쩔 수 없이 ‘입’이 아닌 ‘근육’이 현실의 어둠을 뚫고 가야 한다는 사실을 알아야 한다. 이 사실을 망각하는 모든 글쓰기는 미망(迷妄)에 지나지 않는다.”*

영화관 안에서는 분노를 ‘소비’하고, 밖으로 나올 때는 다시 순한 양으로 변신하게 만드는 그런 일회성 영화와 같은 글이 되지 않길, 괜스레 애꿎은 나무만 베어 쓰러뜨린 책이 되지 않길, 이 책이 ‘입’이 아니라 ‘근육’을 키우고, ‘미망’이 아니라 ‘희망’을 만들어내길, 그것을 만들어내는 이 시대 이 땅의 모든 퓨즈들에게 작은 위로가 되길, 그리고 무엇보다 세상을 뒤바꿀 혁명의 불쏘시개가 되길.

2020년 7월 23일

심정풍헌(深淨風軒)에서 신영전

---

* 　서준식,《서준식의 생각》(야간비행, 2003)

목차

성찰 : 우리가 놓친 것들

1장

사람은 불완전하게 태어난다.

인간이 만들어낸 우생론은 궁극적으로 인간 스스로를 부정하는

자기파멸적 논리체계다. 그렇기에 인간의 취약성, 개방성, 유한성 같은

개인적·집합적 신체의 구성적 특징을 '퇴치해야 할 위험'이 아니라

'공동체의 근본 토대'로 간주해야 한다는 에스포지토의 주장은

멸종을 향해 가는 우생세를 구할 수 있는 마지막 희망의 구호다.

우월한 생은 없다.

우월한 생은 없다

"이 단종을 실행하는 목적은 국민으로부터 열등 분자를 없
애자는 데 있습니다. 유전성의 악질을 가진 사람들은 단종시
킴으로써 민족의 피를 깨끗이 하자는 것이 단종의 목적인데,
국민 체위 향상을 위하여 또는 국민 보건을 위하여서는 절대
로 필요한 일이라고 하겠습니다."

아돌프 히틀러의 《나의 투쟁》 중 한 대목을 생각나게 하는
이 발언을 한 사람은 이갑수다. 그는 일제강점기에 독일 유학을
한 의사였고, 조선우생협회를 만드는 데 주도적 역할을 했을 뿐
만 아니라 해방 후 초대 보건부 차관을 지냈다. 차관 재직 당시
한센병에 대한 그의 우생학적 관점은 비인권적인 단종, 강제격
리와 입양 등 비극으로 이어졌다. 수백만 명을 '인종청소'라는
미명 아래 살해한 나치 정권과 규모 면에서 비교가 안 되지만,
그 논리는 찍어 놓은 듯 똑같다. 더욱 큰 문제는 이러한 우생론
이 '일베' 게시판에서만이 아니라 '건강은 국력'이라는 모 대학

교 교정의 기념비에서도 발견되며, 국가 예산 수조 원을 투입하겠다는 '좋은' 유전자 프로젝트에서도 확인된다는 것이다. 아직도 우리는 '우생세(優生世)'를 살아가고 있다.

최근 무리한 학생 경력 양산 체계가 정치권을 뒤흔들고 있다. 이 역시 따지고 보면 학생을 우열로 나누고 많은 스펙과 높은 점수를 획득한 소위 '우등생'이 세상 특권의 대부분을 차지하는 '승자독식' 사회가 만들어낸 블랙 코미디다. 자기 자녀의 우열을 가리지 않듯, 모든 학생은 '우열'이 아니라 '다름'으로 대해야 한다. 그 다름이 차별의 이유가 안 된다는 것은 교육의 기본 원칙이다. 그러나 우리 사회는 이 원칙을 버린 지 오래다. '직업에 귀천이 없다'는 말도 사라졌다.

많은 이들이 무한 경쟁의 자본주의를 그 범인으로 지목하지만 거기에 날개를 달아준 것이 바로 우생론이다. 더 우수한 유전자, 인간, 계층이 존재한다는 믿음 말이다. 우생론은 과학이란 가면을 썼기에 더 무섭다. 거기에 이윤, 인종, 애국, 국가 미래 먹거리, 성장 동력이란 단어까지 결합하면 실로 무소불위의 괴물이 된다. 이 괴물은 '완벽함' '무병장수'에 대한 강박을 퍼뜨리고, 영리자본은 달콤한 말로 영혼을 잠식한다.

그러면 무엇을 할 것인가? 궁극적으로는 모든 차별을 없애고, 특별히 직종과 직위 간 소득 격차를 파격적으로 줄여나가야 한다. 대학도 점수가 아니라 적성과 희망에 따라 갈 수 있게 해야 한다. 이것이 가능하려면 우선적으로 해야 할 일이 있다. 우리 안의 우생론을 없애는 일이다. 먼저 우리말 속의 우열이란 단어들을 찾아내어 없애나가기를 제안한다. '우등생' '우열반' '우등열차' '우량품종' '우량주' '좋은/나쁜 유전자' 등의 단어를 사용하지 말자.

특별히 과학용어 중에는 일본도 이미 포기한 우생 관련 단어가 많다. 일본은 1996년 '국민우생법'을 '모체보호법'으로 개정하면서 법 조항에서 '우생'이란 단어를 모두 없앴다. 그러나 이를 모방해 만든 우리나라 '모자보건법' 제14조에는 아직까지 '우생'이란 단어가 인공임신중절을 허용하는 근거로 살아있다. 2017년 일본 유전학회는 우성과 열성이라는 용어를 폐기하고 대신 현성(顯性)과 잠성(潛性)이라고 쓰기로 했다. '우열의 법칙'도 '유전의 법칙'이라 쓴다. '우성 대뇌반구' '우성 수용체' 등 의학·과학계의 단어는 고칠 것이 너무 많다. 그럼에도 우리 학계의 변화는 너무 더디다.

존재에 우열은 없다. '만유의 영장'이라는 신화 속에 살아가는 인간의 생존조차도 지극히 우연의 산물일 뿐 다른 종보다 우월해서가 결코 아니다. 생존 능력으로 친다면, 바퀴벌레는 3억 5000만 년을 지구에서 살아남았고, 1.5mm의 벼룩 같은 물곰(곰벌레)은 방사선은 물론 영하 273도의 극저온이나 영상 151도의 고온에도 끄떡없이 견딘다. 인간의 지능도 인공지능에 뒤처진 지 오래다.

사람은 기본적으로 불완전하게 태어난다. 생물학자 네이선 렌츠의 말대로, 우리 몸에는 딱히 할 일 없이 존재하는 뼈들이 수없이 많고, 망막은 거꾸로 달려 있으며, 우리 유전체의 내용물 대부분은 쓸모가 없는 것이다. 혹시 미래 지구에 완전한 존재가 살아남는다면, 그것은 인간이 아닐 것이다. 그런 면에서 인간이 만들어낸 우생론은 궁극적으로 인간 스스로를 부정하는 자기파멸적 논리체계다. 그렇기에 인간의 취약성, 개방성, 유한성 같은 개인적·집합적 신체의 구성적 특징을 '퇴치해야 할 위험'이 아니라 '공동체의 근본 토대'로 간주해야 한다는 정치철학자 로베르토 에스포지토의 주장은 멸종을 향해 가는 우생세를 구할 수 있는 마지막 희망의 구호다. 우월한 생[優生]은 없다.

우월한 생[優生]은 없다
〈한겨레〉, 2019. 9. 19.

건강은 없다

이름이 없는 것은 존재할 수 없다. 적어도 인식론적으로는 그렇다. 그렇다면 조선시대 이전 한반도에 '건강(健康)'은 없었다. 그런 단어가 그때는 존재하지 않았기 때문이다. 미병(未病), 장수(長壽), 양생(養生) 등의 단어가 사용됐지만, 이들은 지금 우리가 '건강'이라고 부르는 것과는 의미가 다르다.

'건강'이란 단어는 19세기 중반 네덜란드 의학(난학)을 일본에 소개하는 과정에서 오가타 고안 등 일본 난학자들이 만들어낸 것으로 알려져 있다. 따라서 '건강'은 일본 의학계의 서양의학 수용 과정에서 나타난 200년도 안 된 근대적 발명품인 셈이다.

그렇지만 이제 현대인들은 '건강'이 영어의 'health(헬스)', 독일어의 'Gesundheit(게준트하이트)'와 같은 의미를 가진다고 생각한다. 세계보건기구는 1948년 헌장에서 "건강이란 단지 질병이나 장애가 없는 상태가 아니라 신체적, 정신적, 사회적으로 완전히 온존(well-being)한 상태"라고 규정했다. 이 정의는 건강에 '사회적 온존'을 포함시켰다는 점에서 진일보한 정의지만, 정의 중 '완전'이란 단어 때문에 지속적인 비판을 받아오고 있다. '신체적, 정신적, 사회적으로 완전히 온존한 상태'를 가진 사람은 있을 수 없고 인류 역사상 존재한 적도 없기 때문이다. 인간은 불완전하게 태어나서 불완전하게 살다 종국에는 죽는다. 그런 점에서 세계보건기구가 정의한 건강은 인간의 가장 기본적 본질인 불완전성을 무시하고 있다. 이 완벽함에 대한 지향은 '우생학적 강박'과 깊은 친화성을 가지며 인간이란 존재를 결함을 가진 자로 만든다. 또한 '건강하지 못한 것'에 대해 자기 스스로를 비난하거나 질병, 장애를 가진 이들을 차별하고 낙인찍는다.

완벽함을 지향하는 건강은 신화일 뿐이다. 그런 신화가 가장 강렬하게 작동하고 있는 곳이 한국 사회다. 식당 메뉴마다 이 음식이 심장에 좋으니 간장에 좋으니 하는 설명이 붙어있고, 목욕탕에도 혈압에 좋으니 당뇨병에 좋으니 하는 설명이 빠지지 않는다. '완벽한 얼굴과 몸매'로 변신하라는 광고가 지하철 칸을 가득 메우고 있고, 그래서인지 성형외과술이 가장 성황을 이루는 곳도 한국이다. 우리 영혼을 침식하고 있는 소위 '완벽한 몸 만들기 프로젝트'는 우생론의 현대적 발현일 뿐이다. 그 자체가 우리 사회의 병적 현상이며 무너짐이 예정된 바벨탑 쌓기다.

건강이란 말이 범람하고 건강산업이 발전할수록 인간은 더 나약해지고 아프다. 이른바 '건강의 패러독스'다. 영리적 의료산업은 매일 새로운 질병명을 양산해 내기 위해 혈안이 돼있다. 그럴수록 내 건강검진 결과지에 기록되는 병명 수도 늘어나고 의료비도 기하급수적으로 늘어난다.

건강한 신체의 추구는 과거 국민국가의 등장에 따른 대의 명분으로, 다른 한편으로는 '체력은 국력'이라는 정치·경제적 필요에 따라 이루어졌다. 하지만 현재 한국 사회에서는 더 나아가 기업이 앞장서고 국가가 밀어주는 의료산업이란 이름으로 우리 몸을 빠르게 점령해 가고 있다. 오늘날 주요 병원체는 건강한 신체를 추구하는 그 자체이며 의료산업은 병을 만들기 위해 인간의 몸을 다시 구성하고 있다는 철학자 이반 일리치의 예언적 설명은 한국 사회에서 이제 현실로 다가왔다.

오해 말자. 건강이 없다고 고통마저 없다는 것은 아니다. '건강'이라는 존재하지 않는 개념에 강박적으로 집중하기보다 우리 모두가 '죽음에 이르는 병'을 가진 불완전한 존재라는 공동의 인식 위에서 개인과 사회의 삶을 설계하는 것이 중요하다. 고통과 질병 역시 무조건 부정해야 하는 것이 아니다. 일리치는 자신의 신념에 따라 50대 중반부터 한쪽 뺨에서 자라나기 시작한 종양을 치료하지 않고 살다 갔는데, 이런 신념을 따르기가 쉬운 일은 아니다. 그래도 "고통에는 의미가 있다"는 그의 말은 새겨들을 만하다.

개인과 인류의 긍정적 변화는 무엇보다 고통 속에서 탄생했다고 해도 과언이 아니기 때문이다. "오늘날 대부분의 환자들은 병든 것이 아니라 늙은 것이다"라는 의학박사 크리스티안

구트의 말도 의미가 있다.

완벽한 건강을 추종할 때, 질병과 장애 그리고 늙음은 '부담'으로 전락하고 인간은 초라해지며 마침내 죽음으로써 모두 실패자가 된다. 그러므로 인간의 실존적 당위는 '완벽한' 건강이나 질병과 장애의 '박멸'이 아니라 본질적 불완전성과 함께 '온존'하기 위한 존재들의 끝없는 연대가 돼야 한다. 건강은 없다.

'건강'은 없다
〈한겨레〉, 2019. 10. 17.

노인은 없다

노인은 없다. 무슨 말장난이냐고 하겠지만 사실이다. 저출산·고령화를 막는답시고 2006년부터 13년간 쏟아부은 예산이 269조 원에 이른다고 한다. 여러 정권이 공권력을 총동원하고 내로라하는 전문가들이 참여했는데도 고령화 속도는 줄어들 기미를 보이지 않는다. 그동안 쏘아댄 수많은 화살이 한 번도 명중하지 못했다면 노인이란 과녁이 없는 게 틀림없다.

늙는 것은 젊음을 잃는 것이 아니라 품는 것이다. 인형 안에 인형이 있고, 그 안에 또 작은 인형이 자리하고 있는 '마트료시카'라는 러시아 목각 인형처럼 말이다. 다시 말해, 죽음이 삶의 결손이 아니라 축적인 것처럼 노년은 청춘의 결손이 아니라 그 모든 지나간 삶을 품는 것이다. 이것은 스코틀랜드 어느 양로원 할머니가 남긴 시에서도 발견된다.

"당신들 눈에는 누가 보이나요? / …… 성질머리도 괴팍하고 눈초리마저도 흐리멍덩한 할망구일 테지요. / …… 하지만 아세요? / 제 늙어버린 몸뚱이 안에 아직도 16세 처녀가 살고 있음을 …… / 그리고 이따금씩은 쪼그라든 제 심장이 쿵쿵대기도 한다는 것을……"

1900년대 전반기를 살았던 미국의 작가이자 철학가 알도 레오폴드의 책《모래 군의 열두 달》에는 수령이 80년쯤 된 나무에 톱질을 하며 회상하는 장면이 나온다. 만약 그때 그가 잘랐던 나무가 서울 남산 위의 소나무였다면 그의 회상은 다음과 같았을 것이다.

"첫 번째 톱날에 제일 먼저 잘려져 나간 것은 2년 전 추운 겨울날 광화문에 모여든 사람들의 불빛과 함성이 스며 있던 껍질이었다. 두 번째 톱질에 잘린 것은 10년 전 부엉이바위에 올랐던 전직 대통령과 평생 민주화를 위해 살다 간 또 한 명의 전직 대통령의 죽음을 위로하기 위해 모여든 사람들의 눈물이 만들어낸 수분. 그리고 부패한 권력에 상처받은 한 여배우가 스스로 목숨을 끊기 전 바라보았던 밤하늘의 스산한 기운을 품은 나이테였다. 이렇게 톱질을 한 번씩 할 때마다 근 10년의 시간이 함께 잘려 나가고 마지막에는 이 나무가 겨우 자리 잡아 서기 시작했던 80년 전 속살도 마침내 잘려 나갔다. 그 부스러기엔 1939년 일제가 전쟁을 위해 새로 제정한 방공법에 따라 수시로 울려 대던 사이렌 소리, 그리고 이제 더 이상 살기 어려워진 식민지 조선을 떠나 만주 벌판으로 향하던 청년들이 뒤돌아 올려보던 비장한 눈길도 섞여 있었다."

그렇기에 레오폴드는 우리가 늙은 나무 한 그루를 잘라 만들어낸 두 더미 톱밥이 한 세기의 통합적 단면이었다고 이야기한다. 이 늙은 나무와 늙은 몸이 어찌 다르겠는가?

나이 듦에 대한 이런 인식의 변화는 우리에게 나이에 대한 좀 더 정확한 이해를 제공하고, 이는 다시 효과적인 정책으로 이어진다. 다시 말해, 나이 든 이들의 온존(well-being)은 노령연금, 복지관 재활서비스, 중환자실 제공만으로 이루어지는 것이 아니다. 삼각김밥으로 저녁을 때우고 밤늦게까지 학원에서 졸지 않아도 되는 풍요로운 어린 시절이 있어야 가능하다. 그런 어린 시절은 실직을 걱정하지 않고 '(일과 삶이 균형을 이루는) 워라밸'이 가능한 부모와 따뜻한 공동체가 있어야 한다. 이제까지 우리의 사회정책은 특정 세대, 젠더, 약자 집단의 희생을 전제로 한 모델이었다. 이 과정에서 노인이라 불리던 이들은 제일 먼저 희생의 대상이 되곤 했다. 이 모델은 한시적으로 작동할 수 있지만 궁극적으로는 실패할 수밖에 없는 모형이다.

한국의 자살률이 경제협력개발기구(OECD) 1위라는 것은 잘 알려진 사실이다. 그 속을 잘 들여다보면 중요한 특징 중 하나가 65세를 넘은 이들의 자살률이 전체 자살의 약 30%에 달한다는 것이다. 이는 미국의 3.5배, 일본의 2.3배에 이르는 수치다. 한 철학자가 이야기한 것처럼, 《죄와 벌》의 주인공 라스콜

니코프가 살 가치가 없다고 믿었던 병든 노파를 도끼로 내려쳤을 때 진정 살해한 것은 자기 자신이었다. 그렇기에 어린이와 청년을 가슴에 품은 나이 든 이들이 삶을 포기하는 사회에선 그 누구도 행복할 수 없다.

내 안에 어린 시절의 내가 들어있다는 말이 아직도 믿기지 않는가? 초등학교 가을 운동회장에서 들려오는 함성을 듣거나, 젊은이의 축제가 펼쳐지는 곳을 가로질러 갈 때 당신의 심장이 빠르게 뛰지 않던가? 그래도 믿어지지 않는다면, 오늘 밤 조용히 방에 홀로 누워 거칠고 무뎌진 몸의 겉옷을 살짝 들쳐 안을 들여다보라. 보이는가? 노인은 없다.

〈한겨레〉, 2019. 11. 14.

자살은 없다

"자살은 없다. 타살이 있을 뿐이다." 소설가 엘사 트리올레의 이 말에는 각주가 필요하다. "그럼에도 불구하고 우리는 타살을 받아들인 그 결정을 존중해야 한다. 그러나 그 존중이 그를 죽음으로 몬 이들의 행위를 정당화하지는 않는다." 살아있는 자는 함부로 죽음을 이야기해선 안 된다. 죽음은 늘 아픔과 친하고 꽃은 무리를 지어 지기 때문이다. 그러나 오늘 나는 말하기로 했다. 그 죽음의 가해자를 찾아 고발하기 위해서다.

먼저 간 이들은 누구인가? 가해자를 찾기 위해서 우리는 스스로 떠나간 이들이 누구인지 알아야 한다. 그들은 마지막 순간까지 누구보다 간절하게 인간의 품위를 지키며 살고 싶었던 자들이다. 그렇기에 시인 니콜라이 네크라소프의 독백은 다음과 같이 바뀌어야 한다. "이 불의하고 추악한 세상을 슬픔도 노여움도 없이 살아가는 자는 무관심과 무감각이라는 병에 감염되어 이미 죽은 자다." 먼저 떠난 이들은 이 병에 '감염되지 않아 아파했던 자'다.

바닥으로 굴러떨어진 돌을 향해 다시 산에서 내려오는 시시포스의 뒷모습에서 영웅을 보았던 알베르 카뮈는 자살이 패배한 것이라고 말했다. 하지만 부당한 신의 요구에 대해 죽음이 때론 '진정한 저항'이 될 수 있다는 것을 알기에 그는 너무 젊었다. 정복자 율리우스 카이사르 앞에서 죽음을 택한 로마의 정치가 마르쿠스 카토는 분명 카뮈보다 '현명하고 용감한 자'였다.

그들은 카나리아다. 광부들은 갱도 안에 스며드는 유독 가스로 인해 죽을까 봐 가스에 민감한 카나리아를 새장에 넣어서 들어갔다고 한다. 먼저 떠난 이들은 우리 사회의 위험을 앞서 감지하고 '자기 몸을 바쳐 미리 알린 이들'이다. 살 수 있는 수많은 방법이 있었음에도 십자가를 메고 골고다 언덕을 오른 이 역시 스스로 죽음을 선택한 자이지만 또한 살해된 자다.

가만히 생각하면, 매일 자기 시간을 스스로 삼키지 않는 존재가 어디 있으랴. 그렇기에 그들 속에는 늘 '우리'도 있다. 죽음을 비난하고 '선택에 대한 책임'이란 말 뒤에 숨는 이들을 경계하라. 그중에 가해자가 있다. 죽기 전에 우울하지 않은 자가 어디 있으랴. 먼저 떠난 것이 우울증 때문이라고 하는 이들 또한 가해자다. 40분마다 1명, 하루 38명, 한 해에 1만 4000명이 자살하는 나라, 14년째 전 세계에서 가장 많은 이들이 죽음에 내몰리는데도 우울증 상담 외에는 제대로 된 대책 하나 못 만드는 정부가 가해자다. 2014년 '송파 세 모녀 사건' 이후에도 아무런 대책을 만들지 못해 얼마 전 '성북 네 모녀 사건'을 만들어낸 그 정부 말이다.

최근 한 조사에 따르면 수면이나 운동이 부족하거나 집안이 가난해 끼니를 거르는 아동의 40.3%가 자살을 생각했다고 한다. 가해자는 "대학을 못 가면 살 가치가 없다"고 내뱉은 부모와 선생이다. 한때 가장 소중했던 사랑의 순간을 야시장 구경거리로 만들어버린 자와 그를 풀어주고 상처받은 이를 다시 능욕한 자다. 늙는 것이 '죄'고 질병과 장애를 '부담'이라 부르는 자다. 암에 걸린 것도 힘든데 집을 팔아 치료비로 수천만 원을 마련해야 하는 의료제도를 계속 고집하는 자, 병력·인종·피부색·성적 지향 등이 차별의 이유가 될 수 있다고 믿는 이들이 가해자다.

또 다른 가해자는 민생을 외면한 채 금배지 달기에만 혈안이 된 국회의원들이다. 사회안전망 확충을 이야기하면 기다렸다는 듯이 '도덕적 해이'를 외치는 이들이다. 유전무죄 무전유죄, 약한 자들 앞에선 신속하고 강하면서, 권력자와 동료에겐 한없이 느려터지고 부드러운 검찰이다. 자기는 시급 100만 원을 받으면서 시급 1만 원에 펄쩍 뛰는 기업인들, 2009년 쌍용자동차의 폭압적 해고로 30명이 '타살'을 선택하게 만든 사장도 마찬가지다. 무엇보다 더 이상 약하고 가난한 이들을 섬기지 않고 부자와 힘 있는 자의 편이 되어버린 종교 지도자들이야말로 가장 악독한 가해자다. 이들을 잡아야 죽음이 멈춘다.

그러나 이 모든 가해자에게는 공범이 있다. 그런 정치인, 기업인, 종교 지도자를 따르는 자, 이런 폭력에 "나는 몰랐다"고 말하는 자, 쉽게 잊는 자, 무엇보다 아파하지 않는 자가 공범이다. 그렇기에 스스로 떠나간 이들의 죽음을 애통해하되 이미 몸과 마음이 굳어버린 이들을 위해 더욱 슬퍼하라. 얼마나 더 많은 카나리아가 울어야 봄이 올까? 그래서인가? 한 시인은 이렇게 노래했다. "모두 병들었는데 아무도 아프지 않다."* '자살'은 없다.

〈한겨레〉, 2019. 12. 11.

★   이성복, 《뒹구는 돌은 언제 잠 깨는가》(문학과지성사, 1992)

사랑은 없다

사랑은 없다. "사랑합니다, 고객님" 전화 안에서 들려오는 목소리를 들을 때 우리는 거기에 사랑이 없음을 안다. 국회의원 선거를 앞두고 유권자에게 연신 그려 보이는 후보자의 하트 모양 안에도 사랑은 없다. 아르투어 쇼펜하우어도 그랬다. 사랑은 단지 성욕과 생존 욕망의 가면일 뿐이라고, 인간 중에 가장 지혜로웠던 소크라테스도 사랑은 인간의 것이 아니라 했다.

그건 사랑이 아니다. 자기 가족만 사랑하는 것은 사랑이 아니다. 자녀에게 임대주택 아이와 놀지 말고 친구를 밟고서라도 1등이 되라고 하는 것은 사랑이 아니다. 자녀에 대한 사랑조차 자기애, 소유욕, 노후 불안의 반영이거나 집착일 뿐이다. 식사 후에 설거지를 하지 않는 것은 사랑이 아니다. 《카라마조프가의 형제들》속 등장인물 조시마 장로의 말처럼, 인류를 위해 기꺼이 죽을 수는 있지만, 다른 이와 단 이틀도 같은 방에서 편안히 보내지 못하는 그런 인류애는 사랑이 아니다. 자기 종교를 믿으라고 사랑하는 것도 사랑이 아니다. 신은 원수까지도 사랑하라고 했는데 인종, 종교, 성적 지향이 다르다고 차별하는 종교인의 입에서 나오는 사랑도 모두 거짓이다.

사랑이 있다면 이럴 리가 없다. 지난 한 해도 10만 명이 넘는 이들이 일터에서 다치고, 2,000여 명이 출근한 날 집으로 돌아오지 못했다. 석탄화력발전산업 산재 사상자 334명 중 98%가 하청 노동자였다. 인공지능, 바이오 일류 대국을 외치는 나라에 튼튼한 비계와 단단한 나사 하나 없어 지난 한 해 300명의 노동자가 떨어져 죽었다. 스스로 목숨을 끊은 이도 한 해 1만 4000명에 달하고, 지난해 길에서 죽은 노숙자도 150명이 넘는다. '사랑'을 외치던 사람들이 청와대에 들어가도 소용없다. 지난 1년 새 70여 명의 일가족이 극단적 선택을 했다. 1990년대 말, 북쪽에서 30만 명이 굶어 죽었을 때도 쌀이 남아돌던 남쪽 사람들은 남의 일인 양 모른척했다. 오늘같이 추운 날, 서대문역 근처의 78세 김 모 할아버지는 종일 폐지를 모아도 일당 1만 원인데, 비슷한 나이의 아무개 재벌 인사는 몇 년째 누워만 있어도 작년 한 해 지분가치만 4조 원 이상 늘었다.

나쁜 것은 늘 재빨리 국경을 넘는다. 지난 한 해 세계 49명의 언론인이 피살됐다. 8년이 넘어가는 시리아 내전에선 사망자가 40만 명에 육박하고 있다. 이 중 죽은 아이들만 2만 1000명이 넘는다. 세계 경제가 얼어붙어도 강대국 군비산업만은 늘 호황이다. 지금 지구에서는 전 인류의 두 배를 먹이고도 남을 만큼의 식량이 생산되고 있지만, 이 시간에도 8억 3000만 명의 사람들이 영양실조로 죽어가고 있다. 오늘 하루도 1만 4000명이 굶어 죽었다. 국제노동기구에 따르면, 2016년 기준 1,000명당 5.4명이 정신적·육체적 착취에 시달렸다. 인신매매 10건 중 7건이 여성에 대한 성적 착취로 나타났고, 아동 착취도 전체 인신매매의 25%에 달했다. 인신매매 시장규모는 약 170조 원에 달한다. 사랑이 있다면 이럴 리가 없다.

이런데도 누가 사랑을 이야기하는가? 수많은 사람을 살상하고 남의 땅을 점령한 후 점령군이 제일 먼저 외치는 것이 '평화'와 '질서'이듯, 이 시대에 사랑을 외치는 자가 범인이다. 그는 뺏으려는 자, 주지 않으려는 자다. 깜깜한 밤 도시 전체에 펼쳐진 붉은 십자가 군상(群像), 신용카드는 안 되고 현금으로만 통행료를 받는 화려한 사찰들은 이 땅이 공동묘지요 조폭의 소굴임을 보여준다. 사랑이란 말이 범람하는 이 시대는 사이비 종교의 시대다. '사이비 종교'란 특정 종교를 가리키는 말이 아니다. 가난한 자, 아픈 자, 집 없는 자, 비정규직 하청 노동자, 이주자와 난민, 성 소수자의 편에 서지 않는 종교 그리고 약자들이 천사임을 모르는 종교가 사이비다. 이 땅에서 신의 추종자들은 미워하느라 더 바쁘고 돈을 세는 데 더 노련하다. 침략자의 맨 앞자리는 늘 그들 차지였다. 이 땅엔 종교만 있을 뿐 사랑은 없다.

바야흐로 새해다! 사랑 없는 세상을 어떻게 살아갈지 걱정마시라. "지극히 선한 것에는 이름이 없다." 이제부터가 진짜 삶이다. 국회의원, 기업가, 종교 지도자에게 사랑 말고 구체적으로 행할 것을 요구하고 또한 스스로 행하라. 사랑은 안 해도 되니 희생을 요구하지 말라, 차별하지 말라, 죽이지 말라.

레프 톨스토이는 사람은 사랑으로 산다고 했지만, 사랑이 없기에 모든 인간은 죽는다. 자라투스트라는 우리가 신을 죽였다고 했지만, 사실 신은 자신이 창조한 인간이 너무 부끄러워 스스로 목숨을 끊었다. 당신이 사랑이라고 말하는 것은 사랑이 아니다. 사랑이 있다면 이럴 리가 없다. 사랑은 없다.

〈한겨레〉, 2020. 1. 9.

희망은 없다

희망은 없다. 새로운 마음으로 맞는 연초지만, 신종 코로나 바이러스 유행 등이 보여주는 현실은 암울하다. 애써 희망을 찾아보려 해도 이번 전염병 유행이 마지막이 될 것 같지 않고, 날이 풀리면 황사가 날아오고 일본은 조만간 기어이 후쿠시마 원전 오염수를 바다로 방출할 기세다. 우리 인류의 '마지막 싸움'(「우리 인류의 '마지막 싸움」)의 승패는 이미 결정 난 듯하다.

어쩌다 이렇게 되었을까? 어떤 이들은 인간의 '망각'을 탓한다. 우리는 사스(2002~2003), 에볼라(2013~2014), 메르스(2015) 유행을 겪었지만, 전 세계 정부가 내놓는 대책은 여전히 마스크 착용과 손 씻기뿐이다. 체르노빌 사고(1986)와 후쿠시마 원전 사고(2011) 이후에도 제대로 된 탈원전 정책은 아직 시작도 못 했다. 그런 점에서 "역사가 전해주는 가장 큰 교훈은 인간들이 역사로부터 그리 많은 것을 배우지 못한다는 것"이라는 올더스 헉슬리의 말은 사실인 듯하다.

하지만 이 '망각'의 배후에 진짜 범인이 있다. 과학 발전이 모든 문제를 해결해 줄 것이라는 '희망'이 그것이다. 신종 감염병, 미세·초미세먼지, 환경오염, 대량살상무기 등으로 인한 종말론적 위기는 모두 한때 우리가 찬양해 마지않았던 과학기술이 만들어낸 것이다. 철학자 한스 요나스의 표현을 빌리자면, 프로메테우스로 상징되는 불의 권력(과학기술)이 한때 유토피아를 가져다주는 듯했지만 지금은 정반대의 디스토피아 세계를 보여주고 있는 것이다.

과학은 욕망의 정치를 따라 흐른다. 과학을 권력의 수단으로 여기는 자들은 신종 감염병의 유행이 삼림 파괴, 빈부격차와 연결되어 있음을 감추고 그 책임을 눈에도 보이지 않는 바이러스나 기껏해야 박쥐, 아니면 손을 씻지 않은 특정 지역 주민의 비위생으로 돌린다. 그러는 사이 지난 한 해 브라질에서만 서울시 면적의 약 15배에 이르는 열대우림이 사라졌다. 양식장 물고기와 가축에게 대량의 항생제가 투여되고, 바다로 흘러 들어가는 플라스틱 쓰레기는 연간 800만 톤이 넘는다. 인류 출현 이후 지구상 동식물의 멸종 속도는 그 이전보다 100~1000배 더 빨라져 북극곰을 볼 수 있는 날도 얼마 남지 않았다. 이것 역시 대부분 인간이 만들어낸 과학기술 때문이다.

우리를 더욱 절망하게 하는 건 촛불 정권이라고 예외가 아니라는 것이다. 한때 국민의 건강을 위해 함께 싸웠던 가장 뜨겁고 똑똑했던 이들이 대통령, 청와대 핵심 인사, 국회의원, 장관, 국장이 됐지만 과학기술의 광폭한 질주를 막기는커녕 검증도 안 된 '바이오헬스', 4차 산업만이 살길이라면서 연일 안전장치를 풀기에 바쁘다. 이명박 정부와 박근혜 정부 때도 하지 못했던 '규제프리존'을 허용하고, "유전자 다이어트 하세요"를 외치는 사기극을 '한국의 미래 성장 동력'이라 부르고, 최근에는 개인의 신체 정보마저 기업에 넘겨주는 '데이터 3법'까지 통과시켰다. 전문가 회의는 관료들에게 면죄부를 주는 위원회로 전락했고, 국민 생명의 안전장치는 그저 '규제샌드박스'라는 요상한 이름과 현란한 보도자료로만 남았다.

이번에도 어김없이 정치, 경제, 관료 권력이 동원한 논리는 "과학이 우리를 구원할 것"이라는 내용이다. 이러면서 감염병의 대유행을 막겠다는 것은 헛말이고 영리 유전자검사와 건강서비스 등을 활성화하여 불필요한 검사·항생제·약물 남용을 야기하면서 "병원비 걱정 없는 나라를 만들겠다"는 것도 위선이다.

원시시대로 돌아가자는 말이 아니다. 갈수록 무소불위의 힘을 키워 인류의 생존을 위협하는 과학에 성찰이라는 안전장치를 장착하여 시민과 생태계의 질서 아래 두자는 이야기다. 어려워도 국민들에게 새로운 과학기술의 위험성을 상세히 설명하고 동의를 구하란 말이다. 개발독재 정권이 아니라 촛불 민주 정부이니 더더욱 그렇게 하라는 이야기다.

기억하라! 300명의 젊은 영혼을 바다에 묻고, 오늘도 수없는 노동자들이 꽃잎처럼 바닥으로 떨어지는 것은 첨단과학이 없어서가 아니다.

"그래도 내가 있어 이만큼이라도 막은 것이다"라는 권력

실세 옛 동지의 말은 그럴듯하지만 또한 구차하다. 여력이 없었다고도 하지 말라. 각종 규제 완화 법률을 통과시키지 않는 것은 지금 의석수만으로도 충분했다. 이런 나를 최대주의자, 근본주의자라 말하지 말라. 원칙에 철저하지 못하다고 나를 다그치던 이들은 바로 당신들이었다.

"이 세상의 모든 것은 희망이 만들어낸 것이다"라고 말한 마틴 루서 킹의 말은 어떤 의미에서 맞는 말이다. 과학이라는 '희망'은 이제 '절망'까지 만들어냈다. 희망이 바로 절망이기에 희망은 없다. 꽃들은 어디로 갔나? 당신들이 거기 있어도 변한 게 없다. 희망은 없다.

<한겨레>, 2020. 2. 6.

나쁜 바이러스는 없다

나쁜 바이러스는 없다. 빠른 대응이 필요한 시기에 무슨 한가한 소리냐고 해도 할 수 없다. 며칠 내로 유행이 끝날 것 같지도 않으니, 마스크를 하고라도 잠시 따져보자. 무엇보다 지금의 감염병 대유행은 그 '빠름'의 욕망이 만들어낸 것이다. '빠른' 생태 파괴, 대량의 '빠른' 육류 생산을 위한 공장식 가축사육, '빠른' 대규모 국경 이동 등이 그것이다. 이번 코로나19 유행이 잦아든다 해도 겨울은 다시 올 것이고 코로나20, 21은 다시 우리를 찾아올 것이다.

정부는 2020년 2월 25일 자로 코로나19에 대해 지역사회 감염 대응으로 전략을 바꿨다. 이것은 단지 몇 가지 조치만을 바꾼다는 의미가 아니다. 소위 적의 침입을 막음과 동시에 그들과 공생을 도모하는 엄청난 전환이다. 적과 전투를 벌이면서 동시에 그들과 함께 밥을 먹고, 티브이를 보는 장면을 상상해 보라. 얼마나 혼란스러운 전략인가? 하지만 이 전략은 우리가 원한 것이 아니라 불가피한 선택이다.

이 혼란스러움을 극복하기 위해서는 바이러스에 대한 이해와 입장 전환이 필요하다. 무엇보다 바이러스를 적으로 보고 박멸하려는 데 시간을 낭비해서는 안 된다. 박쥐와 바이러스는 죄가 없다. 한가하게 잘잘못을 따지자는 것이 아니다. 인간의 생태계 파괴가 깊은 동굴 속에서 잠자고 있던 바이러스의 벌집을 건드린 것이다. 지금처럼 계속해서 바이러스의 집을 파헤치면서 감염병 유행이 없기를 바라는 것은 불가능하다는 이야기다.

바이러스를 모두 죽이는 것 역시 불가능하다. 바이러스가 살 수 없는 세상에선 당연히 인간도 살 수 없다. 인류의 역사는 고작 몇백만 년이지만 바이러스는 산전수전 다 겪으며 수억 년을 생존했다. 그 수, 증식과 변이 속도를 보면 인간은 애초 바이러스의 상대가 되지 못한다. 또한 우리 몸에는 헤아릴 수 없는 바이러스가 존재한다. 과학 저널리스트 에드 용의 말을 빌리자면, 우리 몸에서 세균이나 바이러스 등 미생물을 모두 제거하고 나면 뱀의 허물 같은 것만 남을 것이다.

그러면 어떡할 것인가? 감염병 대유행에 대한 대응 원칙은 미생물의 박멸이라는 무모한 환상을 버리고 그들과 '평화로운 공생'을 모색하는 것이다. 새로울 것 없는 주장이지만 늘 그렇듯 실천이 문제다. 공생을 모색한다고 해서 손 씻기를 하지 말라는 이야기가 아니다. 공생관계가 화목함을 의미하는 것은 아니기 때문이다. 영국의 문명비평가 허버트 웰스는 "정도의 차이는 있지만, 자연계에 존재하는 모든 공생관계의 밑바탕에는 적의가 깔려 있다"고 했다. 따라서 공생관계를 유지하기 위해서는 무엇보다 서로 적당한 거리 유지가 필요하다. 또한 무자비한 생태 파괴와 공장식 사육장과 양식장에 항생제 퍼붓기를 중단해야 하고 감기 환자에게 불필요한 항생제 주사를 그만 놓아야 한다. 세균전 이런 것은 생각도 하지 말아야 한다. 더욱이 남의 땅에서 허락도 없이 그런 것을 실험해선 안 된다.

무엇보다도 가해자를 놔두고 감염 피해자인 환자나 바이러스를 적으로 돌려서는 안 된다. 역사학자 윌리엄 맥닐은 바이러스와 같은 미생물이 주도하는 '미시 기생'과 피지배층에 기생하면서 그들을 끊임없이 수탈하고 착취하는 지배층의 '거시 기생'이라는 두 구조가 인류의 역사를 만들어왔다고 하였다. 여기서 '기생'은 봉준호 감독의 영화 〈기생충〉의 그 '기생(寄生)'이다. 그 거시 기생의 주범은 감염병이 유행하자 제일 큰 소리로 정부의 대응 능력을 공격하는 이들 속에 있다. 공공병원을 없앤 전 도지사, 작은 정부를 외치고 공공병원 예산을 제일 먼저 깎은 정치인, 의료영리화를 소리 높여 외치는 수구 언론이 제일 먼저 취약한 공공병원을 비판한다. 그들이 좋아하던 대형 민간병원들은 정작 위기 상황에선 보이지 않는다. 모든 것을 시장에 맡기자던 시장주의자의 말대로라면 마스크는 10만 원을 줘도 구하기 어려울 것이다. 이 와중에 북한과 무슨 공동방역협력을 하냐고 다그치는 사람들은, 북에서 감염된 새와 모기가 날아올 때 왜 대책을 안 세웠냐고 고함칠 이들이다. 4대강을 파헤친 개발지상주의자들이 가해자다.

이번 감염병 유행에서 기억해야 할 다른 장면이 있다. 바이러스는 우리 몸과 사회의 가장 약한 부분을 먼저 찾아간다. 3월 4일 오전 현재 사망자 32명 중 7명이 폐쇄병동의 환자였고, 나머지도 대부분 가난하고 병든 외로운 노인이었다. 그들 모두는 오래전부터 거기 있었으나 아무도 관심을 갖지 않던 이들이다. 이들의 존재는 죽어서야 겨우 신문의 몇 줄을 차지할 수 있었다. 어느 날, 가짜가 아닌 진짜 메시아가 이 땅에 온다면 바이러스처럼 그/그녀도 제일 먼저 그들을 찾을 것이다. 환자는 가해자가 아니다. 가해자는 따로 있다.

"나쁜 바이러스는 없다."

<한겨레>, 2020. 3. 5.

아픔은 없다

'아픔'은 없습니다. '아픔들'이 있을 뿐. 아프지 않은 사람은 없습니다. 나쓰메 소세키의 말처럼 태평스러워 보이는 사람들도 마음 깊은 곳을 두드려보면 어딘가에서 서글픈 소리가 납니다. 그러기에 사람들 속에서 아픔은 단수(單數)가 아니라, 늘 복수(複數)인 '아픔들'입니다. 인권이 '인권들(human rights)'인 것처럼 말입니다.

아픔은 다른 아픔에서 온 것입니다. 사람들은 현재의 일로 화내지 않습니다. 아픔과 분노를 만들어내는 것 역시 과거의 아픔들입니다. 한 연쇄살인범 청년은 어린 시절 집이 너무 가난하여 크레파스조차 챙겨갈 수 없었는데, 담임 선생님은 그런 그를 친구들 앞에서 모욕하고 수업 시간 내내 알몸으로 복도에서 벌을 세웠고 그 아픔과 수치심이 지금의 자기를 만들었다고 진술했습니다. 그 아픔이 만들어낸 분노는 그에게 가족을 잃은 수많은 이들의 아픔으로 이어졌습니다. 아픔들은 이렇게 무리 짓기를 계속합니다.

아픔들은 한 가족입니다. 권력 앞에 성적 수치심을 느껴야
했던 한 여인의 아픔도, 그녀에게 아픔을 가한 이의 자살이 가
져온 아픔도 실은 모두 같은 뿌리에서 나온 것입니다. 손끝에
박힌 가시가 만들어내는 아픔도, "재 가운데 앉자 질그릇 조각
으로 자기 몸을 긁는 고통"도 모두 한 가족입니다. 세상에서 가
장 아픈 것은 '내 아픔'이기에 아픔들 간에 경중을 매기는 일은
소용없을 때가 많습니다.

아픔의 적은 아픔이 아닙니다. 아픔의 적은 '무감각'입니
다. 권력이 있으면 약한 이들을 능욕해도 된다는 마초성과 약
한 나라는 침략해도 된다는 제국주의의 근저에도 무감각이 있
습니다. 며칠 전 머나먼 타국에 와서 동생 교육비를 벌던 이주
노동자 제프리는 안전관리자도 없이 고장 난 기계를 고치다 기
계에 빨려 들어가 죽었습니다. 이런 사고가 몇십 년째 반복되
는 것은 돈이나 과학기술이 부족해서가 아니라 바로 아픔에 무
감각하기 때문입니다.

평화보다 전쟁 무기를 팔기에 혈안이 되어있는 이들, "꽃상여
/ 고샅 돌아 산길 오르기도 전에"* 보궐선거 주판알을 굴리기 바
쁜 이들, 코로나19로 많은 이들이 고통받는 사이, 그 아픔을 이용
해 '규제샌드박스'니, '규제자유특구'니, '바이오헬스'니, '뉴딜'
이니 하며 각종 안전장치를 풀어 영리를 취하려는 자들은 생산

★   신경림, 《달 넘세》(창비, 1985)

성을 높이기 위해 안전장치를 꺼 수많은 '제프리'의 아픔을 만들어낸 이들과 같은 이들입니다.

그것을 누구보다 잘 알고 있던 철학자 프리드리히 니체는 지금까지 인류에게 널리 퍼져 있던 '저주'는 고통이 아니라, '고통의 무의미'라 설파했습니다. 아픔을 모르는 이에겐 지옥의 불도 무용지물입니다. 그렇기에 그들에겐 지옥의 가장 밑바닥 얼어붙은 코퀴토스 호수보다 더 깊은 곳입니다.

아픔에 대해 인류가 배운 교훈은 술과 진통제로도 아픔은 사라지지 않는다는 것입니다. 기찻길 위에서 두 팔을 치켜들고, "나 다시 돌아가고 싶어!"를 외쳐도 우리는 다시 그 아픔을 만들어낸 시간 이전으로 돌아가지 못합니다. 그러나 아픔을 가지고 살아가는 데 다른 아픈 이들의 보듬음만큼 힘이 되는 것이 없습니다. 한 여인의 아픔을 그저 상처만이 되게 해서는 안 됩니다. 그 아픔이 길이 되고 힘이 되게 해야 합니다. 그러기 위해서는 아픔들의 연대가 필요하고, 거기엔 '가이사의 법칙'이 필요합니다. 로마 총독 가이사의 몫은 가이사에게, 하늘의 몫은 하늘에 주는 법칙 말입니다.

아픔은 힘이 셉니다. 이 세상의 모든 고귀함은 아픔들이 만든 겁니다. "고통 없이 의식은 탄생하지 않습니다." 그러기에 "아픔에는 의미가 있습니다." 전자는 정신의학자 카를 융의 말이고, 후자는 철학자 이반 일리치의 말입니다. 그러나 그 아픔의 힘은 다른 이들을 쉽게 다치게도 합니다. 죽은 이에 대한 애도는 피해자에게 2차 가해가 될 수 있지만, 그가 누구든 한 사람의 죽음을 아파하는 마음 자체가 잘못된 것은 아닙니다. 가해가 '될 수 있는 것'과 '아닌 것' 사이의 긴장 관계를 힘겹게 유지하는 것이야말로 모든 이의 존엄을 지키는 일이 아닐는지요? 그만두고 싶어도 그만두지 못하는 저 같은 "한남(한국 남자)에겐 희망이 없다. 잠시라도 좀 가만히 있어라"라는 말은 맞지만, 안타깝고 억울하게도 그 말은 "여자는, 흑인은 조용히 해"라는 말과 친척입니다. '피해자 우선 보호' '진상규명' '인식론의 사각지대에 대한 비판적 성찰' '지속적인 성평등 교육' 등이 시급하지만, 아픔이 '다른 아픔'을 밀어내는 것이 동력이 되어서는 또 다른 괴물을 만들어낼 뿐입니다.

무엇보다 아픔은 인생이 우리에게 던지는 질문입니다. 오늘 그 아픔이 우리에게 묻습니다. 아픔들끼리 서로 물어뜯으며 또 다른 아픔을 만들어낼지, 아니면 그 아픔들이 함께 진정한 아픔들의 적과 맞서 싸울지 말입니다. 아픔들의 연대만이 또 다른 아픔을 막아낼 수 있습니다. 철학자 질 들뢰즈의 말처럼 공동체의 유일한 통일성은 서로에 대한 '연민'이 되어야 합니다. 그래서 "나무가 나무에게 말했습니다. 우리가 더불어 숲이 되어 지키자." '아픔'은 없습니다.

'아픔'은 없다

〈한겨레〉, 2020. 7. 21.

무엇보다 먼저, 해를 끼치지 말라

　　평창에서 전 세계의 축제인 올림픽과 패럴림픽이 성대하게 치러졌다. 어떤 이들은 올림픽이 여전히 국가주의·민족주의에 기대고, 힘에 대한 동경을 그 밑바탕에 깔고 있으며, 여전히 국가 간 정치적·경제적 불평등을 대변하고 있다고 비판한다. 그러나 올림픽은 종종 그러한 비판을 넘어서는 감동을 만들어내기도 한다. 특히 2018년 평창올림픽은 일촉즉발의 위기에 있던 남북한 간에 평화의 불꽃을 지폈다. 그 기운은 나비효과의 날갯짓처럼 한반도를 넘어 동북아시아와 세계로 퍼져나갈 기세다. 그러한 기운이 의미 있는 결실을 맺는다면, 이번 평창올림픽은 "인간의 존엄성 보존을 추구하는 평화로운 사회 건설을 도모하기 위해 스포츠를 통해 조화로운 인류 발전에 기여하는 것"이라는 올림픽의 이념을 가장 잘 실현한 올림픽으로 인류 역사에 기록될 것이다.

　　이런 기적과 같은 일을 만들어낼 수 있는 이유 중 하나는 올림픽이 인류의 평화와 발전을 위한 진정한 축제가 되도록 하기 위한 일련의 정신에 기반하고 있기 때문이다. 무엇보다 올림픽 헌장에 명시된 권리 및 자유는 인종, 피부색, 성별, 성적 지향성, 언어, 종교, 정치적 또는 기타 의견, 민족 또는 사회적 출신, 재산, 출생 또는 기타 신분 등 어떠한 종류의 차별 없이 향유할 수 있도록 보장되어야 한다고 명시하고 있다. 또한 이 윤리 헌장은 독립성의 보호, 자율성의 보존, 일체의 차별에 대한 저항, 남녀 평등의 원칙, 약물 복용 금지와 각종 부패의 청산, 그리고 정치적·상업적 남용에 대한 반대 등을 포함하고 있다. 우리가 경기 참여자의 땀방울, 투지, 끝없는 자기와의 싸움, 그리고 마침내 승리와 패배 모두에 감동하는 까닭은 선수들의 참여와 경쟁이 이러한 원칙 위에서 이루어지고 있기 때문이다.

그러나 이러한 원칙은 비단 올림픽에만 그치는 것이 아니고 우리의 연구 활동에도 그대로 적용된다. 이번 〈보건사회연구〉 권말에는 연구 윤리와 관련한 보다 상세한 규정을 게재하였다. 이것은 새롭게 개정된 것이라기보다는 이미 시행되고 있던 윤리적 원칙들을 투고자들이 더 잘 이해할 수 있도록 자세히 설명한 것이라고 할 수 있다.

종래 자연과학 위주로 적용되던 연구 윤리가 사회과학을 포함한 전 학문 영역으로 확대되고 있다. 이는 한편으로 바람직한 경향이라고 할 수 있지만, 다른 관점으로 볼 때 연구에서 윤리적 문제가 더욱 중요해지고 있다는 반증이기도 하다.

최근 연구와 과학이 거대화 되면서 연구 주제의 선택, 시행, 출판 등이 큰 권력과 자본을 가진 특정 집단의 이해를 대변하는 경향이 급속히 커지고 있으며 이로 인해 그 '거대과학' 앞에서 취약한 인간/시민은 상대적으로 더욱 왜소해지고 있다. 여기서 더 나아가 정작 많은 사람들에게 필요한 중요한 연구들이 아예 시행되지조차 않는 경향도 나타나고 있다. 과학자 김동광은 과학기술학자 데이비드 헤스의 말을 빌려 '언던 사이언스(undone science)' 문제를 제기한다.

정작 중요한 연구가 시행되지 않는 것은 그것이 체계적인 지식의 비생산에 따른 구조적 결과라는 것이다. 이에 따르면 무지 역시 우연한 결과가 아니라 '의도된 무지' 또는 '강요된 무지'라는 것이다. 따라서 우리는 시행된 연구의 연구 윤리뿐만 아니라 '시행되지 않는 연구'의 윤리적 문제까지 생각해야 한다. 여기에 향후 〈보건사회연구〉가 감당해야 할 또 하나의 중요한 역할이 있다고 생각한다.

규정의 존재 여부와 상관없이 모든 인간을 대상으로 하는 연구(최근에는 동물 등에 대한 연구)는 윤리적이어야 하고 그것에 대한 일차적 책임은 연구자 자신에게 있다. 연구 윤리는 1947년 뉘른베르크 강령과 1964년 헬싱키 선언 이후, 그리고 우리나라에서는 소위 '황우석 사태' 이후에 본격적으로 강화되고 제도화되었다. 하지만 사실, 윤리적 강령의 탄생은 그보다 훨씬 오래된 일이다. "먼저, 해를 끼치지 말라(Primum non nocere/first, to do no harm)"라는 말은 이미 2,000년 전 그리스와 로마 사람들의 입에서 회자되고 있었다. 아니, "별이 빛나는 하늘과 내 안의 도덕률(Der bestirnte Himmel über mir und das moralische Gesetz in mir)"을 이야기한 임마누엘 칸트의 말이 맞는다면, 윤리에 대한 우리의 의무는 인간이 처음으로 하늘의 별을 바라보았을 때부터 시작된 셈이다.

결론은 이렇다. 우리는 시행한 연구의 절차적 윤리뿐만 아니라 연구 주제의 결정과 시행, 출판의 전 과정에서 이러한 연구 활동이 누구에 의해 영향을 받으며 누구에게 어떤 영향을 줄 것인지, 궁극적으로 우리 연구가 누구에게 복무하는지에 대한 성찰을 중단해서는 안 된다. 그러한 길을 걷는 것은 매우 어렵고, 어쩌면 불가능할지도 모른다. 그러나 그 길을 인도할 북극성과 같은 별이 있다면 그 별에 새겨져 있을 말은 바로 이것일 것이다.

"무엇보다 먼저, 해를 끼치지 말라."

올림픽, 평화, 'Primum non nocere (first, do no harm)' 그리고 하늘의 별
〈보건사회연구〉, 2018년 3월

참고 문헌

Hess, D. J. (2007). *Alternative pathways in science and industry: Activism, innovation, and the environment in an era of globalization*. THE MIT Press.
김동광. (2010). 상업화와 과학기술지식의 생산양식 변화. 〈문화과학〉, 64: 327-347.

'언던 사이언스'를 넘어서

'하지 않는 연구(undone science, 언던 사이언스)'란 연구비가 없고, 불완전하며 일반적으로 연구가 이루어지지 않고 무시되지만 사회운동이나 시민사회 조직에서는 더 연구될 가치가 있다고 여겨지는 연구 영역을 말한다. 이 개념은 미국의 과학기술학자이자 과학운동가인 데이비드 헤스와 그의 동료들이 "정부, 산업, 사회운동의 제도적 매트릭스 속에서 특정 지식에 대한 체계적 비생산이 이루어진다"라고 주장하며, '체계적으로'(또는 의도적으로) 생산되지 않은 지식을 설명하기 위해 만들어졌다.

기본적으로 '하지 않는 연구'는 주류 담론과 다른 목소리를 낼 가능성이 높고 따라서 지배 집단과 불화할 가능성이 큰 연구이다. 그 시대, 그 공간에서 지배적인 도그마와 신화를 만들어내는 집단은 주로 큰 정치적·경제적·문화적 영향력을 가진 집단이다. 이들은 자신들에게 유리한 근거와 담론을 생산하는 연구를 적극적으로 지원한다. 그 지원의 방식은 해당 연구에 대한 연구비 지원, 높은 평가, 연구자에 대한 다양한 형태의 보상

등이다. 여기에서 더 나아가 이렇게 생산된 정보와 지식은 공적인 교육·훈련 체계를 통해 재생산되고 다양한 정책의 근거 자료로 활용된다. 여기서 정치적·경제적·문화적으로 큰 영향력을 가진 집단이란 구체적으로 정부, 주류 학계, 종교계, 문화계 집단과 기업이다. 그 범위는 국내뿐만 아니라 국제적으로도 확대될 수 있다. 실제로 전 세계 연구의 단지 10%만이 전 지구적 건강 문제의 90%에 해당하는 주제들을 다루고 있다. 이 10/90 격차 문제는 어제오늘의 이야기가 아니다.

'하지 않는 연구'의 문제점

'하지 않는 연구' 문제는 일차적으로 자연과학, 공학, 의학 등의 실험과학 영역에서 제기된 것이지만, 정치적·사회적·경제적인 요인에 더 직접적인 영향을 받는 사회과학 영역에서 더 많은 문제를 야기하고 있다고 보아야 할 것이다.

'하지 않는 연구'가 초래하는 가장 큰 문제점은 '비뚤어진 선택 편견'을 일으킨다는 것이다. '비뚤림'은 연구자, 연구 주제뿐만 아니라 기반 이론의 선택, 연구 방법론에도 영향을 미친다. 비판적 이론의 선택은 논문의 '게재불가' 이유로 작용하기도 하고, 영세 소규모 연구 집단이나 시민단체들은 고가의 첨단 장비를 이용한 분석이 불가능한 경우가 대부분인데, 이것 또한 선택 편견을 강화시킨다. 궁극적으로 이 선택 편견은 특정 집단에 대한 이익 문제를 넘어 보다 객관적인 참 값에 접근하지 못하는 '체계적인 에러'를 야기하는 것이기도 하다.

그 밖에도 '하지 않는 연구'가 초래한 문제의 예들은 수 없이 많다. 일례로 우리는 소수자·취약계층에 대한 연구가 거의 없어 그들에 대한 정확한 정보가 부족하고, 이들을 위한 효과적인 개입 근거를 가지고 있지 못한 경우가 많다. 이는 수많은 개입이 있었음에도 불구하고 효과적인 사업을 발견하지 못한 것이 아니라, 애초에 개선을 위한 개입 시도 자체가 없었고 그나마 해당 사업의 효과를 확인하는 연구조차 수행되지 않았기 때문이다. 더욱이 이러한 연구의 빈약은 "효과적인 소수자·취약계층 사업이 없다"는 명목으로 이들을 위한 사업을 진행하지 못하게 만드는 악순환의 고리를 낳고 있다.

소결: '하지 않는 연구' 또는 '언던 사이언스'를 넘어서

그렇다면 '하지 않는 연구' 또는 '언던 사이언스' 문제를 어떻게 넘어설 수 있을까? 2000년 전후 미국의 여성 운동가들은 중년 남성을 '보편적 인간'으로 상정한 현대 의학과 과학 연구에서 여성 질환인 유방암이 오랫동안 경시되어왔다고 비판하면서 다양한 운동을 전개하였다.

그 중에는 특별히 2002년 여성건강주도연구도 있었는데, 이 연구를 통해 호르몬 요법이 심혈관 질환의 위험을 낮춘다는 기존의 연구 결과에 결정적인 반론을 제기함으로써 호르몬 치료 시도를 크게 낮출 수 있었다. 국내에서도 시민·노동단체들이 재원을 마련하여 정부나 기업이 진행하지 않는 연구를 진행하기도 하고, 시민들의 돈을 모아 기존 출판계나 시장에서 선호하지 않은 책을 출간하는 활동이 이루어지고 있다.

특별히 최근에는 성소수자와 그 옹호자들이 크라우드 펀딩을 통한 '트랜스젠더 건강연구'를 진행하고 있기도 하다. 이는 '하지 않는 연구'의 병폐를 누구보다 잘 알고 있는 시민사회와 헌신적인 시민학자들의 결합이 있어 가능한 일이다.

연구의 주제뿐만 아니라 이론 면에서도 보다 다양한 시도가 이루어지고 있다. 구체적으로 비판 이론과 이에 입각한 연구들이 시도되고 있다. 새로운 이론의 탄생은 무엇보다 다른 사고와 평가를 가능하게 하므로 매우 중요하다. 좋은 정책은 좋은 이론을 필요로 한다. 방법론 면에서도 생애주기적 접근, 다수준적·다방법론적 분석, 참여 연구 등을 시도할 필요성이 공감대를 얻어가고 있다.

하지만 여전히 이러한 활동만으로는 막대한 예산과 인력 그리고 공권력의 지원하에 진행되는 연구들을 넘어서는 데 한계가 있다. 따라서 궁극적으로는 '하지 않는 연구'를 만들어내는 구조를 허무는 일이 필요하다. 그러나 역설적이게도, 그 작업에서 학문과 연구의 역할이 매우 중요하다.

이 과정에서 모든 연구자들이 다음의 사실을 자각하는 것이 필요하다. 즉, 학문은 기본적으로 위험하다. 조금 더 극단적으로 이야기 하면 "위험하지 않은 학문은 학문이 아니다." 왜냐하면 학문의 기본 정신은 '비판'이며, 도그마를 깨는 작업이기 때문이다. 그런 점에서 모든 학자는 '신화 파괴자(myth-buster)'다. 그렇기에 루트비히 비트겐슈타인의 다음과 같은 말은 철학뿐만 아니라 모든 학문적 작업에 해당한다. 그런 전투를 수행해야 하는 연구자들과 우리 사회는 늘 함께할 것이다.

"철학은 언어를 무기로 인류의 지성에 걸린 주문(呪文)과 싸우는 전투다."

보건·복지·사회정책분야 '하지 않는 연구'
또는 '언던 사이언스(Undone Science)'를 넘어서
〈보건사회연구〉, 2019년 12월

참고 문헌

Davey, S. (2004). The 10/90 report on health research 2003-2004: Global Forum for Health Research.

Hess, D. J. (2020).《언던 사이언스: 왜 어떤 과학은 제대로 수행되지 않을까?》. (김동광, 김명진 역). 돌베개.

Krieger, N. (2018).《역학이론과 맥락》. (신영전, 김유미, 이화영, 표준희, 신상수, 이호준 역). 한울.

Levins, R., & Lopez, C. (1999). Toward an ecosocial view of health. *International Journal of Health Services*, 29(2), 261-293.

Wittgenstein, L. (1953). *Philosophical Investigations*. (Anscombe, G. E. M. Trans.). Basil Blackwell.

현재환. (2015).《언던 사이언스: 무엇이 왜 과학의 무대에서 배제되는가》. 뜨인돌.

책임 : 아무도 책임지지 않는다

2장

갖은 구박을 무릅쓰고 자신을 따뜻하게 보살펴줄 주치의를 찾아

여기저기를 헤맨, 열 가지 이상의 복합 질환을 가진 75세 할머니는

순식간에 국민의 혈세를 낭비한 범죄자가 돼버린다.

여기에 '복지병'을 걱정하는 보수언론들은

기다렸다는 듯이 맞장구를 치고 있다.

국가는 내 건강을 걱정할까?

그동안 한국 사회에서 의료서비스는 적어도 '공적영역'에서는 이윤추구의 도구라기보다 국가가 국민의 건강을 보장하기 위해 제공해야 하는 서비스로 간주됐다. 정부는 많은 예산을 들여 무료 예방접종, 방역 사업 등을 진행하고 또한 무의촌에 보건 지소·진료소 설치, 공공병원의 운영 등을 해왔다. 이러한 정책 결정은 국민의 건강을 보호하고 증진시키는 것이 국가가 마땅히 해야 할 의무라 여겨왔음을 보여주는 것이며, 이것이 그간 한국 사회에서 '의료 공공성'의 내용과 형식을 채워왔다. 하지만 최근 홍준표 경남도지사의 진주의료원 폐쇄가 보여주듯 한국 사회에서 의료의 공공성은 위기를 맞고 있다. 특별히, 그 위기는 '오래된 위기'와 '새로운 위기'라는 '이중의 짐'의 형태로 나타나고 있다.

한국에서 의료 공공성의 '오래된 위기'는 '공공성'에 대한 오랜 부정적 이미지의 역사와 깊은 관계가 있다. 어떤 개념이든 그것이 만들어지고 유통되는 공간의 역사와 맥락에서 벗어날 수 없다. 특별히 한국 사회의 역사적 맥락에서 '공공성'은 몇 가지 의미로 인식되고 유통되고 있다.

첫째, '나쁜' 이미지다. 공공성에 대한 나쁜 이미지는 특별히 일제강점기와 독재 정권기 동안 국가가 국민의 보호자 또는 대변자이기보다 억압자이자 수탈자였던 역사적 경험이 만들어 낸 것이다. 오래전 브라질 정부가 빈민가의 콜레라를 퇴치하기 위한 작업을 벌였을 때, 정작 빈민촌 사람들은 바리케이드를 치고 저항했다. 그들에게는 콜레라를 퇴치하려는 정부가 마치 자신들을 박멸하려는 존재처럼 여겨졌기 때문이다.

둘째, '저질' 이미지다. 공공병원을 떠올렸을 때 제일 먼저 무엇이 생각나는지 시민들에게 물어보면 '낡은 건물' '노후화된 장비' '불친절' '낮은 질'을 이야기한다. 하지만 공공부분, 특히 공공병원의 입장에서 보면 할 말이 많다. 이것은 지극히 한국적 상황이기 때문이다. 유럽 대부분의 복지국가는 국영의료체계로 특히 병원은 모두 국가 소유이다. 심지어 스웨덴은 약국도 국영이고 의사도 모두 공무원이다. 하지만 어느 누구도 스웨덴의 의료서비스를 '후졌다'고 이야기하지 않는다.

미국만 보더라도 의료서비스의 질 평가에서 상위는 모두 '비영리'와 '주립' 병원이 차지하고 있고 소위 영리병원은 감히 명함도 내놓지 못한다. 그럼에도 불구하고 한국 공공의료 부문이 '저질'의 이미지를 갖고 있고, 실제로 저투자의 고통 속에서 살아가야 하는 이유는 너무나 명확하다. 우리나라 공공 부문이 오랫동안 '저투자' '잦은 삭감'의 주 대상이었기 때문이다.

세 번째는 '관료화' 이미지다. 이것은 첫 번째, 두 번째 이미지와 연관이 있다. 물론 관료들이 가질 수밖에 없는 제도적·문화적 특성 때문이기도 하다. 그러나 대부분의 국민과 의료종사자들은 공공 부문의 더디고 보신주의적인 의사결정, 보건의료 인력의 전문성에 대한 무시 또는 배려부족, 권위주의적 조직 때문이라고 생각한다.

'새로운 위기'에 직면한 한국 의료의 공공성

한국 사회에서 의료 부문 공공성의 '새로운 위기'가 본격화한 것은 이른바 '성장 동력으로서 의료서비스 산업 활성화론'이 주장되면서부터이다. 과연 성장 동력으로 의료서비스를 선택한 것이 적절한가에 대한 논쟁은 가치와 신념의 문제일 수 있지만, 찬반을 떠나 대자본이 추동하고 정부가 이끌고 나아가고 있는 현재의 의료서비스 산업화 정책은 다음과 같은 새로운 위기를 발생시키고 있다.

첫째, '근거의 부재'로 인한 위기이다. 정부가 내놓고 있는 수많은 의료산업화 정책의 근거는 부재하거나 매우 빈약하다. 한 번이라도 정부가 내놓은 관련 문서들을 꼼꼼히 살펴본 사람이 있다면 여기에 등장하는 수치들이 대부분 '신념화한 목표치'임을 알 수 있다. 왜 그럴까? 의료서비스를 국가 차원에서 성장 동력으로 삼고 추진하고 있는 나라가 극소수에 불과한 까닭에 근거의 기반으로 사용할만한 축적된 자료가 없기 때문이다. 과학적이고 실증적인 근거에 기반을 두지 않고 '신념지표'에 근거한 정책은 본질적으로 위기를 내포한다.

두 번째 위기는 '설명의 부재'에서 비롯된다. 전술한 바와 같이 그간 보건사업과 의료서비스 영역은 원칙적으로 '공공성'의 원리 아래 구성되고 운영돼왔다. 하지만 최근 '의료산업화론'의 대두 이후, 일선 보건의료정책 영역의 관계자들은 혼란에 빠져있다. 이른바 중앙정부로부터 '공공성'과 '영리 추구'라는 이중 메시지가 전달되고 있기 때문이다.

'공공성'과 '영리 추구'의 공존 가능성을 이야기하는 이들도 있으나, 적어도 2013년 한국 사회에서는 이 두 가지의 공존 가능성을 보여주는 설명 논리가 제시되지 못한 채 '의료민영화'의 질주와 '의료 부문 공공성의 훼손'이 진행되고 있다. 물론, '복지국가'라는 시대적 과제를 공공 부문의 강화 없이 어떻게 달성할 것인지에 대한 설명도 없다.

이중 메시지가 상징하는 설명 논리의 부재도 문제지만, 이러한 과정이 국민이나 말단의 정책 시행자들에게 충분한 설명과 동의 없이 진행되고 있다는 점 역시 심각한 문제라 할 것이다. 정치학자 사이토 준이치가 이야기한 이른바 '민주적 공공성'이 훼손되고 있는 것이다.

정부 의료정책의 핵심은 공공성

최근 의료정책을 둘러싼 정부의 정책을 지켜보고 있노라

면 의문이 든다. 소위 '공공성'의 상징인 정부와 국회의 '자기 존재 부정'이다. 이들은 왜 자신의 존재 이유인 공공성을 기업과 시장에 넘겨주려 저렇게 애를 쓰고 있을까? 물론 관리 능력에 대한 자신감으로 공공성을 효과적으로 수행하는 심부름꾼으로 시장과 기업을 활용하겠다는 이른바 '내부시장(internal market)' 전략이라면 일면 대견할 수 있다. 하지만 최근 정부와 국회가 보여주고 있는 행태를 바라보는 국민의 눈에는 "이미 권력이 시장으로 넘어갔기 때문"에 보이는 '투항'처럼 보인다. 좋게 말해 '투항'이지, 조금 더 나쁘게 이야기하면 '일방적 짝사랑'이나 '충성'이다.

이러한 시각이 너무 비관적이고 시니컬하다면 정책 중에서도 특히 공공성과 공공정책에 관한 한 한국 정부와 국회, 시민사회는 시장으로 대변되는 사적 영리 추구에 대한 노력을 사회 전체의 편익으로 전환할 책무를 감당할 조건들을 충분히 갖추지 못하고 있다는 조금 점잖은 표현으로 대치할 수 있을 것이다.

미국의 보건정책학자 비센테 나바로의 말처럼, 보건의료 부문만큼 한 나라의 정치 관계를 잘 보여주는 것은 없다. 작금의 한국 사회에서 의료 부문을 둘러싼 공공성의 위기 현상은 단순히 의료 영역에 국한된 것이 아니라 한국 사회의 핵심적 위기와 맞닿아 있다. 그리고 한국 사회의 미래, 특별히 복지국가와 연관한 한국 사회의 꿈의 실현 여부는 이러한 '공공성의 위기'를 어떻게 극복할 것인가에 달려있다. 이쯤에서 국민들은 또 한

가지 의문이 생겨난다.

"국가는 정말 나의 건강을 걱정할까?"

의료와 공공성: 국가는 내 건강을 걱정할까?
〈공공정책〉, 2013년 10월

누가 '도덕적 해이'를 저지르는가

　　의료급여 문제로 정부가 부산하다. 유시민 보건복지부 장관이 취임하자마자 처음 받은 숙제는 바로 최근 급격히 증가하고 있는 의료급여 진료비에 대한 대책을 마련하는 것이다. 이를 위해 유 장관은 '의료급여 재정 혁신 희망기동대'까지 만들었다. 정부 자료를 살펴보면 2005년 의료급여 진료비 청구액은 약 3조 3000억 원이고 이는 전년보다 26.8%나 늘어난 수치다. 4~5년 만에 거의 두 배로 증가한 것이다. 더군다나 이런 증가가 계속된다면 올해 의료급여 재정 부족액은 약 4500억 원에 이르러 지급불능 상태에 빠질 가능성이 크다.

　　이런 급격한 진료비 증가에 대해 보건복지부가 내놓은 대책들은 심사조정 강화, 수급자 신고보상제, 수진자 내역조회, 약국의 허위부당 청구 발굴 등이다. 요약하면, 이른바 '부정 수급자'를 잡아내고, 의료급여 대상자들의 '부정 의료서비스'를 줄이겠다는 것이다. 쓸 돈을 정해 놓고 그 이상은 못 쓰게 만들겠다는 안도 있다. 여기에 동원되는 것이 이른바 수급권자의

'도덕적 해이' 논리다. 다시 말해 이 사태의 근본 원인이 수급권자의 의료 남용 때문이라는 것이다. 전형적인 마녀사냥이다.

의료급여 환자는 나이가 많고 더 심하게 아프니 진료비가 더 많이 나오는 것이 당연한데도, 이를 고려하지 않은 건강보험과 의료급여 진료비 비교표가 의료 남용의 증거물로 이번에도 어김없이 다시 등장한다. 갖은 구박을 무릅쓰고 자신을 따뜻하게 보살펴줄 주치의를 찾아 여기저기를 헤맨, 열 가지 이상의 복합 질환을 가진 75세 할머니는 순식간에 국민의 혈세를 낭비한 범죄자가 돼버린다. 여기에 '복지병'을 걱정하는 보수언론들은 기다렸다는 듯이 맞장구를 치고 있다.

그러나 최근 의료급여 진료비의 증가는 대상자 수의 증가와 노령화가 주원인이다. 또한 진료비의 낭비는 기본적으로 행위별 수가제 아래서 적절하게 관리되지 못하고 있는 공급체계 때문이다. 다시 말해 수급자가 아닌 '정부와 공급자의 도덕적 해이'가 주원인이다.

이렇게 잘못된 진단에 기초한 정책대안은 실효성을 가지지 못한다. 또한 의료급여와 관련한 대부분의 정책 결정은 중앙정부의 건강보험과 기초생활보장 등의 영역에서 이루어지는 반면, 그 정책에 대한 책임은 구체적인 정책 수단이나 권한을 가지지 못한 의료급여 부문과 지방정부가 떠맡고 있다. 무엇보다 현 정부 정책안에는 건강보험이 가난하고 아픈 이들을 의료급여로 '밀어내는' 기전을 막는 장치가 없다. 더욱이 대규모의 차상위계층 문제, 낮은 보장성과 차별 문제 등에 대한 대책 없이 재정 절감만을 목적으로 한 정책은 그 자체로 효력을 발휘하기 어렵다. 왜냐하면 설령 대상자를 10만 명 줄인다 해도 여전히 300만 명의 의료급여 수급 '대기자'가 기다리고 있고, 보장 수준을 낮추려 해도 수급권자는 이미 너무 낮은 보장성과 각종 차별에 시달리고 있기 때문이다.

따라서 바람직한 의료급여제도의 개혁은 재정 절감만을 위한 정책이 아니라 '견고한 건강 안전망의 구축'과 '지속 가능한 효율적 재정 운영'이라는 두 개의 기둥 위에 세워져야 한다. 또한 중앙과 지방정부 모두가 '위험을 공유하는 방식'으로 현행 건강보험, 기초생활보장, 의료급여 등을 비롯한 건강보장과 보건의료체계 전반의 구조개혁이 이뤄져야 한다. 무엇보다 각종 차별적 상황이 함께 해결돼야 한다. 그러지 못할 경우, 날로 심화하는 사회양극화 속에 우리 사회는 삶의 마지막 보루인 건강 안전망마저 작동하지 않는 총체적 난국을 맞이하게 될 것이다.

의료급여와 정부의 '마녀사냥'

〈한겨레〉, 2006. 4. 30.

다시 써야 할 반성문

장관이 공개적인 반성문을 썼다. 의료급여정책 때문이다. 파격적이다. 그 내용과 문장 그리고 형식도 세련됐다. 역시 일상복 차림으로 국회에 등원했던 그답다. 개인적으로 나는 그런 파격과 세련됨이 좋다. 그러나 좋은 것은 거기까지다. 추석 연휴를 이용해 자택에 머무르며 직접 작성했다는 15쪽짜리 보고서는 유시민 보건복지부 장관 스스로 '국민 앞에 제출하는 공개적 반성문'이라 칭했음에도 반성문으로는 낙제감이다. 무엇보다 반성문에 있어야 할 '반성'이 없기 때문이다.

우선, 이것이 진정 반성문이었다면, 지금 이 시각에도 의료보장의 사각지대에 있는 300만 명의 차상위 빈곤층과 이주노동자들을 어떻게 할 것인지 이야기했어야 했다. 그리고 급여일수가 일 년에 365일을 넘어선 38만 5000명과 일 년에 파스를 5,000개 넘게 사용한 22명 말고, 틀니 할 돈이 없어 밥도 못 먹고, 각종 본인부담금과 불법 보증금 요구 때문에 아파도 병원에 가지 못하며, 설사 병원에 가더라도 문전박대를 당하기가 일쑤인 나머지 140만 명의 고통에 대해 한 나라 건강 안전망의 주무장관으로서 진심으로 사과하고 그 대책을 제시했어야 했다. 하지만 그가 제시한 처방과 고민 어디에도 이들의 이름은 들어있지 않다. 그렇다면 유 장관이 사과한 '국민'은 도대체 누구인가?

구체적인 수치들까지 꼼꼼히 제시하며 세련된 문장으로 쓴 반성문은 작금의 재정 위기를 어떻게 해서든 넘어가 보려는 안간힘이 엿보이고, 가끔 읽는 사람의 마음을 흔든다. 하지만, 그 속에 감추어진 비수는 결국 '도덕적 해이'에 대한 비판이고, 그 칼날은 어김없이 가난한 이들을 향하고 있다. 그것이 사실인지를 확인하려면 유 장관의 반성문을 인용한 보수언론들의 기사를 보라! 새삼스러운 일은 아니지만, 가난한 이들은 또 한 번 공짜에 눈이 먼 사악한 범죄자가 되고, 이 반성문은 어김없이 그 '마녀사냥'의 불쏘시개가 되어 타오르고 있다.

의료보장제도에는 당연히 도덕적 해이가 존재할 수밖에 없다. 어떤 의미에선 그래서 의료보장을 하는 것이다. 도덕적 해이 때문에 못 하겠다면 그것은 의료보장을 하지 말자는 이야기다. 이 사실을 누구보다 잘 아는 경제학 전문가가 새삼스레 도덕적 해이를 외치니 더 얄궂다.

어떤 사례가 좋은 기삿거리인지 누구보다 잘 알고 있는 유 장관이겠지만 그의 글에서 인용하고 있는 사례들은 낯 뜨거울 정도로 선정적이다. 좋다. 이 사례만이라도 놓고 보자. 반성문에서 예시로 든 내용들은 정부 관계자가 컴퓨터의 엔터키를 한

두 번만 클릭했어도 금방 파악하여 미연에 방지할 수 있었다. 이것은 현재의 정보체계 아래서도 충분히 가능하다. 그렇다면 그동안 정부는 무엇을 하고 있었나?

반성은 책임이 전제될 때만 진정성을 인정받을 수 있다. 받는 이의 마음을 움직일 수 있는 반성문이 되려면 유 장관은 본인의 자리를 걸고라도 의료급여제도를 견고한 건강 안전망으로 탈바꿈하겠다는 약속을 해야 했다. 그러나 그는 어떠한 책임 있는 약속도 하지 않은 채 '도전적 질문'이라는 현란한 정치적 수사로 슬그머니 반성문을 마무리하고 있다. 이쯤에서 유 장관의 반성문을 요약하면 다음과 같다. "잘못은 한 것 같은데, 사실은 나쁜 가난한 사람들 때문이고, 앞으로 무엇을 꼭 하겠다고 약속하기는 어렵다." 유 장관이 말한 대로 이것이 '국민 앞에 제출하는 공개적 반성문'이고, 그 '국민'에 내가 들어간다면 나는 이렇게 말하겠다.

"반성문, 다시 써오게나."

보건복지부 장관 반성문 유감
〈한겨레〉, 2006. 10. 15.

맬서스의 유령

드디어 정부가 칼을 빼 들었다. 기세가 자못 살기등등하다. 서민들을 괴롭히는 이른바 '부동산 오적'을 향해서일까? 아니다. 만만한 가난한 이들을 향해서다. 보건복지부는 빈곤층이 의료기관을 이용할 때 1,000~2,000원을 내게 하고, 이용할 수 있는 병의원도 제한하며, 별도의 플라스틱 카드를 만들어 관리하겠다고 한다. 또한 빈곤층 노인들의 애용품인 파스를 혜택에서 제외하겠다는 시행령 및 시행규칙을 공고했다.

낭비는 줄여야 한다. 낭비를 줄이려면 비용 발생에 가장 큰 영향을 끼치는 지급방식과 전달체계를 바꾸어야 하는데 그것은 안 하고 딴짓이다. 더욱이 이번 정부안은 낭비도 못 줄이면서 가난한 이들만 괴롭히는 정책이다. 최저생계비를 보장해 주어야 하는 이들이 진료비로 인해 생계비가 모자라면 어차피 정부는 이를 다시 보상해 주어야 한다. 이들 정책을 강행하더라도 시장은 더욱 약삭빠르게 '본인부담금 면제'로 정책을 무력화시킬 것이다. 정부가 강행하겠다는 건강생활유지비 정책은 빈곤층에게 얼마의 돈을 지급하고 남는 돈을 가지라는 것인데, 이는 빈곤층이 '아파도 참고 병원에 안 가야' 성공하는 정책이다. 이번 정책으로 인해 진료비가 일부 줄어든다면 그것은 낭비가 줄어서가 아니라 아픈 이들이 돈 때문에 의료 이용을 못 해서다. 또한 무엇보다 정책의 내용이 가난한 이들에겐 모욕적이다. 정책에 품위라는 것이 존재한다면, 이 정책은 참으로 저급한 정책이다.

이번 정책은 '빈곤층의 혜택을 일반 국민과 동일한 수준으로 끌어올린다'는 지난 30년간의 정책 목표를 바꾸는 일이다. 빈곤층에 대한 차별과 낙인을 우려해 건강보험증과 동일한 모양의 의료급여증을 만들어주던 '따뜻한 정책'을 포기하는 일이다. 또한, 오랜 가난이 남긴 관절염의 통증을 잠시라도 달래보려던 할머니와 할아버지의 손에서 그 몇 장의 파스마저 빼앗으려는 '나쁜 정책'으로 돌아가려는 일이다.

이런 큰 정책 전환 뒤에 유시민 보건복지부 장관이 있다. 그는 최근 의료급여 관련 대국민 보고서에서, 일반 국민과 달리 가난한 이들에게 혜택의 일부를 제한하는 것에 대해 "저는 이것이 부당한 차별이라고 생각하지 않습니다"라고 선언하였다. 관련 회의 석상에서는 "빈곤층에게 동일한 혜택을 주는 것은 죄악"이라는 표현도 서슴지 않았다. 이런 표현이 경제부처 장관도 아닌 보건복지부 수장의 입에서 나왔다는 사실에 삶에 지친 가난한 이들은 더욱 슬프다. 그의 목소리는 어느새 "대중의 빈곤은 신의 섭리이며, 자비심은 재앙을 부른다"는 영국의 경제학자 토머스 맬서스의 목소리를 닮아 있다.

당시 맬서스는 빈곤층을 황폐화시키는 질병의 퇴치에 반대했다. 그것이 상류층을 살릴 유일한 길이라고 보았기 때문이다. 사회가 어려워지면 어김없이 차별을 '정당화'하는 목소리가 등장한다. 그리고 그것은 차별의 '미화'로 쉽게 진화한다. 맬서스가 죽은 직후인 1845년 아일랜드 기근 때가 그러했고, 1930년대 독일이 그러했다. '복지'라는 말이 낙인이 되어버린 현재의 미국 또한 예외가 아니다. 오늘날 우리나라 보건복지부 수장의 '선언'과 그 선언에 박수 치는 이들에게 가지는 우려가 바로 이것이다.

이 겨울, 양극화의 한파를 몰고 다니는 것은 국경을 넘나드는 대규모 투기성 자본만이 아니다. 어느덧 우리 사회에 '맬서스의 유령'이 다시 배회하기 시작했다. 우연일까? 유 장관은 자신의 책에서 맬서스를 소개하며 다음과 같이 쓰고 있다. "계급적 편향성은 천재의 눈을 흐리게 한다" 그리고 "부자들은 언제나 맬서스를 좋아한다."

<한겨레>, 2006. 12. 27.

인권 없는 복지가 가능한가?

　정부는 2007년 2월 20일 의료급여 1종 수급권자에 대한 외래 본인부담금 부과를 뼈대로 하는 의료급여법 시행령 개정안을 심의·의결했다. 아울러 빈곤층의 의료 이용을 제한하는 건강생활 유지비, 선택 병의원제, 의료급여증 카드제 등의 정책도 강행하겠다고 발표했다. 사회부조의 정신을 훼손하는 차별적 정책이라는 이유로 100여 개에 가까운 빈민·인권·시민·노동단체들이 반대 성명을 냈음에도 정부는 빈곤층에게 치명적일 수 있는 이들 정책을 기어이 강행하겠다고 결정한 것이다.

　지난 15일 국가인권위원회는 정부의 개정안이 "의료급여 수급권자(과거 의료보호 대상자)들의 건강권·의료권 및 생존권, 개인정보 보호 등에 대한 침해 우려가 있고, 일반 건강보험 적용 대상자 등과 비교할 때 불합리한 차별적 소지도 존재하며, 국가의 최저생활 보장 의무 및 공공부조 원리에 저촉되는 측면도 있다고 보이므로, 이러한 우려를 해소할 수 있는 방안을 마련하고 의료급여 수급권자 및 관련 전문가 등과 충분한 사회적 토론 및 의견 수렴 과정을 거쳐 신중히 추진하는 것이 바람직하다"는 의견을 표명했다.

국가인권위원회는 특별히 "1종 수급권자의 외래 진료 때 본인부담금 부과 조치는 일부 오남용 이용자에 대한 개별적 제한 조치가 아니라 1종 수급권자들의 병원 이용을 일률적으로 제한하는 성격의 조치라는 점에서 다수 수급권자들의 의료 이용 접근성에 상당한 제약이 될 수 있고, 건강권이 위축될 가능성이 우려된다"는 의견을 냈다. 최종적으로 국가인권위원회는 이번 조처가 "경제적·사회적·문화적 권리에 관한 국제규약의 당사국으로서 최소 핵심 의무에 저촉되는 측면이 있다고 보인다"고 발표했다. 이러한 의견 표명은 그간 주로 취약계층의 자유권 침해에만 의견을 내왔던 국가인권위원회의 관행을 뛰어넘어 사회권 영역에서도 적극적인 목소리를 낸 역사적인 것이었다. 그런데도 정부는 국가인권위원회의 의견을 비웃듯 개정안을 일사천리로 의결했다.

이로써 모처럼 힘을 모았던 숱한 빈곤·인권·시민 단체들은 대다수 국민들에게는 잘 알려지지 않은 이번의 '잊혀진 전쟁'에서 참담한 패배를 맛보게 됐다. 반면, '부당하지 않은 차별'과 같은 현란한 정치적 수사, '한 해 1만 3699개의 파스'와 같은 선정적 표현을 동원한 빈곤층 마녀사냥, 국민을 빈곤층과 비빈곤층으로 나누는 고도의 심리전을 이용한 유시민 보건복지부 장관의 정치적 노련함, 목적 달성 앞에서 잘못된 통계 수치도 기꺼이 동원하는 '처벌받지 않는 관료 권력'은 이 시간 또한 번의 승리를 자축하고 있다.

하지만 정작 이번 사태의 패자는 참여정부와 보건복지부 아닐까? 국내 대부분의 빈곤·인권단체들의 반대와 국가인권위원회의 의견 표명을 무시한 이번 결정은 그 오만함으로 말미암아 참여정부가 더는 가난한 이들을 위한 정부가 아님을 보여주었다. 또한, 두고두고 우리나라 '사회권' 역사의 오명으로 기록될 것이다. 또한 건강권과 사회연대를 기반으로 하는 보건복지부는 스스로 자신의 존재 근거를 부정하는 자가당착에 빠지게되었다. 아울러 빈곤·인권단체들은 이번 정부 조처로 발생할 피해사례들을 찾아내어 지속적으로 사회에 고발하고, 헌법 소원과 본인부담금 납부 불복종 운동 등을 통해 이른바 '사회권 지키기 운동'을 폄으로써 거꾸로 돌아간 역사의 수레바퀴를 제자리로 돌려놓겠다며 다시 머리끈을 동여매고 있다. 하여, 다시 한번 유시민 보건복지부 장관에게 묻는다. 인권 없는 복지가 가능한가? 그리고 '인권 없는 복지'로 만들려고 하는 세상은 누구를 위한 어떤 세상인가?

〈한겨레〉, 2007. 2. 21.

'눈물의 대통령'

노무현 대통령은 '눈물의 대통령'이다. 왜냐하면 그는 "수구세력의 집권을 저지해야 한다"는 한 배우의 피맺힌 절규 앞에 흘렸던 민주화 세력의 눈물이 만들어낸 대통령이기 때문이다. 또한 국민은 대통령 후보 유세장에서 흘린 그의 '눈물'이 이러한 국민적 염원에 대한 대답이자 다짐이라 믿었고, 결국 그 눈물이 그를 대통령으로 세웠다.

고백하건대 나도 딱 한 번 그로 인해 눈물이 핑 돈 적이 있다. "돈이 없어 치료를 못 받아 죽는 국민이 있는 나라는 나라도 아니다"라고 그가 공언했을 때가 바로 그때다. 하지만 유감스럽게도 대통령은 약속을 지키지 않았다. 보건의료 분야 핵심 공약이던, 건강보험 보장성 80% 확대와 공공의료 30% 확충은 본격적으로 시작도 해보지 못한 채 임기 종료를 맞고 있다. 정부 주요 관계자조차 "보건의료 부문에 관한 한 참여정부는 한 일이 없다"고 말한다. 하지만 어떤 의미에서 이 말은 사실이 아니다. 참여정부는 보건의료 부문에서 아무 일도 하지 않은 것이 아니라 오히려 역사의 수레바퀴를 뒤로 돌려 놓았다. 경제자유구역 내 영리성 외국인 병원 허용, 의료 상업화를 주 내용으로 하는 의료법 개정의 추진, 보건의료 분야에 대규모 투기성 자본을 만들기 위한 채권 발행 추진, 그리고 자유무역협정(FTA) 협상은 의료를 상품화하여 마침내 '맹장 수술비 1000만 원 시대'를 열게 될 것이고, 깊어진 건강과 의료의 양극화는 많은 서민의 눈에 눈물이 맺히게 할 것이다. 이른바 '미국적 가치'를 이 땅에 구현하는 것만이 우리나라의 살길이라 믿는, 이미 '영혼의 고향이 미국이 되어버린 전문가들'이 만들어내려고 하는 '미국식 의료'는 미국의 서민들에게 그러하듯 우리 서민들에게도 재앙이 될 것이다.

더욱이 정부는 2007년 7월 1일부터 최저생계비 이하의 극빈층에게 본인부담금을 물리고, 이용할 수 있는 병·의원을 하나로 제한하며, 가난한 이들에게 필수적인 파스에 대한 혜택 제한을 강행하겠다고 발표했다. 여전히 의료의 사각지대에서 고통받고 있는 300만 명의 차상위계층 문제를 해결하고, 각종 비급여, 진료거부, 보증금 요구 등에 시달리고 있는 빈곤층을 보듬어 안기는커녕, 이들을 비도덕적인 이들로 매도하고 각종 서류와 전화로 가난한 이들을 위협하여 의료 이용을 못 하게 하려는 것이다. 이러한 정부의 강경 기조는 지난 30여 년간 가난한 이들을 똑같은 국민으로 품어 안으려던 의료급여 정책의 원칙을 포기하는 일이기에 결코 작은 사건이 아니다. 더욱이 100곳이 넘는 국내 거의 모든 인권단체와 빈민단체들이 반대 성명을 내고 국가인권위원회마저 '차별적'이라는 의견을 냈음에도 강행을 고집한다는 점에선 민주주의에 대한 심각한 도전이기도 하다.

다시 한번 말하건대 지금 정부가 강행하려는 의료급여 정책은 '낭비도 줄이지 못하면서 가난한 이들을 아프게만 하는 정책'이다. 더욱이 갈수록 심화되는 양극화 속에서 마지막 '건강 안전망'마저 훼손하겠다는 것이다. 따라서 이 정책의 시행을 즉각 중단하고 국가인권위원회가 낸 의견대로 충분한 검토와 합리적 절차를 통해 진정 의료급여제도가 취약계층의 건강 안전망으로 기능할 수 있도록 정책을 재설계하여 진행하여야 할 것이다. 7월 1일부터 시행에 들어갔으니 이 시점에서 이를 중단할 수 있는 사람은 대통령뿐이다. "돈이 없어 치료를 못 받아 죽는 국민이 있는 나라는 나라도 아니다"라던 그 호기에 찬 약속을 지켜 달라. 그러지 않는다면 노무현 대통령은 민주화세력의 간절한 '염원의 눈물'에서 시작하여 가난한 이들의 '고통의 눈물'로 끝을 맺은 '눈물의 대통령'으로 오랫동안 역사에 기록될 것이다.

<한겨레>, 2007. 7. 3.

'배반의 바리케이드' 앞에서

한 해가 가고 새해가 오듯 '정치의 계절'이 지나간 다음에 오는 것은 늘 '배반의 계절'이다. 국민을 위해서라면 다 내놓을 것 같던 국회는 가난한 이들을 위한 예산을 삭감하고 자신들의 지역구 토건 예산을 챙기기에 바빴다. 또한 하루만 국회의원 배지를 달아도 매달 120만 원의 연금을 받는 '헌정회 연로회원 지원금' 128억 2600만 원은 잊지 않고 챙겼다. 이쯤 되면 배반이 아니라 막장 드라마다. 그들이 삭감한 예산 중에는 저소득층 지원 의료급여 예산도 들어있다. 이 예산은 작년 말 기준으로 6138억 원이 지급되지 못하고 있는 상황이다. 올려도 시원치 않을 예산을 국회는 되레 2842억 원이나 삭감해 버린 것이다.

이제 의료급여 환자를 진료하는 의료기관에 대한 진료비 지급은 늦어질 것이고, 이를 우려한 의사들은 미리부터 의료급여 환자의 진료를 꺼리게 될 것이다. 앞으로 가난한 이들은 병·의원에서 문전박대를 당하거나 입원을 하고도 조기 퇴원과 불법 보증금 요구에 시달릴 것이다.

하지만 불과 얼마 전을 뒤돌아보자. 지난 정치의 계절, 우리 사회는 우리나라가 복지국가인지 아닌지를 두고 열띤 논쟁을 벌였고, 여야 할 것 없이 모든 대선 후보는 복지국가를 외쳤다. 하지만 그들이 외쳤던 복지가 보편적 복지이든, 선택적 복지이든 가난한 이들이 아파도 병원을 갈 수 없는 나라, 가난한 이들의 치료비가 제일 먼저 삭감되는 나라는 복지국가가 아니다. 복지국가는 고사하고 '나라다운' 나라도 아니다. 가난한 이들도 돌봄을 받고 그들의 존엄을 인정하는 나라, 그것은 한 나라가 나라다울 수 있는 바로미터인 셈이다. 대선 직후 보여준 가난한 이들에 대한 예산 삭감은 우리 사회가, 우리 정치가 얼마나 이중적이며 진정성이 결여되어 있는지 잘 보여주는 사건이다.

더욱이 이제, 가난하고 병든 이들의 마지막 사회안전망인 의료급여 정책은 진료비 증가를 억제하기 위해 의도적으로 예산을 적게 책정하여 진료비 지급을 미루곤 하던 2000년 이전의 '원시적' 제도로 퇴행하고 말았다. 부자들이 좋아한다는 새누리당은 그렇다 치고 민주통합당은 무엇을 했는가? 이번 대통령 선거에서 민주통합당은 서민정당을 표방하는 자신들에게 등을 돌린 가난한 이들을 이해할 수 없다고 고개를 갸웃거린다. 하지만 보라. 진정 그들을 배반하고 있는 이들은 가난한 사람들의 편임을 자처하면서도 이번 예산안 삭감에 동의한 당신들 아닌가?

극장가에는 영화 〈레미제라블〉이 인기라고 한다. 그 제목의 뜻은 '불쌍한 이들'이다. 그 영화 중 한 장면, 직장에서 부당하게 해고를 당하고 어린 딸의 치료비와 양육을 위해 거리에서 몸을 팔다 병에 걸린 판틴(앤 해서웨이 분)이 부르는 노래, 〈나는 꿈을 꾸었어요(I dreamed a dream)〉에서 그녀는 노래한다. "하지만 가을과 함께 그는 가버렸어요(But he was gone when autumn came)."

정치의 계절이 지나간 자리에 배반만 남았다. 체감온도는 영하 20도가 넘는 칼바람 부는 겨울, 해고노동자들은 철탑 위에서 부들부들 떨며 하얗게 밤을 지새울 것이다. 오늘 밤 몇 명의 행려자는 추운 길에서 얼어 죽을 것이고, 연탄을 아끼느라 냉골의 방에서 자야 하는 산동네 할머니는 밤새 기침을 해댈 것이다.

정치의 배반에 가장 아픈 이들은 늘 약하고 가난한 이들이다. 100% 대한민국을 외쳤던 당선인의 행보를 두 눈 부릅뜨고 지켜보자. 하지만 정치가들만 쳐다보고 있을 수 없다. 우리에게 남겨진 질문이 있다. 그들에게 투표한 "나는 누구인가?" 그리고 저 "'배반의 바리케이드'는 정녕 넘을 수 없는 것인가?"

정치의 배반, 가난한 이의 아픔
〈경향신문〉, 2013. 1. 6.

아무도 모르는 어떤 복지

요즘 새누리당과 정부, 그리고 재벌들은 박근혜 정부가 핵심 국정 기조로 삼은 '창조경제'가 무언지 이해가 안 가 이른바 '열공' 중이라 한다. 그런데 실은 그것의 주창자도 잘 모르는 것 같다는 이야기가 흘러나온다. 새로이 부활된 해양수산부의 장관 후보는 청문회에서 스스로 "잘 모르겠다"고 선포했고 그의 동영상은 마침내 인터넷 유머 게시판에 올랐다.

이야기가 여기서 끝나면 얼마나 좋을까? 모를 것은 '창조경제' '미래창조과학부' '해양수산부'의 정체성만이 아니다. 복지 전문가들은 '박근혜표 복지'가 무엇인지도 모르겠다고 한다. "복지를 희생함으로써 한국 경제를 일으켰다"는 주장 역시 근거가 부족한 말이기는 하지만, "아버지가 '경제'였다면, 나는 '복지'다"를 외쳤던 박근혜 대통령의 선거 전략은 매우 매력적이었음이 틀림없다. 그러나 그것마저 미궁 속으로 빠져드는 느낌이다. 노인연금에서 삐끗대고, 4대 중증질환 보장에서 완전히 속내를 드러냈다. 이제 와서 "애초 공약에 포함되어 있지 않았다"는 억지를 부리니 참으로 창피하다. 제대로 된 참모가 없는 것인지, 아니면 제왕적 대통령의 '불통'이 원인인지 모르겠다. 하지만 원인이 어느 것이든 문제는 심각하다.

여전히 '박근혜표 복지'가 무엇인지 몰라 헤매던 차에, 드디어 이를 명확히 보여줄 수 있는 사태가 발생했다. 새누리당 대표를 지낸 홍준표 경남도지사의 진주의료원 폐쇄 결정이다.

"지방의료원, 지방거점 공공병원을 활성화하겠습니다"
"힘없고 가진 것 없는 사람들부터 꼼꼼히 챙기겠습니다. ⋯⋯ 어렵다고 최소한의 사회안전망을 줄여서는 안 됩니다."

이 말은 누가 한 말일까? 앞의 말은 박근혜 대통령의 대선 공약이고 뒤의 말은 홍준표 도지사의 취임사다. 의회를 권력의 들러리로 만드는 것도 닮았다. 홍준표 도지사도 환자에 대한 퇴원 조치와 의료진에 대한 해고 예고 통지를 먼저 한 후 뒤늦게 경상남도의회에서 관련 조례 개정안을 통과시키려 하고 있다. 의료원 폐쇄 이유도 '적자'에서 '강성 노조'로 말을 바꿨다.

이런 와중에 아픈 서민의 대변자가 되어야 할 보건복지부 장관의 얼굴은 보이지 않는다. "대통령께 업무 보고해 가슴 벅찬 감동"을 표했던 그의 '감수성'은 아픈 서민들에 대해서는 작동하지 않는 걸까? 경제협력개발기구 국가의 평균 공공병상 비율은 70%가 넘고, 복지국가인 스웨덴과 노르웨이는 90%가 넘으며, 미국도 30%에 달한다. 그런데 겨우 10%도 안 되는 공공병상을 가진 나라에서 도립병원 하나 유지 못 하고 몇 개 안 되는 공공병원조차 지켜내지 못하는 지방관·장관·대통령은 지도자로서 자격이 없다. 더욱이 작금의 진주의료원 사태는 크게 보면 서민의 건강보다 민간보험회사와 공급자들의 이익을 우선하려는 '의료민영화 정책'이다. 의료민영화 정책이 휩쓸고 간 자리, 공공의료는 무너지고, 영리적 병원과 민간보험이 득세하는 곳에서 의료비는 하염없이 오를 것이다. 이제 돈 없는 서민이 슈퍼마켓에서 실과 바늘을 사서 직접 자신의 찢어진 상처를 꿰매야 하는 날이 머지않았다. 의료비에 대한 통제 능력을 상실한 정부가 무슨 방법으로 의료보장 수준을 공약대로 높이겠는가? 급하고 절박하다. 암과 싸우는 것만으로 힘에 겨운 김씨 할머니, 이 씨 할아버지가 병원 폐쇄로 불안에 떨고 있다. 지금 홍준표 도지사의 오기를 바로잡을 수 있는 건 대통령뿐이다. 이를 저지하지 못한다면, 단언컨대 "박근혜표 복지=홍준표다."

"박근혜표 복지＝홍준표"

〈한겨레〉, 2013. 4. 8.

구명보트를 없애려는 어느 선장

최근 〈아바타〉에 그 자리를 넘겨주기 전까지 전 세계 최고의 흥행 기록을 세웠던 영화는 제임스 카메론 감독의 〈타이타닉〉이다. 이 영화는 1912년 빙산에 부딪친 후 침몰하여 약 1,500여 명이 사망한 사건을 다루고 있으며 그 침몰한 배 이름이 바로 당시 첨단장비를 자랑하던 '타이타닉'이었다.

영화 〈타이타닉〉이 이렇게 전 세계인의 마음을 사로잡을 수 있었던 데에는 신분을 뛰어넘은 17세 소녀 로즈와 청년 잭의 순수한 사랑이 한몫했던 것이 틀림없지만 영화 곳곳에 자리 잡고 있는 많은 사람들과 다양한 상징, 심지어 영화를 둘러싼 영화 밖 이야기들도 이 영화의 묘미를 더해준다.

일등석·이등석·삼등석으로 나누어진 층, 뜨거운 증기 속에서 웃통을 벗어던지고 일하는 선원들의 모습과 그 시간 갑판에서 진행되는 화려한 무도회는 현대 사회의 모습을 잘 보여주는 상징이다. 하지만 이것은 단지 상징으로만 끝나지 않았다. 실제로 당시 일등석 남성의 사망률이 67%, 여성이 3%였던 반면 삼등석 남성의 사망률은 84%, 여성은 54%에 달했다. 어린이의 사망률은 더 큰 차이를 보였는데 일등석과 이등석 어린이 중 사망한 경우는 5%가 안 된 반면 삼등석 어린이의 70%가 사망하였다.

배에는 모두 16척의 구명보트와 4척의 접는 보트가 있었지만 승객의 절반밖에 탈 수 없었다. 영화 속 이야기에 따르면, 규정에 맞게 구명보트를 실으려는 설계자와 구명보트 수를 줄이고 그 대신 승객을 더 태워 수익을 얻고자 했던 선주가 서로 갈등하고 결국 선주의 뜻이 관철된 탓이다. 이 이야기가 사실이라면 타이타닉의 승객을 죽인 것은 빙산이 아니라 탐욕에 눈이 어두워 구명보트 수를 줄여 생긴 인재인 셈이다.

최근 홍준표 전 새누리당 대표가 경남도지사로 취임하자마자 우리 사회의 구명보트 중 하나인 진주의료원을 폐쇄하려 했다. 폐쇄 이유 중 하나는 적자다. 하지만 공공병원이 흑자를 내는 것이 더 이상한 것 아닐까? 경제협력개발기구 국가들의 평균 공공병상 비율이 70%를 넘고, 복지국가인 스웨덴과 노르웨이는 90%를 넘으며 심지어 미국조차 30%에 달하는 상황에서 겨우 10%도 안 되는 공공병상마저 없애려는 홍준표 도지사와 새누리당 의원들은 영화 〈타이타닉〉의 누군가를 너무나 닮아 있다. 민간의료기관이 기피하는 분만, 응급의료서비스는 누구에게 맡길 것인가? 진료비 상승은 어떻게 막을 것인가? 신종플루와 같은 대규모 감염병의 창궐과 국가 위기 사태 때 그는 누구의 도움을 받을 것인가?

영화에는 약자들을 위해 자기의 자리를 양보하는 이들, 불안에 떠는 승객들을 진정시키기 위해 하선을 포기하고 끝까지 갑판 위에서 음악을 연주하는 악사들이 등장한다. 영화에서 로즈에게 구명조끼를 주고 튼튼한 배를 만들지 못해 미안하다는 말을 남기고 흡연실에 남는 것으로 그려진 타이타닉호의 설계자 토머스 앤드루스는 실제로 승객들을 돕다가 흡연실에 남아 죽었다고 한다. 타이타닉의 기관장, 조지프 벨은 배의 최후까지 남아 전력 공급을 위해 분투하다 결국 사망한다. 선장 에드워드 스미스도 승객들의 대피를 돕다 배에 남아 최후를 맞이한다. 하지만 모든 사람이 이렇게 멋있었던 것은 아니다. 타이타닉 배의 소유 기업인 화이트스타라인 사장이었던 브루스 이스메이는 영화에서처럼 몰래 보트 위로 뛰어내린다.

구명보트를 없애려는 '홍준표 선장'
〈경향신문〉, 2013. 4. 11.

형평운동기념탑 앞에서

경상대학교 정 모 교수에게 진주에 가겠다고 약속한 지 벌써 5~6년은 족히 되었을 것 같다. 진주에 가겠다고 한 이유는 여러 가지지만 제일 중요한 것은 그곳에 있는 '형평운동기념탑'에 가보고 싶었기 때문이다. 형평운동기념탑은 조선시대 최하층 천민이었던 백정들의 신분 해방과 인간 존엄의 실현을 도모한 형평사 활동(1923~1935)을 기념하기 위해 뜻있는 이들이 정성을 모아 1996년 세계인권선언일(12월 10일)에 진주에 건립한 탑이다.

형평운동 이야기는 일제강점기 천재 작가 중의 한 명이었던 조명희의 단편소설 〈낙동강〉에도 등장한다. 백정을 조롱하는 장꾼들과 형평사원들 간의 싸움이 일어나자 주인공 박성운과 그의 동료들은 백정 편을 들며 이렇게 외친다.

"백정이나 우리나 다 같은 사람이다. 그러므로 형평사원을 …… 한 형제요, 동무로 알고 나아가야 한다."

그는 소작농, 백정, 여성 등 약자들의 편에 서서 악독한 일본 지주와 싸우다 결국 죽지만 그의 꿈은 형평사원의 딸인 로사의 '폭발탄' 같은 꿈으로 이어진다.

우리나라 형평운동의 시발점이자 핵심 지역인 진주가 최근 다시 인구에 회자되고 있다. 그러나 이유는 정반대이다. 103년 전통의 공공의료기관이었던 진주의료원에 대해 홍준표 도지사가 갈 곳 없는 아픈 환자들을 내쫓은 뒤 폐쇄 명령을 내리고, 경상남도의회 새누리당 의원들이 10분 만에 토론도 없이 해산조례를 날치기 통과시켰기 때문이다.

가장 먼저, 가장 열심히 공평한 세상을 꿈꾸었던 진주가, 가난하고 아픈 이들을 위해 그곳에 자리 잡았던 마지막 안식처가 왜 이리 되어버렸을까? 물론 일차적인 책임은 개인의 정치적 이익을 위해 국가 공공의료체계의 근간을 흔드는 것도 마다하지 않는 홍준표 도지사와 행정부 견제라는 본연의 임무를 망각한 경상남도의회 의원들에게 있다. 하지만 이것만으로는 충분하지 않다. 지방의료원을 지역거점병원으로 육성하겠다는 공약집의 잉크도 마르기도 전에 이를 저버리는 박근혜 대통령과 도무지 존재감을 느낄 수 없는 무능한 진영 보건복지부 장관도 그 책임에서 자유로울 수 없다.

그러나 아직 희망은 있다. 무릇 절망은 포기하는 자의 것이다. 무엇보다 지방의료원을 활성화하겠다는 박근혜 대통령이 자신의 약속을 지키게 해야 한다. 국민이 무서운 줄 알게 해야 한다. 우선 지방자치법 제169조, 제172조에 따라 진영 보건복지부 장관은 홍준표 도지사의 위법한 폐원 결정에 대해 시정명령을 발부하고 폐원 처분을 취소해야 하며, 경상남도의회의 진주의료원 해산조례에 대한 장관의 재의 요구에 불응 의사를 밝힌 홍준표 도지사에 대해 조례 취소 제소 및 집행정지 신청을 법원에 제기해야 한다. 아울러 사회보장위원회를 소집해 조정권을 행사하는 등 법령에서 정한 중앙정부의 권한과 책임을 다하여 진주의료원을 정상화해야 한다.

형평운동기념탑에 부끄럽지 않은 진주를 함께 만들자. 진주에 다시 '공평'이 자리 잡게 하는 일, 그것을 개인의 정치적 야심을 채우기에 바쁜 정치가와 음침한 골방에서 여론 조작을 일삼는 이들에게 맡겨 놓을 수만은 없다. 무엇보다 진주가 움직이고, '돈보다 생명'의 가치를 소중히 여기는 이들이 일어나야 한다.

그것은 지금보다 백배는 더 힘들었을 일제강점기에 자기 몸을 바쳐 헌신했던 박성운과 로사의 꿈을 잇고자 하는 이들, 그리고 형평운동기념탑을 세우며 간직하고자 했던 소중한 다짐에 동의하는 모든 이들의 몫이기도 하다.

"공평(公平)은 사회의 근본이요, 애정(愛情)은 인류의 본량(本良)이라. …… 멸시와 천대에 시달리던 백정들과 그들의 처지에 공감한 분들이 힘을 모아 펼친 형평운동은 수천 년에 걸친 신분 차별의 고질을 없애려는 우리나라 인권 운동의 금자탑이다. 누구나 공평하게 인간 존엄을 누리고 서로 사랑하며 사는 사회를 만들자."[*]

'형평기념탑'과 진주의료원

〈경향신문〉, 2013. 6. 14.

[*]　형평운동기념탑 건립 기념사 중에서

형평운동기념탑 앞에서

노무현의 말, 문재인의 약속

"돈이 없어 치료를 못 받아 죽는 국민이 있는 나라는 나라도 아니다."

이 말은 고 노무현 대통령이 한 말이다. 하지만 유감스럽게도 그는 이 문제를 풀겠다는 약속을 지키지 못했다. 박능후 보건복지부 장관 후보자가 다른 부처 장관들보다 상대적으로 늦게 지명된 가운데, 문재인 대통령은 먼저 '치매국가책임제'를 실현하겠다고 국민에게 약속했다. '치매국가책임제'는 꼭 필요한 좋은 정책이다. 개인적으로도 이 정책이 성공하길 바란다. 치매환자나 그 가족들의 고통이 너무 크기 때문이다.

하지만, '치매국가책임제'는 다른 정책에 비하면 크게 돈이 들지 않는 정책이다. 정부가 할 일도 그리 많지 않다. 그래서 걱정이다. 만약 대통령에게 이 정책을 제안한 참모가 이런 내용을 말하지 않았다면, 그리고 대통령이 그 의도를 간파하지 못하고 있다면 그건 문제다.

18대, 19대 대통령 선거에서 문재인 대통령이 공약했던 대표적인 보건의료 공약은 '100만 원의 개혁'이다. 실제 진료비가 아무리 비싸게 나와도 1년에 100만 원 이상은 내지 않아도 되게 하겠다는 정책이다. 고 노무현 대통령이 약속했으나 지키지 못했던 정책의 '문재인식 정책'인 셈이다. 하지만 최근 보건복지부 인사나 인수위원회를 대신한 국정기획자문위원회의 활동을 보면 '100만 원의 개혁'에 대한 구체적인 시행 계획과 의지가 보이지 않는다.

우리나라 한 가구의 소득에서 의료비 지출이 전체 지출의 10%를 넘는 가구가 20.6%나 되고 40%를 넘는 가구도 4.7%에 이른다. 이렇게 높은 의료비를 지출하는 가구는 빈곤화할 가능성이 그렇지 않은 가구보다 3배 이상 높다. G20 국가에 속하는 나라에서 의료비 때문에 파산하고 자살하는 사람이 빈번하다는 것은 말이 안 된다. 돈이 없다는 것은 핑계다.

올해가 국민건강보험 시행 40주년이다. 국민건강보험은 의료보장 수준이 50%대를 넘지 못하는 '반쪽짜리 의료보험'이다. 이는 경제협력개발기구 국가 중 거의 꼴찌에 해당한다. 따라서 '100만 원의 개혁'은 선택사항이 아니고 기필코 시행해서 성공해야 하는 정책이다. 하지만 왜곡된 의료전달체계, 낭비적인 지불보상제도, 과잉 상태에 있는 민간보험시장 등 현실을 보면 가히 혁명적 변화를 요구하는 정책이다. 이명박 정부 때 대통령이 앞장서고, 모든 부처가 발 벗고 나서 4대강 사업을 추진했듯이 일일점검을 하면서 진행해도 될까 말까 한 정책이다. 또한 국민적 합의 프로세스를 만들어 장기적이고 정교한 로드맵을 마련하는 등 국민과 함께 풀어나가지 않으면 안 되는 매우 어려운 정책이다. 그렇기에 정권 초기부터 적극적으로 추진하지 않으면 불가능하다.

이처럼 쉽지 않은 '100만 원의 개혁' 정책을 상대적으로 규모가 작은 '치매국가책임제'로 '퉁'치고 끝내려 한다면, 그것이야말로 국민에 대한 약속의 파기이다. 지금이라도 당장 '100만 원의 개혁'의 시행 전략을 수립해야 한다. 그리고 국민들과 함께 지혜를 모아야 한다. 다행히 이 정책은 국민의당과 정의당도 약속했던 것이다.

하지만 이 정책은 보건복지부 혼자서 할 수 있는 일이 아니다. 대통령이 정권의 명운을 걸고 추진해야 한다. 무엇보다 대통령은 '퉁'치거나 '눈 가리고 아웅'하며 그냥 넘어가자는 참모와 관료의 유혹을 넘어서야 한다. 그래야 고 노무현 대통령의 실패를 반복하지 않을 수 있다. 과거 참여정부가 정권 연장에 실패한 이유도 국민과의 약속을 지키지 않았기 때문이라는 점을 잊지 말아야 한다.

"돈이 없어 치료를 못 받아 죽는 국민이 있는 나라는 나라도 아니다"라는 고 노무현 대통령의 말은 이제 문재인 대통령의 꿈과 약속이 되었다. 문재인 정부가 만들고자 하는 나라가 '나라다운 나라' 아니던가?

'의료비 100만 원 상한제' 공약대로

〈경향신문〉, 2017. 7. 13.

사라진 '100만 원의 개혁'을 찾아서

2017년 8월 9일 문재인 대통령이 한 병원을 찾아 환자들에게 둘러싸인 채 건강보험 개혁안을 발표했다. 비급여를 포함한 모든 질병 치료비의 보장 수준을 70%까지 높이겠다는 등 가히 파격적인 내용을 포함하고 있다. 더욱이 "병원비 걱정 없는 나라를 만들겠다"는 선언은 감동적이기까지 했다.

그러나 공약 발표 후 국민의 반응은 그저 그렇다. 물론 북-미 군사 대결로 아슬아슬한 한반도의 안보 상황, 사드 배치를 둘러싼 갈등, 그리고 개혁안 내용이 국민이 이해하기에는 너무 전문적인 내용을 담고 있는 것도 이유일 수 있다. 그러나 그것이 다일까? 더욱이 대선에서 문재인 후보에게 호의적이던 대부분의 시민사회단체들도 비판 논평을 냈다.

그러면 왜 국민의 감동과 시민단체의 지지가 식었을까? 현실적인 이유를 감안하더라도 이번 개혁안이 공약에서 후퇴해서다. 비급여를 포함하여 국민건강보험 보장성을 70%까지 올리겠다는 것은 쉽지 않은 일이 분명하지만, 이는 경제협력개발기구 평균 보장률 80%에 모자란다. 대부분의 선진국들이 아픈 이들의 수입을 보전하기 위해 지급하고 있는 상병수당은 아예 빠져버렸다. 무엇보다 전 국민이 비급여를 포함해 100만 원 이상을 부담하지 않도록 함으로써 사실상 '무상의료'를 실현하겠다던 18대 대통령 선거 당시 문재인 후보가 내건 호기로운 공약은 축소됐다. 19대 대선에서 그의 '100만 원의 개혁' 공약은 하위 50%, 이번 개혁안에서는 하위 30%에만 적용하는 것으로 후퇴하였다. 이것은 전 국민을 대상으로 하던 '보편적' 접근을 '잔여적' 접근으로 전환하였다는 점에서 단지 후퇴가 아니라 큰 퇴보이다.

이렇다 하더라도 문재인 정부가 내놓은 안들은 결코 만만한 정책이 아니다. 많은 국민과 보수 진영이 걱정하는 안정적인 재정 운용은 극히 일부의 문제일 뿐이다. 개혁에 성공하기 위해서는 낭비를 제도적으로 막는 지불보상제도, 일차의료와 공공의료를 중심으로 한 전달체계의 전면적인 개편이 불가피하다. 오래된 환자들의 의료 이용 관행도 바꿔야 한다. 이른바 '정권의 명운'을 걸고 돌파할 일이 한둘이 아니다.

그래서 더 문제다. 이번 발표 과정에서 가장 우려스러운 것은 국민과 시민사회의 동의와 적극적인 지지를 얻기 위한 과정을 생략한 채, 문재인 대통령의 인기와 감성에 호소하는 정치적 수사와 복잡한 정책 설계에만 의존하고 있다는 점이다. 게다가 몇 개의 시민단체와 한두 번의 비공식 간담회 후 그것으로 국민과의 소통은 충분하다고 생각하는 오만이 자리 잡고 있다. 관료들의 저항도 넘어서지 못한 인상이다. 그러고선 시민사회단체의 비판 논평에 섭섭함을 표했다고 한다. 정작 섭섭한 것은 국민이다.

문재인 정부는 지금이라도 시급히 정책의 의사결정 방식을 바꾸고 국민에게 SOS를 쳐야 한다. 노무현 정권의 실패는 시민단체와의 대화가 중단되었을 때부터 시작되었다는 교훈을 잊지 말아야 한다. 그 불길한 징조를 우리는 며칠 전 박기영 과학기술혁신본부장의 임명 과정에서 보았다. 그런 점에서 문재인 정부는 이번 건강보험 개혁안에서 사라진, '국민이 감동할 수 있는 목표' '국민이 참여하고 지지할 수 있는 제도적 장치'를 시급히 만들어야 한다. 우선 대통령 산하에 '병원비 걱정 없는 나라 만들기 국민위원회(가칭)'의 설립 운영을 제안한다.

다시 한번 명토 박아 두자. 문재인 정부가 의지할 곳은 촛불시민밖에 없고, 지금의 권력도 이들에게서 위임받은 것이다. 그리고 촛불 정신의 핵심은 "민심을 거스르는 자가 독재자"라는 것이며 이것의 적용은 예외가 없음을 잊지 말아야 한다.

〈한겨레〉, 2017. 8. 14.

두 번째 '눈물의 대통령'

벌써 노무현 대통령 10주기를 보냈다. 그는 '눈물의 대통령'이었다. 당시 국민들은 유세장에서 흘린 그의 '눈물'이 국민적 염원에 대한 대답이라 믿고 그를 대통령으로 세웠다. 그러나 그의 인간적 매력과 일부 성과에도 불구하고 정권을 잃었기에 그는 정치적으로 실패했다. 그 후 10년 가까운 긴 퇴행의 터널을 지나 문재인 정부가 출범했다. "돈이 없어 치료를 못 받아 죽는 국민이 있는 나라는 나라도 아니다"라고 공언했던 노무현 대통령처럼, 문재인 정부는 "병원비 걱정 없는 나라를 만들겠다"고 약속했다. 의료 사각지대에서 하루하루를 아슬아슬하게 살아가는 이들이 400만 명에 이르는 한국 사회에서 보장성 강화는 그때도 지금도 절체절명의 과제다.

하지만 노무현 대통령은 약속을 지키지 못했다. 국민건강보험 보장성 80% 확대와 공공의료 30% 확충은 시작도 못 해보고 정권을 끝냈고, 오히려 영리병원 허용 등 이른바 의료영리화의 판도라 상자를 열어젖혔다. 문재인 정부는 잘하고 있을까? 얼마 전 한 국책연구기관이 지난 2년간 보건복지정책에 후한 점수를 주었다고 하지만 동의하기 어렵다. 2019년 4월 정부는 국민건강보험 종합계획에서 공약대로 국민건강보험의 보장률 70%를 임기 중에 달성하겠다고 밝혔지만 이 역시 국민을 기만하는 계획서다.

더불어민주당은 야당 시절 '규제프리존법'으로 대변되는 의료민영화를 저지하기 위해 시민사회와 혼신의 노력을 다했다. 그러나 여당이 된 지금, 시범 사업 혹은 연구 사업이라는 명분 아래 이명박 정부와 박근혜 정부도 하지 못했던 '규제샌드박스법', 원격의료, 영리 유전자검사, 건강관리서비스 사업 등 핵심적인 의료영리화 조처를 하루가 멀다 하고 쏟아내고 있다. 이를 저지하기 위해 함께 싸웠던 국회의원들도 요즘은 공천권만 바라보느라 의리를 저버린 지 오래다. 최근 '바이오헬스' 출정식을 바라본 어떤 이들은 '제2의 황우석 사태'나 '제2의 인보사 사태(코오롱생명과학이 골관절염 세포유전자 치료제 '인보사'의 허가를 받기 위해 성분을 속이고 허위 서류를 제출한 사건)'가 조만간 터질 것을 우려하고 있다.

'국민건강보험 보장성 70%'라는 약속을 지키려면 보험료 인상, 대규모 정부 예산 확대, 공공 의료기관의 양적·질적 확대, 주치의 등록제를 포함한 일차의료의 파격적 강화, 지불방식 개편 등에 대한 국민의 절대적 동의와 지지가 필요하다. 이는 '정치기술'로 할 수 있는 일이 아니다. 또한 충분한 안전성도 확보하지 못한 신약을 허가부터 하는 규제 완화는 그 자체가 국민 건강을 위협할 뿐만 아니라 의료비를 급격히 높인다. 더욱이 국민건강보험의 곳간 열쇠를 영리기업에 넘겨주어 비급여 의료비를 대폭 늘리면서 보장성을 강화하겠다는 것은 어림없는 일이다. 지금대로라면 '국민건강보험 보장성 70%' 약속을 못 지킬 것이 뻔해 보이는데, 정권 말기로 가면 "아직 통계치가 안 나왔다. 그래도 우리를 지지해달라"며 은근슬쩍 넘어갈 공산이 크다.

이는 '훌륭한' 정치적 기술일지 모르지만, 국민을 영원히 속일 수는 없다. 노무현을 싫어하지 않았지만 실패한 정책에 실망한 국민들은 투표장에 가지 않았다. 2007년 대선에서 당시 이명박 후보가 가장 많은 표(전체 유권자 수의 30.5%)를 얻어 대통령이 됐지만, 사실 더 많은 표는 37%의 기권층이었다.

특정 정권에 대한 개인의 호불호는 있을 수 있으나 어떤 면에서 모든 정권은 성공해야 한다. 정권 연장의 실패는 정치가에게 그저 잠시 권력을 잃는 것이겠지만 서민들에겐 삶을 송두리째 잃는 것일 수 있기 때문이다. 그런 의미에서 문재인 정부도 성공해야 한다. 그러나 '정치기술'로 슬쩍 넘어가려는 것은 실패로 가는 길이다. 촛불의 힘으로 대통령이 된 문재인의 힘은 기술이 아니라 진정성에 있기 때문이다.

그렇다면 어떻게 할 것인가? 우선 해마다 제대로 된 건강보험 보장률을 발표하라. 그리고 의료영리화를 막지 못하고 정치적 기술로 슬쩍 넘어가려는 보건복지정책의 방향과 인사, 조직을 전면 개편하라. '똑똑한 정치기술자'의 자리에 겨우 촛불 하나로 세상을 바꿀 수 있으리라 믿고 추운 겨울 광장을 지켰던 '우둔한 국민'을 앉게 하라. 그것이 다는 아니겠지만, 그런 시작 없이는 백약이 무효다.

얼마 전 5·18 광주민주화운동 기념식장에서 문재인 대통령이 울먹였다. 노무현 대통령의 눈물처럼 그 눈물 역시 감동적이었다. 그러나 본인을 위해서도, 무엇보다 국민을 위해서도 문재인 대통령은 두 번째 '눈물의 대통령'이 되어서는 안 된다.

〈한겨레〉, 2019. 5. 30.

자본: 공포와 불안을 팔다

3장

이번 결정은 보건복지부가 국민의 건강이 아니라

재벌의 이해를 대변하는 부처로 전락했음을 극명하게 보여주는 사건이다.

오죽하면 시민단체들이 보건복지부 장관을 '국민건강 포기상'

'국민건강보험 파탄상' '삼성 장학생상' 수상자로 선정했겠는가.

이번 결정에 책임을 진 지식경제부·보건복지부의 책임자들이

퇴직 후 어느 대자본의 품에 안기는지 두 눈 뜨고 지켜보자.

"나는 이해할 수가 없어요"

　　오늘날 우리나라 국민들은 역사상 가장 좋은 건강 수준과 의료서비스를 누리고 있다. 의사들 역시 예외가 아니다. 굳이 삼국시대나 조선시대까지 올라가지 않고 대한제국 말 의학원을 졸업한 최초의 한국인 서양식 의사들을 그 시작으로 보더라도 긴 안목에서 보면 의사들은 그 어느 때보다 높은 사회적 지위를 누리고 있다. 더욱이 피만 조금 뽑으면 알아서 진단명을 알려주는 기계를 비롯하여 환자들의 신체 깊숙이까지 들여다보게 해주는 각종 기계를 진료에 이용하고 있다. 원격으로 환자의 혈압과 혈당을 알 수 있는 것은 물론 원격 처방도 가능하다. 두꺼운 차트를 뒤지지 않아도 환자들의 10년 치 진료기록을 언제든지 확인할 수 있다. 진료비 청구도 알아서 해주는 전산프로그램도 생겨났다.

　　그럼에도 불구하고, 한국의 의사들은 그리 행복해 보이지 않는다. 물론 해고의 부당성을 고발하며 추운 날씨 속 높은 크레인에 올라 농성을 벌이고 있는 비정규직 노동자들이나 단속단에 쫓겨다니는 노점상들의 고달픈 삶과는 비교할 수 없다. 하지만 의사들 역시 고달프다. 대부분의 의사들은 갈수록 주위의 사회적, 경제적 요구에 부응하기 힘들고 근무시간은 길어지고 근무조건도 힘들어졌다. 의사에 대한 원망과 선망이라는 양가적인 감정을 가지고 툭하면 의심의 눈초리로 바라보는 환자들은 의사들을 더욱 힘들게 만든다.

한국의 의사들은 왜 점점 사는 것이 힘들어질까? 현재 추세대로라면 적어도 약 70~80% 의사들의 삶은 앞으로 더 힘들어질 것 같다. 나는 여기에 이유가 있다고 생각한다. 그리고 전부는 아니지만 가장 중요한 이유 중 하나가 바로 '의료의 시장화'라고 생각한다. 왜냐하면 '시장'은 늘 끝없이 고달픈 경쟁과 아무리 마셔도 해소되지 않는 갈증, 그리고 무엇보다 늘 승자와 패자를 만들어내기 때문이다.

그런데 한국 사회에서 바로 그 '의료의 시장화'가 본격적으로 꽃을 피우려 하고 있다. 이명박 정부 의료정책의 기조가 바로 '본격적인 의료산업화'이기 때문이다. 굳이 '본격적인'이란 수식어를 붙인 이유는 의료산업화라는 판도라의 상자를 열어젖힌 것은 이명박 정부가 아니라 참여정부였기 때문이다. 이명박 정부는 앞 정부가 깔아놓은 산업화의 도로를 신나게 질주하는 일만 남았다. 이명박 정부의 의료산업화 정책이 어떤 모습이 될 것인지에 대한 많은 논란이 존재함에도 불구하고, 크게 세 가지 지향이 존재할 것으로 보인다.

첫째는 의료채권의 발행에서 시작하여 궁극적으로는 주식

시장을 통해 영리 추구적 재원 조달 방식을 만들어내려는 시도이다. 둘째, 이렇게 만들어진 거대 자본과 대형 다국적 민영보험회사나 금융기관들이 그 자본을 그들의 이윤추구에 마음껏 사용할 수 있도록 제도를 뜯어고치는 것이다. 구체적으로 환자의 유인 알선을 허용하고, 인수합병을 가능하게 하는 의료법 개정이 대표적인 예가 될 것이다. 세 번째는 의료체계를 구매력 중심으로 재편하는 작업이다. 즉 구매력이 없어 민영보험회사 입장에서 매력적이지 않은 빈곤층들은 국가의 책임으로 놔둔 채, 구매력을 가진 국민들 모두를 민간보험에 가입하게 하는 것이다.

위과 같은 이명박 정부의 산업화 정책이 성공하여 우리 사회가 영리 중심의 다국적 대형 자본이 지배하는 사회로 변할 경우, 그곳에서 의료인들은 어떤 모습으로 살아갈까? 과연 의사들은 지금보다 더 행복해질까?

다른 길을 가는 나라들이 있다. 다시 말해 '의료의 시장화'를 거부한 나라들이다. 국민들은 빈부에 상관없이 양질의 의료 서비스를 제공받을 권리가 있고, 의사들에게 진료는 돈벌이 수단이 아니기에 수입 걱정 없이 아픈 이들의 친구와 멘토가 되어주는 그런 나라들이다. 얼마 전 방문했던 스웨덴은 바로 그런 곳 중의 하나이다. 스웨덴의 의사들은 (물론 여러 가지 어려움을 겪고 있기는 했지만) 하루 15~20명의 외래 환자를 보고, 연 30~40일의 휴가 기간 동안 세계 곳곳을 여행하며 저녁에는 미술관, 음악회, 독서 토론회를 다니고 주말에는 봉사활동을 하거나 가족과 여행을 떠났다. 그러면서도 진료실에는 늘 환자들이 감사의 뜻으로 가져온 꽃다발과 과일 바구니가 놓여있었다. 물론 이렇게 살아가는 나라는 스웨덴만이 아니다. 유럽의 많은 나라 의사들이 그렇게 살고 있다. 마을 주차장은 가정 방문 의사들을 위해 늘 자리를 비워두고, 의사 마크가 붙어 있는 차량은 주차 위반 딱지를 떼지 않는다. 나에게 어느 나라에서 의사 노릇을 하며 살아가겠냐고 묻는다면 나는 당연히 후자를 택하겠다. 무엇보다 일 년에 30~40일의 휴가가 있으니 말이다.

〈후기〉

언어학 공부를 위해 '작은 티벳'이라 불리는 인도의 오지 라다크를 방문했던 헬레나 노르베리 호지가 그곳 사람들의 삶의 모습에 매료되어 오랫동안 그곳에 머물면서 쓴 《오래된 미래: 라다크로부터 배우다》라는 책이 있다. 이 책은 문명화(시장화)가 어떻게 그들의 아름답던 삶을 파괴해 가는지 잘 그리고 있다. 그 책에는 갈수록 사는 것이 팍팍해지는 우리 사회 의사들의 삶의 모습을 이야기하는 듯한 구절이 있다.

"나는 이해할 수가 없어요. 수도에서 살고 있는 나의 언니는 일을 더 빨리해주는 온갖 것을 가지고 있어요. 옷은 상점에서 사기만 하면 되고, 지프차, 전화, 가스쿠커를 가지고 있어요. 이 모든 것이 그토록 시간을 절약해주는데도 언니를 만나러 가면 나하고 이야기할 시간도 없대요."

"나는 이해할 수가 없어요."—이명박 정부의 의료산업화와 '오래된 미래'

〈행동하는의사회〉, 2008. 5. 19.

영리병원에 없는 세 가지

정부가 '의료산업의 선진화'라는 이름 아래 보건의료 영역에 국내외 자본을 유치하는 데 사활을 걸고 있다. 대표적인 사례가 제주특별자치도 법안에 따른 '영리법인 의료기관' 허용이다. 국민들에게 다양한 의료 선택권을 보장한다는 목표를 내세우고 있지만 바람직한 정책이 갖춰야 할 세 가지가 없어 우려스럽다.

하나는 '국민'은 없고 '자본'만 있다. 정부는 2005년 10월 제주특별자치도 법안을 입법예고한 데 이어 공청회, 국무회의 심의 등을 거쳐 일사천리로 처리할 기세다. 또한 이 같은 정책을 주도하고 있는 '의료산업선진화위원회'는 대자본의 위원회일 뿐, 국민의 대표성은 찾아볼 수 없다.

다른 하나는 '의료'는 없고 '영리'만 있다. 건강한 삶은 모든 국민의 염원이자 국가의 존재 이유이다. 대부분의 선진국은 의료 부문 영리화를 금지하거나 극히 제한된 영역에서만 허용하고 있다.

마지막으로 '대책'은 없고 '무모함'만 있다. 보건의료 부문의 영리화를 진행한 미국도 62%에 달하는 비영리병원과 23%의 주립병원이 굳건한 공적 보건의료체계를 손상하지 않고, 의료서비스의 질을 관리할 많은 기관들을 수립하면서 제한적으로만 영리화했다. 하지만 참여정부는 10%에 불과한 공공의료, 의료 질 관리체계의 확충이나 행위별 수가제 개편 등과 같은 대책 없이 영리화만을 추진하고 있다.

영리병원 도입은 어떤 결과를 가져올까? 우선 국민들은 엄청나게 뛸 의료비를 감당해야 한다. 자본 유치 능력이 없는 대다수 동네의원 등은 거대 자본을 가진 병원의 문지기로 전락할 것이다. 기업은 의료보장비의 부담으로 심각한 재정적 어려움에 봉착하게 될 것이다. 정부 또한 비싸진 의료비로 인해 빈곤층의 의료보장 수준을 높여주고 싶어도 그러지 못하는 악순환을 겪게 될 것이다.

더욱 우려스러운 것은 영리병원이 도입될 땐 연쇄반응을 일으켜 '건강은 모든 이들이 누려야 할 기본적인 권리'라는 우리 사회의 소중한 연대 가치를 빼앗아 간다는 것이다. 정부의 신중한 자세를 요구한다.

자본 앞세운 "영리법인 의료기관" 허용 반대
〈세계일보〉, 2005. 11. 12.

안치환의 '유언'

이제 어느덧 마흔이 넘어 중견 가수가 된 안치환이 다시 거리에 섰다. 그리고 노래를 부른다.

"내가 광우병에 걸려 병원 가면 / 건강보험 민영화로 치료도 못 받고 / 그냥 죽을 텐데 땅도 없고 돈도 없으니 / 화장해서 대운하에 뿌려다오."

100만 개의 촛불에 놀란 보건복지가족부는 서둘러 "건강보험 민영화 검토 안 한다"는 의견을 내놓았다. 2008년 5월 21일에 이은 발표다. 그러나 기만이다. 정부는 의료민영화를 한 치의 흔들림 없이 진행하고 있다.

의료민영화의 핵심은 영리 지향적 자본투자 허용(의료채권·주식상장), 영리 추구 행위에 방해되는 제도 개편(영리의료법인·유인알선·인수합병 허용), 민간보험 활성화(실손형 보험 허용)이다. '의료채권법'은 이미 입법예고를 거쳐 국회 통과를 기다리고 있다.

'의료채권법'은 주식시장을 통한 영리 지향적 자본을 의료 부문에 끌어들이는 전 단계다. 이는 미국의 예에서 볼 수 있듯이 의료 부문을 급속히 이윤 중심 체계로 전환시킬 시한폭탄이다.

지난 5월 11일 기획재정부는 주식회사형 영리의료법인 허용과 실손형 민간의료보험 상품 도입을 뼈대로 하는 '2단계 서비스산업 선진화' 방안 마련에 착수했다고 발표했다. 더욱이 정부는 약속을 뒤집고 제주도를 필두로 영리법인의 설립 허용과 '당연지정제' 일부 해지를 진행하고 있다. 제주도에서 이것이 허용되면 곧 부산과 진해, 인천, 광양 등 경제자유구역이 뒤따를 것이고 전국으로 확대하는 것은 시간문제일 것이다.

온 국민이 6·10 항쟁 21돌의 촛불을 밝히던 날, 정부는 슬그머니 의료법 개정안을 공고했다. 환자 유인알선 행위를 부분적으로 허용하고, 의료법인 간 인수합병을 허용하겠다는 내용이 핵심이다. 이른바 대형 민간보험회사와 대형 자본이 마음껏 돈을 벌게 해주겠다는 것이다. 이러한 의료민영화가 가져올 결과는 너무나 명백하다. 몇 개의 대형 병원에 밀린 상당수 중소병원의 줄도산, 병원노동자의 실업, 개원가의 몰락이다. 급격하게 증가한 진료비 부담은 건강보험의 붕괴와 민간보험의 득세로 이어질 것이다. 정부는 건강보험을 민영화하지 않고 아예 고사시키려 하고 있는 것이다. 그러나 무엇보다 심각한 것은 서민들이다. 하루가 다르게 늘어나는 사교육비로 얼마 안 되는 생활비를 쪼개 살아야 하는 서민들은 50만~60만 원이나 되는 민간보험료를 내느라 허리를 더욱 졸라매야 할 것이다. 더욱이 천정부지로 치솟는 물가와 고용불안으로 고통받는 서민들에게 미국처럼 10배 넘게 뛰어오른 진료비를 내야 하는 화려한 고급 병원은 결국 '그림의 떡'이 될 것이다.

이명박 정부 인사정책의 기조가 '강부자(강남의 부동산 자산가)' '고소영(고려대 출신-소망교회-영남권)'이라면, 의료정책은 이른바 빅5로 불리는 대형 병원, 대형 민간보험회사를 위한 정책이다. 그들에게는 돈이 없어 암 치료를 포기하는 아빠와 그런 아빠를 그저 바라만 보고 있어야 하는 어린 아들딸들의 눈물은 보이지 않는다.

광우병 사태가 국민 건강을 값싸게 팔아버린 것이라면 의료민영화 정책 역시 국민의 건강을 팔아 1%의 배를 채우겠다는 정책이다. 진행도 졸속이고 국민과의 소통도 없다. 위로부터의 압력과 지침만 있을 뿐이다. 의료민영화를 진행하고 건강보험을 고사시키면서도 "건강보험 민영화는 안 한다"는 '기만의 소통술'을 구사한다. 그렇기에 의료민영화 정책은 제2의 광우병이다.

지금 대한민국 국민은 높디높은 '명박산성' 앞에 서있다. 오르지 못하게 기름까지 발라놓았다. 그 앞에서 촛불을 들고 부르는 안치환의 노래 제목은 〈유언〉이다. 수십만의 국민들이 거리로 몰려나와 〈유언〉을 함께 부르는 아~ 대한민국이여!

제2의 광우병, 의료민영화

〈한겨레〉, 2008. 6. 16.

안치환의 '유언'

용의 역린을 건드리다

2010년 지방선거가 끝났다. 여론조사의 예측에서 크게 벗어난 여당의 패배를 두고 다양한 해석이 나온다. 이명박 정부가 "전쟁공포라는 한국인의 역린을 건드렸다"는 어떤 교수의 해석이 개인적으로는 가장 설득력이 있다. '역린'은 《한비자》에 나오는 말로, 용이라는 짐승은 잘 길들이면 올라탈 수도 있지만 그의 목 아래에 지름 한 자쯤 되는 역린, 즉 다른 비늘과는 반대 방향으로 나 있는 비늘을 건드리면 반드시 사람을 죽인다는 것이다.

지방선거 이후 거론되는 이명박 정부의 국정 기조 중 하나는 4대강이나 세종시 문제 등이 숨을 고르는 동안 그간 미루어 놓았던 다른 정책들을 본격적으로 추진한다는 것이다. 이 중 대표적인 정책이 의료민영화이다. 최근 청와대는 의료민영화에 적극적인 인사를 보건복지비서관에 임명했고, 그간 의료민영화에 소극적이었던 보건복지부 장관을 교체한다는 소문이 흘러나오고 있다. 제주도 영리병원 설치와 관련한 법률은 국무회의를 통과해 국회로 와있고, 제주도뿐만 아니라 전국 곳곳의 경제자유특구에 영리병원 설치에 박차를 가하고 있다.

'의료채권법' '건강관리서비스법' '병원 간 인수합병 허용'과 '의료기관 인증제'를 담은 의료법 개정안, '병원경영지원회사의 활성화 관련법' '의료분쟁조정법'과 '환자 정보 사용을 허가하는 보험업법'에 이르기까지 각종 '의료민영화법'이 국회 통과를 준비하고 있다.

지방선거에서 야당이 압승을 거두었다고는 하나 대통령은 건재하고 국회가 여대야소라는 사실은 변함없다. 의료민영화를 밀어붙이는 기획재정부는 여전히 무소불위의 힘을 과시하니, 의료민영화는 강행될 가능성이 매우 크다.

하지만 의료민영화 추진은 또 하나의 역린이 될 가능성이 높다. 전쟁에 대한 공포 못지않게 아파도 비싼 의료비 때문에 제때 치료받지 못하는 것 역시 국민에게는 너무나 큰 공포이다. 아니, 국민들은 전쟁 발발을 두려워하면서도 '설마 전쟁이 나겠느냐'며 실제 가능성에는 회의적이다. 하지만 아파도 돈이 없어 병원에 가지 못하는 문제는 분명 더 실감 나는 공포로 와닿을 것이다. 수많은 국민으로 하여금 촛불을 들게 했던 광우병의 공포보다 의료민영화로 초래될 문제들은 확률적으로 더 확실하고 현실적인 문제를 야기할 것이다.

실제로 최근 5년간 국내총생산 대비 국민의료비 증가율은 5.1%로 빠르게 늘고 있다. 이는 경제협력개발기구 회원국 평균의 3.6배에 이르는 수치이다. 2009년 건강보험 급여비용도 전년 대비 12.8%나 증가하여 건강보험 재정에 빨간불이 켜졌다.

이런 상황에서 의료민영화의 강행이 가져올 결과는 너무나 명백하다. 급격하게 증가한 진료비 부담은 건강보험의 붕괴와 민간보험의 득세로 이어질 것이다. 정부는 건강보험을 민영화하지 않겠다고 하지만 사실상 고사시키려 하고 있다. 건강보험이 그 역할을 잃으면 고통받을 사람은 서민들이다. 사교육비로 얼마 안 되는 생활비를 쪼개 살아야 하는 서민들은 턱없이 높은 민간보험료를 내느라 허리를 더욱 졸라매야 할 것이다. 민간보험에 가입할 수 없는 많은 서민들은 혹시나 아프면 어떡하나 하며 하루하루를 아슬아슬하게 살아가야 할 것이다. 미국이 그랬다. 민주당의 빌 클린턴과 버락 오바마가 대통령이 될 수 있었던 이유 중 하나는 민영화로 인해 높아진 의료비와 그래서 아파도 병원에 못 가는 4500만 명의 의료보험 미가입자 문제가 지속적으로 정치적 이슈가 됐기 때문이다. 의료민영화 강행에 성공할 수 있을지 모르겠지만, 이는 두고두고 우리나라 보수 여당의 발목을 붙잡는 업보가 될 것이다.

요즘 〈드래곤 길들이기〉라는 영화가 인기다. 그 영화가 던지는 메시지는 간단하다. 힘으로는 용을 길들일 수 없다는 것이다. 진정한 길들임이란 그 마음을 제대로 읽는 것이다. 하물며 용의 역린을 건드려서야 어떻게 용을 길들이겠는가? 더욱이 그 후가 두렵지 아니한가?

의료민영화라는 역린

〈한겨레〉, 2010. 6. 10.

응답하라, 박·문·안!

기어이 일을 저지르고야 말았다. 임기 종료를 불과 몇 달 앞
둔 2012년 10월 29일, 보건복지부는 '영리병원' 허용을 골자로
하는 '경제자유구역 내 외국의료기관의 개설허가절차 등에 관
한 규칙'을 관보에 게재했다. 드디어 한국 보건의료체계에 '합
법적인 영리병원'의 물꼬를 튼 것이다.

무엇보다 허무하다. 수십만의 촛불 시민, 수많은 시민단체
와 민주당을 비롯한 정당들이 설립 불가를 외쳤음에도 불구하
고, 대선 정국의 혼란을 틈타 한국 보건의료체계의 근간을 흔
들 중요한 결정을, 국민 건강을 최고의 목표로 하는 보건복지
부가 이렇게 슬그머니 추진한 것이다. 그것도 시행규칙이라는
꼼수를 통해 말이다.

영리병원이 가져올 문제점에 대한 시시비비를 차치하고도
이 결정은 절대적으로 잘못된 것이다. 첫째, 방식의 문제다. 한
국 보건의료체계의 성격을 공공성에서 영리로 전환시킬 커다
란 정책을 국회의 동의도 거치지 않고 일개 시행규칙을 통해

허용한 것이 그렇다. 정권 말기 재벌과 의기투합한 '윗분'이 "국회 통과가 어려우니 시행규칙으로 해결하라"고 지시했다는, 항간에 떠돌던 루머가 사실임을 입증한 셈이다. 이는 명백히 법치주의에 대한 농락이다. 둘째, 시기의 문제다. 이제 임기가 얼마 남지 않아 정책에 대한 책임을 질 수 없는 정권이 대선 정국의 어수선함과 국회 마비 시기를 틈타 이렇게 중요한 사안을 결정하는 것은 명백한 권한남용이다.

그러나 반성이 없을 수 없다. 다른 데 한눈파느라 이런 날치기를 저지하지 못한 진보적 학자들과 시민단체들, 권력에 줄서느라 정신이 없어 당신들의 입법 권한을 이렇게 농락하는 행정 관료의 횡포를 견제하지 못한 국회의원들은 반성해야 한다. 보건복지부 관료들은 이참에 왜 허구한 날 보건복지부의 수장 자리를 경제 관료에게 빼앗기는지 생각해 볼 일이다. 그 많은 보건복지부 관료 중에 "나를 밟고 넘어가라"고 외치는 사람이 하나도 없었단 말인가? 보건복지 전공자로서 자괴감에 잠을 이루기 어렵다.

이번 결정은 지금의 보건복지부가 국민의 건강이 아니라 재벌의 이해를 대변하는 부처로 전락했음을 극명하게 보여주는 사건이다. 오죽하면 시민단체들이 임채민 보건복지부 장관을 '국민건강 포기상' '국민건강보험 파탄상' '삼성 장학생상' 수상자로 선정했겠는가. 정책실명제는 이래서 필요한 것이다. 이번 결정에 책임을 진 지식경제부·보건복지부의 과장급 이상 책임자의 이름을 밝혀야 한다. 그들이 퇴직 후 어느 대자본의 품에 안기는지 두 눈 뜨고 지켜보자.

의료인들은 똑똑히 기억해야 한다. 의학의 신 아스클레피오스는 환자를 치료하고 돈을 받았다는 이유로 제우스의 벼락을 맞았다. 촛불 시민들도 다시금 분노할 일이다. 4대강 곳곳에서 누수가 이뤄지고, 악취로 물고기들이 죽어가는데도, 바로 그들이 우리가 한눈파는 정권 말기에 철도·가스·의료민영화를 이렇듯 집요하게 추진하고 있다.

보건복지부의 '영리병원' 강행에 맞서 민주당 김용익 의원이 저지 법안을 올리겠다고 한다. '의료민영화'란 판도라 상자를 연 이의 반성이 눈물겹지만 만시지탄이다. 더욱이 여대야소의 상황에서 법으로 이 문제를 해결하기는 어렵다. 그래서 지금이 시점에서 이것을 되돌릴 수 있는 것은 대선 후보들뿐이다.

잘되었다. 쭉정이를 가릴 수 있는 좋은 기회다. 영리병원과 철도·가스민영화를 찬성하거나 이에 침묵하면서 복지국가 운운하는 후보는 쭉정이다. 하여 세 후보에게 묻는다. 어떻게 할 것인가?

'영리병원', 응답하라, 박·문·안!
〈한겨레〉, 2012. 10. 31.

의료민영화라는 이름의 살인

나도 내가 이런 선정적인 제목으로 글을 쓰게 되리라 생각하지 않았다. 지나치게 자극적인 표현은 이미 우리 사회 도처에 과잉 상태이며, 설령 그것이 좋은 의도라 하더라도 결국 우리가 궁극적으로 지켜야 할 선량하고 부드러운 마음에 상처를 주는 '이율배반 행위'이기 때문이다.

하지만 합리적 의사 개진과 반영이 사라진 '명박산성'에 이은 '불통박통' 사회는 국민들의 극단적인 행동을 부추기고 있다. 불이 나고 있는 상황에서 "불이야!" 하는 외침이 주민들의 밤잠을 깨운다고 해서 그저 숨죽여 있을 수만은 없는 일이다. 실제로 얼마 전 경기도 포천시에서 말기 암으로 고통받는 아버지를 간병하는 것에 지친 아들이 아버지를 목 졸라 살해하는 사건이 벌어졌고, 충남 당진시에서도 25년간 뇌병변 아들의 간병에 지친 아버지가 집에 불을 질러 함께 숨지는 사건이 있었다. 그러니 사실 자극적인 것은 '표현'이 아니라 우리 '현실'인 셈이다.

의료민영화가 가져올 재난적 상황에 대한 수많은 경고와 실증적 사례들이 제시되었음에도 불구하고, 이러한 주장과 근거에 눈감고 귀 막은 박근혜 정부는 이른바 '전면적인 의료민영화' 안을 내놓았다. 2013년 12월 정부가 발표한 '제4차 투자 활성화대책' 중 보건의료 부문을 보면, 의료기관 자회사를 통한 본격적인 영리활동 허용, 의료법인 간 인수합병 허용, 외국인환자 병상비율 규제 완화 및 외국인 밀집지역 의료광고 허용, 법인약국 허용, '유-헬스'로 포장한 환자 정보 활용 허용 제도화 등, 그간 이야기되던 의료민영화 정책 대부분이 들어있다.

누구의 표현대로 '의료민영화 쓰나미'인 셈이다. 이러한 조처는 영리법인병원의 허용과 민간보험회사, 제약회사 등 대자본의 병원·의원·약국 설립 허용 정책으로 이어질 가능성이 크다. 철도에 이은 의료민영화의 후폭풍을 걱정해서 정부는 이번 조처가 민영화가 아니라고 강변한다. '의료민영화' 또는 '의료사유화'란 결국 의료 부문에 대한 국가의 책임을 줄이거나 포기하고, 반대로 영리를 목적으로 하는 대형 민간자본의 영향력을 강화하는 것이라 할 때, 작금의 조처는 이런 '의료민영화'의 정의에 정확히 부합한다.

예상되는 결과는 참혹하다. 몇몇 민간보험회사와 통신 대자본이 돈을 벌지 모르겠지만, 이른바 대형 기업병원을 제외한 중소병원들과 특히 개원가는 더욱 힘들어질 것이고, 빈번한 병원 폐쇄와 구조조정으로 병원 노동자들은 거리로 내몰릴 것이다. 그래도 가장 고통받을 이는 대다수 서민이다. 잘 알려진 바와 같이, 바로 이 의료민영화의 모델인 미국의 의료비는 구매력을 보정하고도 우리나라보다 5배 이상 더 비싸고, 미국 내 파산의 60%가 의료비로 인한 것으로 알려져 있다. 박근혜 정부는 부자증세도 반대하니, 결국 우리 사회 마지막 사회안전망인 국민건강보험은 허울뿐인 제도로 몰락할 것이다.

옥스퍼드대학교의 데이비드 스터클러 박사는 그의 책《긴축은 죽음의 처방전인가》에서 소련 붕괴 직후 충격요법(급격한 민영화)을 주장했던 사람들과 이를 채택한 국제기구와 정부 때문에 1000만 명이 더 죽어야 했다고 고발하고 있다. 더욱이 신자유주의의 이론가인 밀턴 프리드먼조차 "그때마다 나는 '첫째도 민영화, 둘째도 민영화, 셋째도 민영화'라고 대답했다. 내가 틀렸고, (급진적 방식을 반대했던) 조지프 스티글리츠가 옳았다"는 반성의 글도 함께 소개하고 있다.

정의와 인권을 위해 살았던 넬슨 만델라의 죽음을 전 인류가 애도하는 이 시각에도 코레일은 민영화 반대와 노동 조건 개선을 요구하는 직원들을 추운 거리로 내몰고, 무려 7,608명이나 직위해제 했다. 정부가 추진하려고 하는 의료민영화는 아파도 돈 걱정 없는 세상에서 살고자 하는 '국민 모두를 직위해제 하는 일'이다. 정작 직위해제를 당해야 하는 이는 국민의 보건복지 향상이 아니라 '대자본 복지부'가 되어버린 보건복지부이며, 병든 자식과 함께 자살을 선택해야만 하는 서민의 아픔을 모르는 '불통박통' 정부이다. 하여 이쯤에서 다시 한번 명토 박아 두자.

"의료민영화는 살인이다. 이 광란의 질주를 멈춰라."

의료민영화는 살인이다
〈한겨레〉, 2013. 12. 18.

정치인의 칫솔과 유전자검사

대학생 ㄱ 씨는 미용실에서 공짜로 해준다는 유전자검사를 무심코 받았는데, 자신에게 유방암유전자가 있다는 통보를 받았다. 그 결과를 남자친구에게 고백하고 그녀는 그와의 결혼을 포기했다. 임신부 ㄴ 씨는 현행법 단속의 느슨한 틈을 이용하여 태아의 유전자검사 소견을 받아보았는데, 태아가 이상 유전자를 가지고 있다는 통보를 받고는 인공유산을 생각 중이다. ㄷ 씨는 유전자를 이유로 입사 시험에서 탈락했고, 민간보험 가입을 거절당했다. 이런 미래 공상과학영화 같은 일이 조만간 한국 사회에서 벌어질지도 모른다. ㄷ 씨 사건은 실제로 2003년 가까운 일본에서 일어난 일이다.

2019년 1월 17일 산업융합 촉진법(이하 '샌드박스법')이 시행됐다. 박근혜 정부가 추진했던 '규제프리존법'이다. 이제 안전성 평가가 충분하지 않은 의약품이나 의료검사도 먼저 허용하고 나중에 평가할 수 있게 됐다. 이해할 수 없는 이런 정부의 결정에 따라 '소비자 직접 의뢰 유전자검사'(이하 DTC·디티시)

시장도 허용을 기정사실화하고 있다. 일부 경제지는 '침으로 암 유발 유전자검사…… 규제샌드박스 첫 해제 대상'(〈서울경제〉 2019년 1월 4일 자) 등 설익은 기사들을 쏟아내고 있다.

하지만 디티시검사 항목의 확대는 앞에서 제시한 사례뿐만 아니라 많은 문제를 가지고 있다. 첫째, 영리를 목적으로 하는 기관들이 내놓는 설명은 잘못되었거나, 적어도 일반인들의 오해를 야기할 가능성이 매우 높다. 무엇보다 암유전자가 있다고 해도 반드시 암이 생기는 것이 아니다. 영리 검사 기관들이 자주 인용하는 배우 안젤리나 졸리에게 있었던 '유방암유전자'(BRCA1)를 가진 유방암 환자는 약 5%밖에 되지 않는다. 조현병 유전자도 유전변이는 100개가 넘지만 유병률은 전체 인구의 1%에 불과하다. '우울증 유전자'라 불리는 5-HTTLPR는 우울증과는 단지 약한 연관성이 있을 뿐이고 더욱이 이 유전자는 '긍정적인' 역할을 하기도 한다. 설령 '이상 유전자'가 발견된다고 해도 현재의 과학기술로는 할 수 있는 일이 거의 없다. 하지만 전문적인 내용을 이해하기 어려운 일반 국민이 이 유전자를 가지고 있다고 통보받으면 평생을 얼마나 큰 공포 속에 살아야 할지 생각해 보라.

상황이 이렇지만, 유전자검사의 전면 확대와 영리화가 결합하여 만들어낼 심각한 폐해에 대해 우리 사회는 아직까지 거의 대책이 없다. 기존 법령들과 인증제 실시 등이 이 검사의 오용을 막도록 되어있다고 주장할지 모르나, 이 '샌드박스법'은 그러한 기존 법령들을 무시하는 것을 허용하고 있다. 현재 유전자검사 결과가 미용실이나 민간보험회사에 의해 판매되고 있지만, 이러한 행위가 적절한 것인지 모니터링조차 못하고 있다. 미국도 유전자검사 기관이 행한 유전자검사가 정확한지를 확인하지도 못하는 상황이다. 게다가 유전자검사의 활성화는 불필요한 의료 이용을 크게 늘릴 가능성이 분명하고, 이는 의료보장률 70%를 달성하겠다는 문재인 정부의 약속과도 배치된다. 무엇보다 이는 국민의 의료비 부담을 높인다.

하지만 무엇보다 중요한 문제가 있다. 디티시검사 항목 확대와 같이 국민 개개인의 삶에 심각한 영향을 주는 정책 결정 과정에서 정작 국민이 전적으로 배제되어 있다는 사실이다.

아직도 이 법이 야기할 문제의 심각성이 이해가 안 가는 정치인이나 고위 관료가 있다면 이런 상상을 해보시라. (정치인 혹은 고위 관료인) 당신의 칫솔을 훔친 ㄹ 씨는 칫솔에 묻어 있는 유전자를 분석하여 당신이 치매 유전자를 가졌다고 발표한다. 현행법상 ㄹ 씨의 행위는 불법이므로 그는 감옥에 가겠지만, 당신은 고위직 승진 심사에 탈락하거나 대통령 선거에서 지고 만다. 치매 유전자를 가진 대통령을 뽑을 수는 없지 않냐고 많은 사람이 생각했기 때문이다. 그러니 당신들의 칫솔을 잃어버리지 않도록 조심하시라.

〈한겨레〉, 2019. 1. 28.

대통령 앞 사직서

저는 대통령 직속 국가생명윤리심의위원회 위원입니다. 임명된 지 2년이 다 되어 가지만 뵐 기회가 없었고, 앞으로도 뵐 수 없을 것 같아 이렇게 서면으로 사직서를 제출함을 양해해 주시기 바랍니다. 제가 속한 위원회는 국민의 생명 보호와 안전 관련 윤리 문제를 최종적으로 심의하는 위원회입니다. 지난 1차 정기회의에서 비의료기관 유전자검사 항목 확대안을 부결 처리했고, 최근 2차 정기회의에서는 관련 기관의 인증제 시범 사업은 허용하되 검사 항목은 다시 심의하기로 의결하였습니다.

그런데 얼마 전 산업통상자원부는 유전자검사 항목 확대와 함께 영리 유전자검사 연구 사업을 승인했습니다. 이어 보건복지부는 검사 항목을 확대한 유전자인증제 시범 사업을 발표했고, 과학기술정보통신부는 임상사용 평가가 완료되지 않은 의료기기를 원격의료에 활용하는 사업을 허가해 주었습니다. 이는 우리 위원회의 결정과 역할에 정면으로 반하는 조처입니다.

이 제도가 시행될 경우 영리 유전자검사 오용으로 인해 차별, 낙태, 고용이나 보험가입 거절, 불필요한 의료비의 급속한 상승, 부정확한 유전자검사 결과로 인한 우울증과 자살 등이 야기될 가능성이 매우 큽니다. 반면 이에 대한 여성계, 장애계, 종교계를 비롯한 국민의 이해는 턱없이 부족하고, 그 부작용을 막기 위한 제도는 거의 전무한 상태입니다.

이런 상황에는 대통령의 책임도 있습니다. '예비타당성조사 면제'와 '규제샌드박스법'이 이 모든 일의 발단입니다. 경제 활성화에 대한 대통령의 고민을 모르지 않으며 저 역시 우리 국민 모두의 삶이 빨리 나아지기를 간절히 바랍니다. 그러나 '무리한 속도전'은 그 폐해가 막심합니다. "총알의 파괴력은 속도에서 나옵니다." 너무 빨리 바뀌는 횡단보도 신호등은 노인이나 장애인에게는 폭력적인 무기나 다름없습니다. 제 전공 분야에 '슈말하우젠의 법칙'이라는 것이 있습니다. 취약계층은 빠른 변화에 더 취약하다는 것이지요. 그래서 정책은 더 정교하고 섬세하게 추진되어야 합니다.

"속도를 결정하는 것은 구동력이 아니라 제어력"이라고 합니다. 한마디로 빠르게 달리고 싶으면 좋은 브레이크가 있어야 한다는 것이지요. 브레이크가 없는 스포츠카를 상상해 보십시오. 그 브레이크 역할을 하는 것이 제가 속했던 국가생명윤리심의위원회와 같은 조직입니다.

빨리 달리려는 사람의 발목을 잡는다는 비난에 늘 고민하면서도, 우리가 시간을 들여 신중히 검토하는 이유는 그 '속도'

가 '흉기'가 되지 않게 하기 위해서이고, 궁극적으로 더 잘 달리게 하기 위해서입니다.

대통령님, 지금 문재인 정부가 시행하는 '규제샌드박스법'은 과거 이명박·박근혜 정부가 추진하려던 '규제프리존법'과 똑같습니다. 영리 유전자검사, 손목시계를 이용한 원격의료, 이 모두 과거 더불어민주당과 시민사회가 힘을 합쳐 저지했던 제도입니다. 앞으로도 매일 몇 개씩 그런 정책들이 발표를 기다리고 있다고 합니다. 더욱이 이 정책들은 사실상 아무런 안전장치 없이 국민 유전자 정보, 질병 정보가 영리기업에 흘러 들어가는 것을 합법화해 주는 것입니다. 이는 이명박·박근혜 정부도 감히 못 했던 무모한 정책입니다. "안전장치가 있다"는, "이것은 그저 연구 사업"이라는 관료들의 보고를 믿어서는 안 됩니다.

대통령님, 브레이크 없이 속도만을 추구했던 폭주의 결과가 세월호 참사, 청년 김용균의 죽음이 아니었던지요? 생산 속도를 높이려 컨베이어벨트의 안전장치를 꺼서 잘린 노동자들의 수많은 손가락을 과거 대통령님도 보지 않으셨나요? 그런데 그 눈물이 마르기도 전에 '규제샌드박스법'이라니요. 지금이라도 이들 정책의 전면 중단을 선언해 주십시오. 시행 전에 이들 사업이 국민의 삶에 어떤 영향을 미칠지 국민에게 설명하고 물어봐 주십시오. 그리고 우리 위원회와 같은 안전장치가 무시되지 않고 기능할 수 있도록 해주십시오.

사직서를 낸 마당에 말을 보태는 것이 구차하지만, 마지막으로 한마디 더 드립니다. 제 말이 아니고 소크라테스의 말을 빌린 것입니다.

"국가생명윤리심의위원회와 같은 조직은 정부를 귀찮게 하는 쇠파리입니다. 하지만 그 쇠파리를 죽이면 당신은 영원히 잠에서 깨어나지 못할 겁니다."

〈한겨레〉, 2019. 2. 18.

신(新) 파우스트, 당신은 왜 나를 궁금해하지요?

(그레트헨, 이하 헨) 당신은 왜 나를 궁금해하지요? 내가 불안증과 위염이 있고, 어제 약국에서 피부염 연고를 산 것까지 왜 알려고 하지요?

(메피스토펠레스, 이하 메) 당신을 사랑해서, 당신의 건강을 위해서. 참, 당신은 유방 성형수술도 받았더군. (음흉하게 웃는다.)

(헨) 이 나쁜 놈! 질병 정보처럼 개인적인 것을 당신에게 넘겨주는 것을 정부가 허용할 리가 없어요. 게다가 지금 대통령은 그것에 반대했던 인권변호사 출신이잖아요.

(메) 아직 잘 모르는군. 그는 변했어. 그리고 우리 친구들이 당·정·청을 장악한 지 오래야. 국민의 입장을 대변한다는 각종 위원회는 정부가 하는 일에 면죄부를 주는 조직으로 전락한 지 오래지. 누가 대통령이 돼도 상관없어. 1개월이면 우리가 장악해.

또 국민들이 싫어했던 '영리병원'이란 이름을 '투자개방형 병원'으로 바꿨던 것처럼 이번에도 '원격의료'라는 말 대신 '비대면 의료'라고 슬쩍 이름을 바꾸면 돼. 벽오지 어르신의 건강을 위하는 척하고, 그것도 안 되면 코로나19 핑계를 대고, 그것도 안 되면 그것이 국가에 부를 안겨줄 '미래 먹거리'라고 선전하면 돼.

과학이 보여주는 "달콤한 꿈의 형상을 나풀나풀 보여주면서 망상의 바닷속에 빠뜨리면 되지." 정보공개 시 처벌하는 법이 있고 공공성을 우선으로 하겠다고 하면 사람들은 속아 넘어갈 거야.

(헨) 법이 없어 'n번방'이 생겨났나요? 이렇게 중요한 사안은 국민에게 자세히 설명하고 동의를 얻어야 하지 않나요?

(메) 국민들이 '브라카(BRCA1) 유전자'니, '염기서열'이니 하는 말을 알겠어? 게다가 이미 여당은 177석을 차지했고 대통령 지지도도 70%가 넘는 걸 모르나 보군. "힘 있는 자가 곧 정의인 것을."

(헨) 내 신체 정보를 왜 맘대로 기업이 돈 버는 데 사용하게 하는 거지요?

(메) 시민사회가 반대했지만 본인 동의 없이 개인정보를 영리 목적으로 사용할 수 있게 하는 '데이터 3법'을 지난 1월 여야가 담합하여 통과시켰지. 참! 당신도 이미 서명했어. 오래전 파우스트가 피 한 방울로 했던 것처럼! (글씨가 작아 잘 보이지도 않는 서류에 흘겨 서명한 문서를 흔들어 보이며 웃는다.)

(헨) 시민들이 가만있지 않을 거예요. 저도!

(메) 입 다무는 것이 좋을걸? 가만있자. 정보를 살펴보니 당

신, 결혼 전에 임신한 적이 있군. 유방암유전자도 있네. 당신 약혼자도 아나?

(헨) 이 치사한 놈. 당신이 'n번방' 그놈과 뭐가 달라요! 당신이 폭로해도 난 싸움을 중단하지 않을 거예요.

(메) 흐흐흐, 잘 모르는군. 우리에게는 유명한 변호사 군단과 '바이오헬스'만이 살길이라고 외쳐주는 대통령, 장관, 국회의원들이 있지. 까부는 놈이 있으면 그도 치매 유전자와 암유전자를 가지고 있고, 과거에 성병을 앓았던 사실을 폭로하겠다고 하면 내 말을 잘 들을 거야. 100% 완벽한 자는 없으니 다 우리의 먹이인 셈이지, 누구처럼!

(헨) 치매 유전자라는 것은 증명되지도 않았고, 설령 암유전자가 있다고 해도 반드시 암이 생기는 것도 아니잖아요. 그런 가짜 뉴스 때문에 평생 불안과 고통 속에서 살아갈 이들을 생각해 보세요.

(메) 그게 우리가 바라는 거지. 진실은 중요하지 않아. 광고와 가짜 뉴스로 현혹해 그걸 믿게 하면 돼. 그래야 병원도 자주 오고, 건강식품도 많이 사 먹을 거 아니야? (손가락으로 돈 세는 시늉을 한다.)

(헨) 천벌을 받을 거예요.

(메) 핵전쟁, 환경 파괴, 코로나19를 불러낸 것은 내가 아니라 너희 인간들이지. "인간들은 그걸 과학이라 부르며, 오로지 짐승보다 더 짐승처럼 사는 데 이용하고 있지." 재앙의 원인을 도리어 해결책이라 믿어. 얼마나 많은 과학자가 내게 영혼을 팔

았는지 알아? "악마는 늙었지만, 이제 과학이란 옷 뒤에 그것을 감출 수 있지."

(벌떡 일어나 하늘을 향해 두 팔을 벌리고) 오! 과학은 위대하도다. 이제 마지막 남은 식민지인 인간의 몸을 점령해야지. '벌거벗은 생명'을, 과학으로! 과학이 우리의 지배를 영원하게 해줄 거야.

(헨) 멈춰요! 브레이크 없이 달리는 과학은 흉기일 뿐이에요. 어쩌다 당신은 이렇게 되었지요? 한때는 우리의 동료가 아니었나요?

(메) 괴물과 싸우려면 괴물이 되어야지. 괴물과 싸우다가 달콤한 권력에 중독되었다고나 할까? (조금 슬픈 표정이 잠깐 스쳐 지나간다.)

(헨) (흐느끼며) "선량한 사람들은 비록 어두운 충동에 쫓기더라도 올바른 길을 잃지 않을 거예요!"

(메) 정말 그럴까? 그보다는 "성찰 없는 과학이 빛을 가로막아 머지않아 빛과 함께 몰락할 거야." 하하하.

(메피스토펠레스의 비웃음 소리와 함께 무대가 어두워진다.)

〈한겨레〉, 2020. 5. 28.

★ 이 글은 요한 볼프강 폰 괴테가 쓴 《파우스트》(열린책들, 2009, 김인순 역)를 일부 인용했습니다.

건강 : 네가 아프면 나도 아프다

4장

요즘 '뜨는' 광고 문구 중 하나가 "피로는 간 때문이야"라고 한다.

우연하게도 이 말은 160여 년 전 상위 1%가 좋아했던 "결핵의 창궐은

'열악한 노동조건' 때문이 아니라 '결핵균' 때문이야"라는 말과 너무 닮아있다.

비르효가 오늘 한국에 온다면 그는 이렇게 이야기할 것이다.

"피로는 '간' 때문이 아니다. 모든 국민을 이 피로함에서 풀어줄 수 있는 방법은

모든 이들을 위한 복지, 그리고 진정 완전하고 무제한적인 민주주의다."

피로는 간 때문이 아니다

1847년과 1848년 가을에 소수민족이 모여 사는, 가난한 프로이센(지금의 독일) 북부 슐레지엔(실레지아) 지역에 발진티푸스가 유행하였다. 상황이 너무 악화되자 사회적 혼란을 두려워한 당시 프로이센 정부는 외부 전문가를 선임하여 이 유행병의 원인과 개선책을 만들어 보고하도록 하였다. 이 책임을 맡은 사람은 베를린의 한 병원에서 병리학 강사로 있던 당시 26세 루돌프 비르효였다. 3주간의 조사를 마치고 그는 300쪽이 넘는 역사적인 보고서를 제출하였다. 그의 보고서를 요약하면 이 반복되는 발진티푸스의 유행은 발진티푸스 '균' 때문이 아니라 이 지역의 '궁핍'과 '저발전' 때문이라는 것이다. 그리고 이 지역의 유행병을 막을 수 있는 방법은 '여성들까지도 그 대상에 포함시키는 교육, 자유와 복지, 그리고 완전하고 무제한적인 민주주의'라고 주장했다.

비슷한 시대를 살았던 막스 폰 페텐코퍼라는 학자는 질병이 단지 균만으로 발생하지 않고 영양, 주거 상태, 더 나아가 정치·사회적 요인들에 의해 결정된다고 주장했다. 하지만 그 시대 지배 권력은 루이 파스퇴르와 로베르트 코흐의 손을 들어주었다. 당시 창궐하던 콜레라, 결핵 등이 '열악한 생활과 노동조건' 때문에 생긴다고 주장한 페텐코퍼보다는 이른바 파스퇴르나 코흐처럼 결핵은 '결핵균'에 의해 야기된다는 식의 설명이 그들에게는 더 고마웠기 때문이다.

2011년 12월 17일 광주의 한 공장에서 실습생으로 일하던 김 아무개 군이 쓰러져 5시간에 걸친 수술을 받았으나 현재까지도 의식불명 상태에 있다고 한다. 한 특성화 고등학교의 학생이었던 김 군은 주야간 맞교대와 격주 주말 특근 등 주당 평균 54시간을 근무했다. 미성년자가 하루 7시간, 주당 46시간을 넘길 수 없는 근로기준법 위반이다. 하지만 문제는 이런 열악한 작업 환경과 저임금·장시간 노동에 시달리고 있는 학생은 김 군만이 아니라는 것이다.(《한겨레》 2011년 12월 27일 자 1·8면)

어디 현장실습 학생뿐이랴. 경제협력개발기구 통계에 따르면, 한국 노동자들의 연간 평균 노동시간은 2,193시간(2010년)으로 회원국 중 가장 길며, 이는 노동시간이 가장 짧은 네덜란드보다 무려 816시간이 더 길다.

일반 국민들도 마찬가지이다. 한국인의 하루 평균 수면시간은 7시간 49분으로, 이 역시 경제협력개발기구 조사국 중 가장 짧고, 하루 평균 8시간 50분을 자는 프랑스인에 비해 무려 1시간을 덜 자고 있다. 각종 경쟁과 사설학원으로 내몰리는 우리 청소년들의 수면시간 역시 하루 평균 7시간 30분으로, 미국·영국·핀란드보다 1시간이나 적다. 언제부터인가 우리나라 청소년들에게 학교 수업 시간은 피로를 풀고 사설학원의 수업을 듣기 위해 부족한 잠을 보충하는 시간이 되어버렸다.

잠이 부족하면 피로할 수밖에 없다. 일의 효율도 오르지 않는다. 하물며 강압과 욕설, 열악한 작업 조건 아래서 이루어지는 초과근무는 피로를 넘어 각종 질병과 사고의 원인이 된다. 최근 정부 산하 한 연구원의 연구 결과를 보면, 초과 근로시간 1시간의 감소가 재해율을 0.04% 낮추며, 뇌혈관 질환과 과로사·돌연사 등 업무상 질병 발생자의 대부분이 발생 전 초과근무를 수행한 것으로 나타났다.

이번 김 군 사건은 취업률 숫자 채우기에만 급급하고 돈의 노예가 되어버린 한국 사회가 만들어내고 있는 많은 사건 중 하나일 뿐이다. 그런 불법 노동에 대한 강요가 학교 끝나면 피시방으로 친구들과 놀러 가고 싶어 할 어린 학생에게 이루어졌다는 것이 더욱 가슴 아프다. 그가 빨리 회복하여 다시 학교로 돌아갈 수 있기를 간절히 기원한다.

요즘 이른바 '뜨는' 광고 문구 중 하나가 "피로는 간 때문이야"라고 한다. 우연하게도 이 말은 160여 년 전 상위 1%가 좋아했던 "결핵의 창궐은 '열악한 노동조건' 때문이 아니라 '결핵균' 때문이야"라는 말과 너무 닮아있다. 비르효가 오늘 한국에 온다면 그는 이렇게 이야기할 것이다.

"피로는 '간' 때문이 아니다. 모든 국민을 이 피로함에서 풀

어줄 수 있는 방법은 모든 이들을 위한 복지, 그리고 진정 완
전하고 무제한적인 민주주의다."

피로는 '간' 때문이 아니다
〈한겨레〉, 2011. 12. 30.

함께 건강하지 않으면
어느 누구도 건강할 수 없다

많은 나라의 정부들은 '불평등'이란 단어를 사용하는 것을 꺼린다. 보수적 정부는 더욱 그렇다. 그래서 '불평등'은 차이, 변이, 격차 등으로 불리는 경우가 많다. 또 측정 가능한 양적 차이를 나타내는 수량적 개념인 불평등(inequality)과 '회피 가능'하거나 '불필요한' 불평등을 의미하는 불공평(inequity)을 구별하여 말하기도 한다. 국제건강형평성학회는 '건강불공평'을 '사회적, 경제적, 인구학적, 지리적으로 구분된 인구집단이나 인구집단들 사이에 존재하는, 한 가지 이상의 건강 측면에서 나타나는 체계적이고 잠재적으로 교정 가능한 차이'라고 정의한 바 있다. 하지만 특별히 엄밀한 구분이 필요한 경우를 제외하고 흔히 혼용해서 사용한다.

왜 건강불평등을 줄이는 것이 필요한지에 대한 생각은 각각의 입장에 따라 다르지만 크게 보면 두 가지이다. 첫째로 규범적 이유다. 건강형평 사업의 대상이야말로 도움이 가장 절실한 사람들이다. 특별히 전체 남성 노동자 중 약 40%, 여성 노동자 중 약 60%가 임시 일용직으로 소위 '하루 벌어 하루 먹고 사는' 형태로 살고 있으며 이들에게 있어 건강한 몸은 생존의 문제다. 건강은 개인이 책임져야 할 부분도 있지만 개인의 의지나 노력과 상관없이 사회적 요인들에 의해 질병이나 장애가 발생하는 부분이 더 많다. 그래서 세계보건기구 헌장은 "달성 가능한 최고 수준의 건강을 향유하는 것은 인종·종교·정치적 입장, 경제적·사회적 조건에 상관없이 모든 인류의 기본적 권리 중의 하나"라고 선언했다.

건강불평등은 한 인간이 주체적 인간으로 살아갈 수 있는 기본적인 능력에서의 불평등을 의미하고 이는 존 롤스의 '공평으로서의 정의'의 세 가지 원칙 중의 하나인 '기회에서의 공평한 평등'을 위배하는 것이다. 하버드대학교의 노먼 다니엘 교수는 "정의로운 사회에서, 건강불평등은 최소화되고 인구집단들의 건강 수준이 향상될 것이다. 한마디로, 사회정의는 우리의 건강에 좋다"고 말한다.

두 번째는 실용적 이유다. 해가 갈수록 소득의 불평등과 함께 건강의 불평등도 커지고 있다. 우리나라 전 국민을 대상으로 한 국민건강영양조사 결과에 따르면, 1998년 남성 중에 가장 높은 소득군과 낮은 소득군 간의 주관적 불건강 수준의 격차는 12.8%, 여성은 10.6%였는데, 2005년에는 남성에서 16.5%, 여성에서 16.1%로 조사되어 이 시기 동안 주관적 불건강의 소득 격차가 증가한 결과를 보인다. 이러한 양상은 다른 지표들에서도 마찬가지다. 국민 건강 수준을 높이려면 건강불평등을 줄여야 한다. 미국이 전 세계에서 1인당 의료비를 가장 많이 지출하면서도 건강 수준이 높지 않아 문제가 되고 있는 이유 중 가장 큰 이유는 건강불평등이다. 즉, 소득이 높은 사람은 이미 유럽 수준 이상의 건강 수준에 도달해 있으며, 추가적인 자원을 투입해도 큰 향상이 이루어지지 않는다. 미국 건강지표의 평균을 낮추고 있는 요인은 저소득층의 건강이 향상되지 않기 때문이다. 따라서 건강형평정책이 효과적으로 작동하지 않고서는 국민 건강 수준의 평균 향상은 어려워진다. 이것이 미국이 국가보건계획(Healthy People 2010)에서 중요한 양대 목표 중 하나를 '건강불평등의 감소'로 설정한 이유이다.

하지만 기존의 보건사업은 오히려 건강불평등을 심화할 수 있다. 보건복지부가 2004년 10개 보건소를 대상으로 실시한 금연클리닉 시범 사업의 결과는 그 좋은 예이다. 사업 결과 금연 성공률은 건강보험대상자가 의료급여대상자에 비해, 직업을 가진 사람들이 무직자에 비해, 그리고 대도시 거주자가 농촌 거주자에 비해 유의하게 높았다. 따라서 이러한 금연 사업을 지속할 경우, (보건사업의 효과만을 기준으로 할 때) 이들 집단 간 건강불평등은 오히려 커질 수 있다. 따라서 금연과 관련하여 건강불평등을 줄이기 위해서는 불평등 해소 자체를 목표로 하는 다른 접근이 필요하다.

질병은 '외부효과(externality)'를 가진다. 건강의 외부효과란 한 사람이 아프면 그 영향이 개인에서 끝나지 않고 아픈 사람과 직접적인 관계가 없는 다른 사람에게도 영향을 주는 것을 말한다. 좋은 예가 전염병이다. 지극히 실용적인 관점에서 볼 때 더 자주, 더 많이 아픈 가난한 이들을 건강하게 만들지 않으면 부자들도 건강할 수 없다. 또한 한 사회에서 건강의 불평등이 커지면, 사회통합과 안정에도 악영향을 미친다. 건강한 집단과 건강하지 못한 집단 간에 공공정책에 대한 요구의 내용과 강도가 달라진다. 이미 건강한 집단은 건강을 위해 세금을 더 내어 국가가 공공사업을 하는 것에 소극적인 태도를 갖게 된다. 이는 '사회연대'에 기초하여 설계된 기존의 많은 공공정책(예를 들어 전 국민 의료보험, 의료급여제도)과 보건사업들을 약화시키는 역할을 하게 된다. 아울러 건강형평 사업이 경제적으로 늘 비용만 발생하는 것은 아니다. 건강에 취약한 사람들의 건강 수준을 높여주는 것은 그들이 아파서 사용하게 될 의료비를 줄이는 기능을 한다. 또한 이들이 건강해져서 생산 활동에 참여하게 될 경우, 진료비를 줄이는 역할뿐만 아니라 노동생산성을 높이고 의존비를 낮춤으로써 국가의 부를 창출하는 데 기여하게 된다. 그래서 리처드 윌킨슨 영국 노팅엄대학교 명예교수는 "평등해야 건강하고 평등한 나라가 강하다"는 것을 경제협력개발기구 국가들과 미국의 자료를 이용하여 실증적으로 보여주었다.

영국은 노동당 정부가 들어서면서 국정의 핵심목표 중 하나로 '건강불평등 해소'를 걸고 10년간 범부처적 노력을 경주하였다. 이러한 노력의 경험을 바탕으로 유니버시티칼리지런던의 마이클 마멋 교수는 단지 가장 취약계층에게만 초점을 맞추는 것이 건강불평등을 줄이는 데에는 충분하지 못하다는 것을 강조하며 △모든 어린이들이 인생에서 최상의 출발을 하도록 하는 것 △모든 어린이, 청소년, 성인이 그들의 능력을 극대화하고 자신의 삶에 대한 통제력을 가지도록 하는 것 △모든 이들을 위한 공정한 취업과 좋은 직업을 만들어내는 일 △모든 이들을 위한 삶의 건강한 표준을 확보하는 일 △건강하고 지속 가능한 공간과 공동체를 만들고 발전시키는 일 △질병예방의 역할과 영향력을 강화하는 일과 같은 여섯 가지 정책 행동을 제안하고 있다. 좀 더 구체적으로 건강불평등 해소를 위한 노력은 다양한 영역과 수준에서 총체적인 변화를 이끌어내야 한다. 무엇보다 범부처적 접근, 다수준적 접근, 생애의 시기에 따른 접근, 인류학적 접근을 필요로 한다.

현재 국내 상황과 관련하여 특별히 강조하고 싶은 것은 두 가지이다. 하나는 건강불평등과 관련 요인의 지속적인 모니터링체계를 구축하는 것이다. 두 번째는 최우선적인 과제 중 하나로 지역 간 건강격차 문제를 해결하는 노력을 시작하는 것이다. 특별히 지역 간 격차 문제를 강조하는 것은 '지역'에는 이 문제에 책임을 지고 변화를 이끌어낼 수 있는 주체(자치단체장, 지역 시민단체 등)가 명확한 까닭에 단기간에 조직적이고 실효적인 움직임을 만들어낼 가능성이 높기 때문이다.

건강불평등의 해소를 위한 정책★

부문	분류	주요정책
빈곤 및 사회경제적 불평등 완화	경제 분야	탈빈곤정책 형평적인 조세 부과를 통한 소득불평등 완화 사회보험료의 상한제 폐지
	고용 분야	정규직과 비정규직의 차별 완화, 해소 남성과 여성 고용에서 임금 등의 차별 금지 실업률의 감소 및 교육 수준 간 실업률 격차를 완화
	교육 분야	부모의 사회경제적 지위에 따른 대학 입학의 차별 완화 교육복지투자우선지역 사업의 확대, 강화와 　건강증진학교 사업과의 연계
건강불평등에 영향을 미치는 중간 매개체의 영향 완화	건강행태 분야	금연 절주, 금주 운동 영양
	사회환경 분야	건강친화적인 도로, 교통의 구축 건강하고 신뢰하는 지역사회 만들기
	작업장 노동조건 분야	보상, 작업 환경, 작업 조건에 대한 노동자 통제권 강화 스트레스 관리 등
불건강으로 인한 가계파탄 및 사회경제적 불평등의 완화	사회복지 분야	임산부와 어린이 가구에 대한 소득지원 장애인의 고용 안정화를 통한 소득보장 노인들을 위한 사회적 일자리 창출
	보건의료서비스 분야	건강불평등 완화를 국민건강보험의 주요 과제로 설정 지역 간 의료자원의 공평한 배분 건강보험 상병수당제도의 도입 임산부와 어린이에 대한 무상의료 건강보험의 보장성 확대 및 실질적인 본인부담상한제의 　적용
국가적 차원의 조직적 노력		건강불평등 해소를 위한 범정부적 기구설치 모든 국가 통계자료에 형평성 지표 산출 의무화 국가 차원의 종합적 연구수행 건강형평성 제도를 중심으로 한 건강영향평가제도 도입

★　윤태호, 〈건강불평등을 넘어서〉, 《보건의료 개혁의 새로운 모색》(한울아카데미, 2006) 305쪽~358쪽을 재구성

함께 건강하지 않으면 어느 누구도 건강할 수 없다

이것만으로는 충분하지 않다. 전 지구적 빈곤과 건강 불평등 속에서 한국 사회의 역할, 그리고 가난한 이들이 만들어내는 희망의 메시지 등을 발굴해 내고 이를 구체적인 작업으로 이어나가는 일이 필요하다. 그 과정은 "함께 건강하지 않으면 어느 누구도 건강할 수 없다"는 정신을 그 중심에 두는 작업이 되어야 한다.

하지만 새해, 더욱 암울한 경제 전망과 보수 정권의 출범을 마주하고 염두에 두어야 할 것이 있다. 칼바람 속 철탑 위에서 새해를 맞이하는 노동자들, 그럼에도 불구하고 '진보'보다는 '안정'에 투표한 많은 가난한 이들, 2013년 한국 사회가 보여주는 이 패러독스에 새 정부와 한국 사회는 시급히 답을 내놓아야 한다. 더 많은 이들이 생을 마감하기 전에······.

〈작은 것이 아름답다〉, 2013년 1월

돌봄의 공동체를 위하여

2018년 한국 보건복지 영역의 화두 중 하나는 단연 '커뮤니티 케어(community care)'이다. 그리고 이것은 올해뿐만 아니라 앞으로도 상당 기간 우리 사회의 핵심 주제어가 될 것이다. '커뮤니티 케어'는 전 세계 보건, 복지, 주거 등 다양한 분야에서 오랫동안 언급되어 오던 것이라 새삼스레 그 정의를 구구하게 다시 논할 필요는 없을 것이다. 그러나 2018년 한국 사회에서 논의되는 '커뮤니티 케어'는 보통 명사이면서 동시에 현재 한국 사회의 특별한 현실 속에 존재하는 고유 명사이다.

보건복지부는 이를 "케어(care)가 필요한 주민들이 자기 집이나 그룹홈 등 지역사회(community)에 거주하면서, 개개인의 욕구에 맞는 서비스를 누리고, 지역사회와 함께 어울려 살아가며 자아실현과 활동을 할 수 있도록 하는 사회서비스 체계"로 정의하고 있으며 케어는 "돌봄뿐 아니라 주거, 복지, 보건의료서비스를 포괄하는 사회서비스의 개념"으로 접근하고 있다.

그러나 일견 일반적이고 포괄적인 것처럼 보이는 이 정의를 정책이 추진되는 한국 사회의 시대적, 공간적 상황에 대입해 보면 작금의 커뮤니티 케어는 더욱 적극적인 성격을 내포하고 있다. 즉, 인류 역사상 유례를 찾아볼 수 없는 고령화 속도, 전 세계적 경제 침체의 장기화, 오랜 관행이 되어버린 보건·복지 전달체계의 낮은 질과 낭비적 구조, 그리고 무엇보다 이 요소들의 '고착적' 성격은 커뮤니티 케어의 불가피성을 보여줌과 동시에 성공적 시행이 얼마나 지난한 과정이 될지 보여준다.

더욱이 현 정부는 커뮤니티 케어를 단순한 일개 정책이 아니라 △보건과 복지의 주류화 △새로운 경로의 창출 △저출산·고령화·양극화 극복과 복지국가 건설의 핵심 전략으로 설정하고 있다. 그러나 일찍이 정치학의 한 현인, 니콜로 마키아벨리가 간파한 바와 같이, 이렇게 포괄적이고 전면적 개혁은 성공하기 어렵다.

"새로운 체계를 만들려는 시도는 성공하기 어렵고, 위험한 일이다. 낡은 질서에서 혜택을 입어온 이들은 개혁가에 반대하고, 반면 새로운 제도하에서 혜택을 입게 될 사람들은 그저 소극적인 지지자로 남기 때문이다."[*]

★   니콜로 마키아벨리, 《군주론》(까치글방, 2008, 강정인·김경희 역)

'커뮤니티 케어' 성공의 전제: 개념과 정치 공간의 확대

포괄적·전면적 개혁을 지향하는 커뮤니티 케어의 정치적 실현 가능성이 낮다고 해도 그것은 이러한 개혁이 추진되어서는 안 됨을 의미하지 않는다. 전술한 바와 같이 고령화, 양극화 등의 상황은 커다란 변화를 당위로서가 아니라 필연적인 것으로 만들어가고 있기 때문이다. 그러므로 문제는 이러한 변화를 성공적으로 이루어내기 위한 전략과 노력이다.

커뮤니티 케어의 성공 전략에 대해서는 이미 여러 논의가 이루어져 왔다. 이를 요약하면 서비스 제공 및 관리체계에서 정부 및 공공 부문의 역할 강화가 그것인데, 좀 더 구체적으로 △당사자의 중심 욕구에 부응하는 통합적 급여와 서비스체계 및 관리체계 구축 △기존 '찾동(찾아가는 동주민센터 사업)'이나 '사회서비스원(공단)' 프레임을 넘어서는 포괄적 종합계획의 수립 △커뮤니티 케어가 보장될 수 있는 재정과 인력 확보 △민·관, 중앙·지방정부의 역할 명확화 △보건복지서비스의 보편성과 지속 가능성이 확보될 수 있도록 하는 예방적 서비스의 강화 △보건-의료-요양-주거-복지 간 총체적 협력이 가능한 여러 부문·부처·정책 간 협력체계의 구축 △일차의료 강화 등 기존 서비스 전달체계의 효율적 개편 및 관련 특별법 제정 등이 그것이다.

커뮤니티 케어의 성공적 시행을 위해서 위의 제안들은 매우 중요하다. 그러나 이상의 제언들은 현재 한국 사회에서 추진되고 있는 커뮤니티 케어 정책이 포괄적, 전면적 개혁이라는 지극히 정치적 과정임을 다소 간과하고 있다. 따라서 위에서 제안된 정책들과 함께 특별히 다음 두 가지 정치적 과정이 추가될 때 그 성공의 가능성을 높일 수 있을 것이다.

첫째, '커뮤니티' 개념의 복원 또는 확대

정치철학자 로베르토 에스포지토는 '커뮤니티'의 어원이 '(되갚아야 하는 선물이란 의미로서) 직무, 과업, 책무, 의무'란 뜻의 'munus'와 영어의 'with'를 의미하는 'cum'으로 구성된 것에 주목한다. 부연하면, 사회 구성원 모두는 독립적, 자율적 존재가 아니라 취약성과 불완전성을 본질로 하는 존재이며 따라서 그 취약성과 불완전성에 대해 서로 돌볼 의무가 존재한다는 것이다. 이러한 개념과 인식의 전환을 전제로 기존에 폐쇄적, 방어적인 것으로 인식되던 '사회'는 외부(또는 아프고 장애를 가진 이들)에 대한 개방과 환대가 가능하며 또한 그것이 사회를 이루는 근간이 되어야 한다는 것이다. '커뮤니티'라는 말 속에 이미 '돌봄'이라는 의미가 내포되어 있다는 에스포지토의 생각을 받아들인다면, '커뮤니티 케어'는 동어반복인 셈이다.

둘째, '커뮤니티'라는 정치 공간의 확대

커뮤니티가 취약성과 불완전성을 본질로 하는 개인들이 서로 협력하는 것이 의무화되어 있는 것이라 할지라도 현대 사회는 그 의무를 전적으로 특정 계층, 젠더 등에 맡겨버리는 과정을 진행해 오고 있다. 이러한 역사 역시 지극히 정치 경제적 과정의 결과물이었다. 따라서 이를 되돌리기 위해서도 우리는 정치 분석을 실시하고, 전략을 수립하면서 무엇보다 적극적으로 실천할 필요가 있다. 특별히 돌봄을 특정 집단에 책임을 전가하는 과정에 국가와 정부가 오히려 앞장섰을 때도 있었음을 잊지 말아야 한다. 이런 이유 때문에 '돌봄 사회'는 민주주의와 만나야 한다.

그러면 어떡할 것인가? 정치철학자 주디스 버틀러는 개방과 환대의 열린 공동체는 "평등한 인간의 취약성"을 그 공동체의 기초가 되도록 해야 한다고 주장한다. 간단히 말해, 특정 계층과 젠더, 더 나아가 '건강한 자' '장애가 없는 자'가 중심이 되는 공동체의 경계를 부수고 모든 취약한 타자들까지도 환대하는 정치적 공간으로의 확대가 필요하다는 것이다. 미국 미네소타대학교 정치학과 교수인 조안 토론토는 그러한 과정을 "돌봄 민주주의"라고 불렀다. 김희강 고려대학교 교수는 "타인의 고통을 외면하지 않는 돌봄으로 민주주의가 채워지고, 민주주의가 돌봄을 중심으로 불평등을 줄여나가는 유능함을 보일 때 돌봄과 민주주의는 가장 잘 어울리는 동반자로서 시민의 진정한 가치이자 우군이 될 것"이라고 하였다.

결론적으로 이러한 '커뮤니티' 개념의 복원과 정치 공간의 확대를 이루어내는 이론적, 실천적 활동이 전제될 때만 현재 한

국 사회에서 시작된 '커뮤니티 케어'라는 정치 프로젝트는 성
공을 기약할 수 있을 것이다.

'커뮤니티 케어(community care)'성공의 전제

〈보건사회연구〉, 2018년 12월

참고 문헌

Butler, J. (2009). *Frames of war: When is life grievable?*. Verso Books.

Esposito, R. (2009). *Communitas: The Origin and Destiny of (Community Cultural Memory in the Present)*. Stanford University Press.

Machiavelli, N. (2008).《군주론》(강정인, 김경희 역). 까치글방.

Tronto, J. C. (2014).《돌봄 민주주의: 시장, 평등, 정의》. (김희강, 나상원 역). (pp. 5-13). 아포리아.

김보영. (2018). 문재인 정부 커뮤니티 케어, 역사적 전환과 선진국 흉내를 가르는 세 가지 관건. 〈복지동향〉, (238), 11-18.

김용득. (2018). 커뮤니티 케어, 무엇을 어떻게 해야 할까? 〈복지동향〉, (238), 5-10.

김용익. (2018). 새로운 커뮤니티 케어의 방향과 전략. Paper presented at the 커뮤니티 케어와 보건복지 서비스의 재편, 대한상공회의소 중회의실.

보건복지부. (2018). "재가·지역사회 중심으로 사회 서비스 제공" 커뮤니티케어 (Community Care) 본격 추진. Retrieved from http://www.mohw.go.kr/react/al/sal0301vw.jsp?PAR_MENU_ID=04&MENU_ID=0403&CONT_SEQ=344177&page=1

석재은. (2018). 커뮤니티 케어와 장기요양 정책과제. 〈복지동향〉, (238), 28-33.

오정수. (1994). 英國에서의 커뮤니티 케어(Community Care)의 發展과 評價. 〈한국사회복지학〉, 199-219.

이건세. (2018). 커뮤니티케어를 어떻게 볼 것인가? *Journal of the Korean Medical Association*, 61(10), 586-589.

이문수. (2018). 인간 존재와 열린 공동체. 〈문화와 정치〉, 5(2), 147-178.

페텐코퍼의 자살과 부활

첫 번째 이야기: 페텐코퍼의 자살

"콜레라균만이 콜레라의 유일한 원인이라는 코흐의 주장을 반증하기 위해 페텐코퍼는 균이 포함된 여러 잔의 물을 마셔보기까지 했다. 그는 이 실험에서는 살아났으나, 결국 코흐와 파스퇴르의 영향력이 날로 증대하는 것을 참지 못하고 1901년에 자살하고 말았다."[*]

두 번째 이야기:
시카고와 잉글랜드·웨일스의 남성 살인율

진화생물학자 헬레나 크로닌은 시카고와 잉글랜드·웨일스에

---

[*] 이종찬, 〈서양의학의 두 얼굴〉(한울, 1999)

서 남성 살인범의 연령 분포가 매우 비슷하다는 것을 발견하였다. 그와 동료들은 이것이 환경의 도전에 대해 폭력적인 방식으로 반응하도록 진화된 남성들의 성향을 보여주는 단적이예라고 해석하였다. 그럼에도 불구하고 시카고 남성 살인율은 잉글랜드·웨일스 남성 살인율의 30배에 달했다(그림 1).

그림 1. 시카고와 잉글랜드 · 웨일스의 남성 살인율(Cronin, 1991)

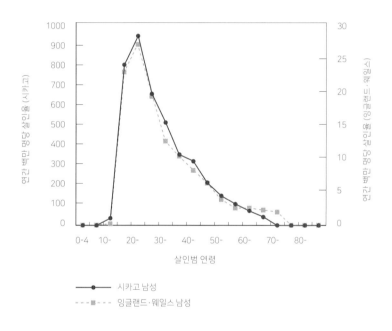

세 번째 이야기:
'건강한 마을', 로세토 (Roceto, Pennsylvania, 1995~early 1960's)

"울프(Wolf)와 그의 동료들은 이웃 마을과 비교하여 흡연, 비만, 지방 섭취와 같은 위험요인들의 양상이 비슷했음에도 불구하고, 심장마비로 인한 사망자 수가 절반 정도에 불과하였던 로세토(Roceto) 마을을 25년 동안 연구하였는데, 그들은 이러한 건강 수준의 차이가 이 마을 주민들 간의 긴밀한 사회적 관계가 방어요인으로 작용했기 때문이라는 결론을 얻었다."*

첫 번째 이야기는 산업혁명기 이후 루이 파스퇴르와 미생물학자 로베르트 코흐로 대변되는 단일병인론과 이른바 다인론적 접근을 시도했던 막스 폰 페텐코퍼와의 싸움이 얼마나 치열했는지, 그리고 결국 누가 승리했는지를 보여주는 극적인 사건이다. 파스퇴르와 코흐의 단일병인론은 19~20세기에만 풍미했던 이론이 아니라 오늘날에도 '분자생물학', 더 나아가 '생명복제'란 이름으로 여전히 주류적 전통을 계승해오고 있다.

물론 페텐코퍼의 생각마저 영원히 땅에 묻혀버린 것은 아니다. 버밍엄대학교 사회의학 명예교수인 토머스 매큐언은 20세기 결핵 사망률의 추락이 결핵균을 막기 위한 특정한 의학적 행동과 거의 연관이 없다고 주장하였는데, 효과적인 결핵 치료제인 스트렙토마이신이 개발된 1950년경에는 이미 결핵 사망률이 대폭 떨어진 후였다는 것이다. 즉, 이러한 대폭적인 결핵 사망률의 감소는 스트렙토마이신으로 대변되는 의학의 발

★　리사 버크만 외, 〈사회 역학〉(한울, 2017)

전이 아니라 영양과 일반적인 삶의 조건의 향상에서 비롯한 것임을 보여주었다.

또한 페텐코퍼의 후계자들은 1977년 카자흐스탄의 수도 알마아타에 모여 "2000년까지 모든 인류에게 건강을!"이란 구호를 만들어내었다. 이러한 구호는 제2차 세계대전에서 독립한 많은 나라들의 국민들이 열악한 생활 및 보건의료 환경 때문에 죽어가는 상황 속에서 구매력을 전제로 하는 서구의 첨단의학이 거의 소용이 없음을 비판하고, 세계 인류 모두에게 시급히 필요한 현실적인 대안을 요구한 것이었다. 그리고 그 수단으로 내세운 것이 바로 '일차보건의료'였다. 이 일차보건의료는 단지 의료적 서비스만이 아니라 농업, 축산, 식품, 공업, 교육, 주거, 공공업무, 통신 등과 같은 다양한 분야의 종합적 접근과 노력을 강조하고 있다. 또한 알마아타 선언은 더 나아가 독립과 평화, 군비감축과 냉전해체 등까지도 주장하였다. 일차보건의료는 △필요에 따른 보편적인 적용과 접근 △개인과 지역사회의 참여와 자립 △관련 분야와의 상호협력 △적절한 기술과 비용효과라는 네 가지 주요 원칙을 천명하고 있는데, 이러한 원칙은 지역의 요구에 부응하면서 주민 모두의 참여와 사회 전 부문의 상호협력을 통해 보건의료 문제에 접근하려는 의지들을 잘 보여주고 있다.

이러한 알마아타 선언의 정신은 하루아침에 새롭게 제기된 것이 아니다. 그 기원은 적어도 1847년 프로이센으로 거슬러 올라간다. 북부 실레지아 지방에서 발생한 발진티푸스 대규모

유행의 원인을 조사하고 돌아온 당시 26세의 루돌프 비르효는 이러한 전염병의 창궐이 복잡하게 얽혀진 사회경제적인 요인에 기인한다고 생각하고, 조사 보고서에서 의약적 치료 방법보다 '완전하고 무제한적인 민주주의', 교육, 자유, 번영 등의 철저한 사회개혁을 제안한 바 있다.

> "이 지방에서의 발진티푸스 유행이 오로지 이러한 상황에서만 가능했고 궁극적으로 북부 실레지아 지방의 궁핍과 저발전의 결과라는 것은 의심할 여지가 없다. 나는 정부가 이러한 상황들을 변화시키기만 한다면, 전염병이 다시는 일어나지 않을 것이라고 확신한다. 이론상으로 볼 때 이 지방에서 앞으로 발생할지도 모를 전염병을 어떻게 막을 수 있을 것인가에 대한 해답은 매우 간단하다. 여성들까지도 그 대상에 포함시키는 교육, 자유와 복지가 그것이다."

또한, 1977년 알마아타 선언은 1976년 캐나다 보건부장관 마크 라론드의 이름이 붙어 발표된 보고서와 그 정신을 공유한다. 라론드 보고서는 이른바 '건강의 장(health field)'을 핵심개념으로 삼고 있는데, 이것은 건강이 '단일한 원인'에 의해 발생하는 것이 아니라 생물학적 요인, 환경, 생활습관과 보건의료체계와 같은 '여러 가지 요인'들에 의해 결정된다는 것이다.

이 밖에도 건강에 대한 다인론적 접근, 보건의료 문제에 대한 자주적 참여 등을 강조하는 정신은 여러 가지 모습으로 구현되어 오고 있다. 1986년 시작된 '건강도시 프로젝트'도 그중의 하나이다. 또한 2003년 스웨덴 의회를 통과한 '스웨덴 국가 공중보건목표'에 관한 법률이 보여주듯이 건강과 질병 문제가 병원과 치료 영역에 집중되는 것을 비판하여 보건정책을 여러 부문이 함께 결합하는 사회정책의 핵심적인 한 부문으로 만들어나가려 하고 있다(표 1). 여러 나라와 다양한 영역에서 이른바 페텐코퍼의 정신이 '부활'하고 있는 것이다.

표 1. 스웨덴 국립 공중보건위원회의 19대 건강정책 목표(2000년)*

1. 지니계수를 0.25 미만으로.
2. 유럽연합의 정의에 따른 빈곤층 비율을 4% 미만으로, 사회복지 빈곤선 이하 소득층의 비율을 7% 미만으로, 사회부조에 장기적으로 의존하는 어린이가 있는 가구의 비율을 절반으로 줄임.
3. 사회복지에 장기 의존하는 사람들의 비율을 1% 미만으로.
4. 1998년 총선거 투표율이 60%보다 낮은 지역의 투표율 5% 증가, 외국 시민권자의 투표율 10% 증가.
5. 자살자 수를 2010년까지 25% 감소.
6. 고용을 75%에서 85%로 증가, 장기 실업은 1.4%에서 0.5%로 감소.
7. 25세 이상 노동력의 40%를 적어도 매년 작업일의 5일을 교육받도록 함.
8. 자신의 노동의 형식과 내용에 대한 의사결정에 참여하는 사람의 비율을 73%에서 90%까지 늘림, 새로운 기술을 학습하고 직업상 개발이 허용되는 비율을 53%에서 75%로 증가, 무거운 물체를 드는 직업에 종사하는 사람의 비율을 25%에서 15%로 감소, 초과근무를 하는 부모들의 비율을 남녀 모두 20%까지 감소하고 유연한 노동시간을 가지는 사람들의 비율을 75%로 증가.

9. 취약한 지역에서 자라는 어린이의 비율을 10% 미만으로 감소, 취학 전·재학 중·일차의료·치안 및 레크리에이션 부문의 자원을 필요 척도에 따라 배분.

10. 불완전한 최종 성적으로 의무교육과정 또는 중등학교를 떠나는 아이들이 없도록.

11. 장기 이환과 작업 능력이 손상된 20~64세 사람들의 고용을 53%에서 70%로 증가.

12. 장기 이환 상태의 사람들과 노인 중, 적어도 1년에 한 번 건강증진을 목적으로 사회서비스나 보건의료 전문가의 가정 방문을 받는 대상자의 비율 증가.

13. 2010년까지 공공장소에서 흡연 피해를 받는 사람이 없도록, 라돈 수치가 $400Bq/m^3$이 넘는 가정이 없도록, 모든 가정의 75%가 만족할 만한 환기가 되도록.

14. 장애보정생존년수(DALYs)로 측정한 교통사고로 인한 질병부담을 매년 5% 감소.

15. 매일 흡연하는 인구의 비율을 매년 1% 감소, 2010년까지 임신부와 19세 미만의 흡연을 0으로.

16. 총 평균 알코올 섭취를 25% 감소, 연간 1인당 알코올 섭취를 8L에서 6L로 감소.

17. 식이 지방에 의한 에너지 섭취를 30%로 감소, 탄수화물에 의한 에너지 섭취는 55%까지 증가, 과일과 야채는 매일 1인당 600g까지 증가.

18. 하루에 한 번 운동하는 사람의 비율을 50%에서 70%로 증가.

19. 심한 과체중인 성인의 비율을 8%에서 5%로 감소, 중등도의 과체중인 16세 이하 어린이의 비율을 17%에서 5% 미만으로.

★ 김창엽, 〈건강불평등 어떻게 대처할 것인가〉, 한겨레-한국건강형평성학회 공동 토론회, 2006

두 번째 이야기는 건강과 질병이 '개인적인 요인'만으로 설명될 수 없음을 보여준다. 우리는 시카고와 잉글랜드·웨일스의 남성이 유전적으로 다르기 때문에 30배나 넘는 살인율의 차이를 보인다고 주장하기 어렵다. 그렇다고 개인적 특성(여기서는 연령군)이 건강에 영향을 미치지 않는다고 주장하는 것은 아니다. 20~30대의 살인율을 줄이려는 노력도 중요하지만, 30배가 넘는 시카고의 살인율은 20~30대들의 개인적인 문제가 아니라 '지역적 요인'이 작동하고 있으며, 따라서 지역적 차원의 개입이 필요함을 보여준다. 즉, 적어도 살인율을 낮춘다는 점에서만 보면 '시카고를 잉글랜드나 웨일스처럼 만드는 것'이 중요하다.

최근 우리나라에서 활발한 건강증진사업이 전개되고 있지만, 여기에는 일반적으로 두 가지 비판이 존재한다. 첫째, 지극히 개인적인 접근을 중심으로 한 건강증진사업이 실질적인 건강 향상으로 이어질 수 있겠는가 하는 것이고 둘째, 설령 건강증진사업을 통해 개개인의 건강 수준이 향상되었다 할지라도 이것은 통상적으로 현행 건강증진사업에 대한 접근도가 떨어지는 저소득층이나 기타 소외계층에게는 별 도움이 되지 못하여 오히려 사회 내 건강불평등을 심화시킨다는 것이다.

특별히, 두 번째 비판과 관련하여, 현재 보건소를 중심으로 중점적으로 추진되고 있는 금연 사업의 예를 들면 그것이 분명해진다. 일반적으로 보건소 금연프로그램에 참가하고 있는 사람 중에서 저소득 일용노동자들을 찾기란 거의 불가능하다. 그렇다면 가난한 이들은 왜 건강에 좋지 않은 생활습관을 가지는 경우가 더 많을까? 흡연이 사회적 불평등을 보이는 것은 무지 때문이 아니다. 미국과 영국에서 실시된 연구에 따르면 사람들의 대다수가 흡연의 해악을 알고 있었다고 한다. 사회학자 힐러리 그레이엄은 저소득 여성의 생활을 세심하게 관찰한 결과, 이들 여성이 쓰는 거의 모든 돈은 다른 사람들, 즉 가정과 아이들 그리고 남자친구 등을 위한 것이었고, 그들이 자기 자신을 위해 지출하는 것은 오로지 담배뿐이었다. 따라서 흡연하지 말라는 단순한 훈계는 소득이 낮은 여성과 남성에게는 그다지 큰 영향력을 발휘하지 못한다. 그보다는 그들의 사회적 환경을 개선하는 것이 더 효과적일 것이다.

세 번째 이야기는 우리의 생각을 조금 더 앞으로 나가게 만든다. 두 번째 사례에서 지역 간 살인율(또는 건강 수준)의 차이를 만드는 중요한 요인 중의 하나가 물질적 수준만이 아니라 사회적 연대, 사회적 지지, 사회자본, 사회네트워크 등 각기 다른 이름으로 불리고 있는 이러한 사회적 요인들이라는 것이다. 다시 말해 한 지역 내에서 주민들이 서로 돕는 문화, 관습 또는 제도를 만들어내는 것이 그 지역 주민의 건강 수준을 향상시킨다는 것이다. 이러한 설명은 지역 보건운동을 진행하는 이들에게 시사하는 바가 크다. 지역 내 다양한 자조 및 지지 프로그램을 만드는 것이 설령 건강과 직접적인 관계가 없는 것이라 할지라도 궁극적으로는 주민의 건강에 도움을 준다는 것이다.

사회자본, 사회네트워크, 사회연대와 같은 논의는 '참여'의 문제와 긴밀하게 연결되어 있다. 그리고 이러한 참여의 문제는 삶에 대해 얼마나 많은 지배력을 가지고 있는지를 의미하는 '자율성'과 우리가 사회에 전적으로 개입하고 '참여'할 기회를 얻는 것이 건강과 행복, 장수에 결정적인 영향을 미친다는 주장으로 이어진다.

'건강도시 프로젝트'와 건강정책

세계보건기구의 '건강도시 프로젝트'는 세계보건기구가 중심이 되어 1986년 유럽 11개 도시에서 시범 발의안을 개발하여 시작됐고, 2006년에는 전 세계 약 1,000여 개 지역으로 파급해 실시되고 있다. 여기서 '건강도시'란 물리적, 사회적 환경을 지속적으로 창조하고 개선해 나가며, 도시 구성원들이 생활의 모든 기능을 수행하고 잠재 능력을 최대한 개발하는 데 서로 상부상조할 수 있도록 지역사회의 자원을 확대시켜 나가는 도시를 말한다. 세계보건기구는 '건강도시'가 다음(표 2)과 같은 조건을 갖출 것을 권고하고 있다.

표 2. 세계보건기구가 권장하는 '건강도시'가 갖추어야 할 조건

- 깨끗하고 안전하며 질 높은 물리적 환경(주거의 질 포함)
- 안정되고 장기적으로 지속 가능한 생태계
- 강력하고 상호 협조적이며 통합적이고 비착취적인 지역사회
- 삶, 건강 및 복지에 영향을 미치는 결정에 대한 시민의 높은 참여와 통제
- 모든 시민을 위한 기본적인 욕구(음식, 물, 주거, 소득, 안전, 직장)의 충족
- 광범위하고 다양한 만남, 상호교류, 대화를 가능하게 하는 폭넓은 경험과 자원에의 접근성
- 다양하고 활기 넘치며 혁신적인 경제
- 역사적·문화적·생물학적 유산, 타 집단과 개인과의 연계를 조장
- 이상의 특성들과 양립하고 그것들을 증진시키는 도시 형태
- 모든 시민에 대한 적절한 공중보건 및 치료서비스의 최적 수준의 보장
- 높은 건강 수준: 적극적 건강, 낮은 이환율

'건강도시 프로젝트'는 그 수행에 있어 '오타와 선언'으로 대변되는 다음과 같은 다섯 가지 원칙, 즉 △건강한 공공정책의 수립 △지지적 환경의 조성 △지역사회 주민의 참여와 네트워크 구축 △개개인의 보건의료 지식과 기술 함양 △양질의 보건의료서비스 제공을 중요하게 간주하고 있다. 다시 말해, 세계보건기구의 '건강도시 프로젝트'는 종래의 보건부나 보건소 중심 프로그램을 탈피하여 지역의 모든 공공정책을 건강 중심으로 전환하고, 지역사회의 물리적·사회적 환경을 친건강적으로 전환하며, 이 과정에서 지역사회 주민들 스스로 지식과 기술을 향상시키고, 지역사회 내 다양한 네트워크들을 활성화한

다는 것이다. 또한 기존의 의료서비스를 예방과 일차의료 중심으로 전환하고 그 접근도를 향상시켜야 한다고 강조하고 있다.

'건강도시 프로젝트'는 몇 가지 내용에 대한 반성과 비판에서 출발한다. 첫째, 지극히 생의학적 모델에 기초하고 있는 의료서비스만으로는 국민들의 건강이 지켜질 수 없다는 점이다. 더욱이 이러한 의료서비스 중심 접근방식은 감당할 수 없을 만큼의 의료비 증가로 이어지며, 의료서비스 접근도의 불평등을 필연적으로 낳게 된다는 것이다. 둘째, 예방과 치료 및 재활에 있어 개인적 접근방식은 그 일정 정도의 유효성에도 불구하고 한계가 있으며, 따라서 집단적 접근방식이 필요하다는 것이다. 셋째, 보건의료 부문 중심의 접근이 아니라 사회의 다양한 부문 간 협력을 통해 국민들의 건강 수준을 높이려는 '건강공공정책'으로 전환되어야 한다는 것이다. 따라서 이러한 '건강도시 프로젝트'의 이념은 앞서 언급한 알마아타 선언과 캐나다의 라론드 보고서의 정신을 그대로 이어받은 것이라고 할 수 있다.

'건강도시 프로젝트'는 1986년 초기부터 그 개념이 국내 학계에 소개되어 왔으나 1996년 과천시 시범 사업을 시작으로 우리나라에서 실제로 시도되었으며, 2006년에는 성동구, 도봉구, 강남구 등 서울시 여러 구와 부산 진구, 창원시, 원주시, 제주도 등 많은 지역에서 사업을 진행하고 있거나 그 진행을 준비하고 있다. 최근 보건복지부도 행정복합도시를 '건강도시'로 만들기 위한 작업을 진행 중이다. 또한 '건강도시 프로젝트'라는 이름 하에서가 아니라 최근 시민단체나 자발적 모임을 중심으로 '생태마을''깨끗한 지역 가꾸기 운동' 등의 이름으로 이른바 '건강한 마을 만들기' 운동들이 진행되고 있다.

특별히 '건강도시 프로젝트'와 관련하여, 우리나라에서 이 프로젝트가 초기 제안자의 의도대로 잘 작동하고 있는지, '건강도시'가 천명하고 있는 원칙들이 잘 지켜지고 있는지, 또한 앞으로 더욱 확대될 수 있을지 아직 평가하기에는 이르다. 더욱이 이러한 지역 중심의 총체적 접근이 기존의 개인적 접근에 비해 더 유의미한 결과를 만들어낼지 역시 좀 더 지켜볼 일이다. 그럼에도, 건강에 대한 지역사회의 관심이 지속적으로 증가하고 있는 상황에서 '건강도시 프로젝트' '건강한 마을 만들기' 등과 같은 지역 중심 건강운동은 앞으로도 더욱 확대될 가능성이 높아 보인다.

'건강한 마을 만들기' 그 희망과 과제

종래의 개인 대상, 보건의료 부문 단독의 접근방식과는 달리 지역을 기반으로 하는 총체적 접근방식이라고 볼 수 있는 '건강한 마을 만들기'와 같은 접근방식이 가지는 의미는 크게 세 가지로 요약할 수 있다. 첫째, 개인주의적 접근방식이 가지는 한계를 보완할 수 있을 것이다. 둘째, 기존 의료서비스 중심 또는 협소한 보건의료 중심의 접근방법이 가지는 한계를 극복하고 보다 실효성이 큰 건강공공정책으로 발전하는 데 도움을 줄 수 있을 것이다. 셋째, 이제까지 주민들은 보건의료사업이나 의료서비스에서 일방적인 수혜의 대상으로 여겨지는 경향이 강하였다. 특별히 기존의 국가보건사업은 국민을 일방적 국가정책의 대상으로 훈육, 관리, 통제 대상으로 여겼다. 이에 반해, 참여와 네트워크를 강조하는 지역 중심 접근방식은 이러한 기존 접근방식에 이의를 제기하고 자신이 필요한 것을, 자신들이 원하고 지역사회에서 가능한 방식으로 해결하려는 주체적인 참여자가 될 수 있도록 도울 것이다.

그러나 이러한 지역사회 중심 접근방식이 언제나 그 정당성을 인정받는 것은 아니다. 한 지역사회를 중심으로 전개되는 활동들은 그러한 활동이 가능한, 상대적으로 풍요한 지역이 선정될 가능성이 크다. 최근 우리나라에서 진행되고 있는 '건강도시 프로젝트'가 상대적으로 경제적 능력을 갖춘 서울, 부산, 제주, 창원과 같은 지역을 중심으로 이루어지고 있는 것이 그 예이다. 또한 한 지역의 견고한 네트워크와 연대성은 그 지역 내에서는 긍정적인 힘을 발휘하지만, 다른 지역이나 공동체에 대해서는 배타적인 권력으로 작용할 가능성이 크다. 따라서 향후 지역사회 중심 접근방식은 이러한 문제들을 보완하는 작업과 함께 진행하여야 할 것이다.

또한, 최근 새로이 정부 또는 시민사회 주도로 전개되고 있는 이른바 '건강한 마을 만들기' 활동과 관련하여, 그 의미와 전망을 논하기 위해서는 다음과 같은 질문에 우선적으로 답하는 작업이 필요하다. 첫째, 이들 지역 중심 건강 활동들은 어떠한 이념적 지향을 가지고 어떤 역사적 전통과 맥을 같이하는가?

계몽운동? 브나로드? 아나키스트적 자치운동? 아니면 생태운동? 그것도 아니라면 또 다른 1871년 3월의 파리 코뮌을 꿈꾸는 것인지 답해야 할 것이다. 둘째, 최근 새롭게 '건강한 마을 만들기' 운동이 다시 논의되는 이유는 무엇인지, 특별히 최근 시민사회, 의료생협 등이 중심이 되어 진행하고 있는 '건강한 마을 만들기' 운동은 이른바 세계보건기구가 권장하는 '건강도시 프로젝트'의 이념과 원칙들과 어떠한 관계를 맺는가? 만약 같다면 무엇이 같고 다르다면 무엇이 다른가?

그러나 이러한 질문에 대한 답변이 어떤 것이든지, '건강한 마을 만들기' 운동이 그 진보성을 잃지 않고 의미 있는 결실을 맺어나가기 위해서 지향해야 할 몇 가지 원칙들은 비교적 분명한 것 같다.

첫째, 총체성에 대한 일관된 지향이다. 여기서 건강과 관련한 '총체성'의 의미가 무엇인지에 대해서는 1960년 체 게바라가 행했던 연설에 잘 나타나 있다.

> "질병과 싸우는 원칙은 강인한 육체를 만드는 것에 기초하여야 한다. 하지만 그것은 병약한 개체를 의사들의 기술로 강인하게 만드는 것이 아니라 전체의 총체적 작업(the work of the whole collectivity)을 통해서, 다시 말해 사회 전체의 총체성(the entire social collectivity)을 통해서 강인한 몸을 만들어내는 것이어야 한다."

둘째, 민주성이다. 지역사회에서 건강을 중심으로 이루어지는 모든 활동은 참여와 민주적 절차에 의해 이루어져야 한다. 이 원칙을 지키지 못할 때, 주민들은 또다시 '사업의 대상'으로 전락할 뿐만 아니라, 한 지역 주민들의 건강 수준의 순서는 또다시 권력 순서대로 나열되게 될 것이며, 보건의료사업 역시 지배 권력의 생존수단으로 전락하게 될 것이다. 따라서 지역사회 보건사업에 있어서 민주적 운영이 추구하는 궁극적인 목표는 자기 몸에 대한 통제권을 그들 자신에게 돌려주는 것임을 잊지 말아야 할 것이다.

셋째, '건강한 마을 만들기' 운동은 지역 내 뿐만 아니라 해당 지역 밖의 교육, 문화, 체육, 노동 등 다양한 부문과의 협력 속에서 이루어져야 한다. 그리고 다양한 노동, 시민운동과 결합하여야 할 것이다. 특별히 지역 간 또는 공동체 간 건강 수준의 차이를 넘어서는 기본적 사회모순에 대한 관심과 그것의 극복을 위한 노력을 포기하지 말아야 할 것이다.

이러한 원칙을 성공적으로 견지해 나갈 때, 우리는 보다 편하고, 건강친화적인 '건강한 마을' 속에서 이웃들과 함께 행복한 삶을 살아가게 될 가능성을 한층 높일 수 있을 것이다.

'건강한 마을 만들기'의 가치와 진보성
시민건강증진연구소 출범기념 토론회, 2006. 3. 22.

"평등한 것이 이득이다"

　지난주 〈한겨레〉가 주최한 '아시아미래포럼'에서 토마 피케티 파리경제대학교 교수는 세계 상위 1%가 1980~2016년 동안 성장의 과실을 약 27% 챙겨간 데 반해, 하위 50%는 겨우 12%를 차지하는 데 그쳤으며, 이런 상황이 지속된다면 세계 상위 1%의 부 집중도는 2050년에는 약 39%로 높아질 것이라는 암울한 전망을 제시했다.

　이 불평등한 사회가 만들어낼 디스토피아의 모습은 리처드 윌킨슨 노팅엄대학교 명예교수가 실증적인 수치로 보여주었다. 상대적으로 부유한 경제협력개발기구 국가 중에서 평등의 정도가 낮은 사회일수록 그 사회에 속한 이들의 기대수명, 영아사망률, 학력 수준, 자살률, 살인율, 약물중독, 수감자율, 상호신뢰도 등 대부분의 사회 지표들이 나빠진다는 것이다. 이것을 미국 50개 주에 적용해도 마찬가지 결과를 보였다.

　왜 그럴까? 이치로 가와치 하버드대학교 교수는 소득불평등이 국민의 건강과 같은 삶의 질을 떨어뜨리는 경로를 다음과 같은 세 가지로 요약한다. 첫째는 소득불평등이 인적자본에 대한 저투자를 야기하고, 둘째는 사회조직을 분열시키고, 셋째는 이로 인해 생겨난 좌절과 같은 직접적인 심리학적 통로를 통해 좋지 못한 건강 상태를 유발한다는 것이다.

그러면 이렇게 암울한, 불평등한 세상을 변화시킬 수 있는 방법은 무엇일까? 피케티 교수를 비롯하여 이 회의에 참석한 국내외 학자들의 대답은 서로 조금씩 다른 듯하지만 결국 한가지였다. 이른바 우리 공동체의 정치구조를 역동적으로 바꾸어내는 것이다. 캐시 마틴 보스턴대학교 교수는 노동세력을 포함한 시민사회의 참여와 연대로 이루어지는 광범위한 정치세력화와 투명성과 신뢰에 기반을 둔 정치적 리더십의 구축을 통해서만 그것이 가능하다고 이야기한다.

그러나 여전히 의문은 남는다. 그러한 정치적 역동성을 어떻게 만들어낼 것인가? 무엇보다 이러한 변화를 만들어낼, 실증적이고 견고한 과학적 '사실'은 무엇일까? 아마도 그것은 추상적 논리가 아니라 실제로 건강하고 행복한 사회를 만들어낸 나라들에서 찾아야 할 것이다.

최근 세계화의 광풍 속에서 여러 가지 도전을 맞이하고 있긴 하지만 여전히 민주주의 수준·남녀평등 수준·인간개발지수·국가별 경쟁력·국민들 스스로 행복하다고 답하는 비율이 가장 높은 나라, 엄마들이 가장 살기 좋은 나라, 무엇보다 잘살면서도 불평등이 가장 낮은 나라, 바로 그런 나라들이 많이 모여있는 곳은 유럽의 북쪽이다.

그들이 행복한 비결을 찾기 위해 만났던 그곳 학자들의 대답은 한결같았다. "우리가 평등을 추구하는 것은 그것이 우리에게 이득"이기 때문이라는 것이다. 평등이란 인간의 존엄을 위해 무엇을 희생하고라도 달성해야 할 '당위'로만 여겼던 내게 그들의 대답은 망치로 머리를 얻어맞은 것 같은 충격이었다. 그래, 맞다. "평등한 것이 이득이다." 1,000원 내고 페트병에 든 물을 각자 사 먹는 것보다 500원을 세금으로 내고 어디서나 안전한 식수를 마실 수 있는 사회를 만드는 것이 좋고, 혼자 내 노후를 준비하느니 함께 준비하는 것이 좋다. 또 아이도 나 혼자 키우는 것보다 사회가 함께 키우는 것이 나와 아이에게 모두 "좋을 뿐만 아니라 이득"임에 틀림없다. 얼마 전 장하준 케임브리지대학교 교수도 비슷한 말을 했다. "복지는 공구(공동구매)"라고. 결론적으로 북유럽 국가들은 평등한 사회가 그들에게 이득이었기에 그것을 선택했고, 어느 나라보다 평등한 사회를 만듦으로써 마침내 세계 어느 나라보다도 국민들이 건강하고 행복한 나라가 된 것이다. 늘 비결은 이렇게 간단한 진실 속에 있는 법이다. 어느새 경제협력개발기구 국가 중 가장 불평등한 국가로 치닫고 있는 한국 사회에 "평등한 것이 이득이다"라는 말이야말로 우리 사회가 가장 절박하게 받아들여야 할 진실인 셈이다. 아니, 여기에서 더 나아가, 인권운동가 오드리 로드의 말처럼 미래에 우리의 생존 여부는 우리가 얼마나 평등해질 수 있는가에 달려 있을지도 모른다.

<한겨레>, 2018. 11. 5.

평화: "평화가 길이다"

5장

우리의 이기심과 무관심으로 1990년 대기근 같은 비극이 재현되어

또 한번 수십만 아니 수백만 명이 굶어 죽는다면,

먼 훗날 사람들이 "그때 당신은 어디에 있었습니까?"라고 물을 때

과연 우리는 뭐라고 답할 것인가?

북녘의 아이들이 가쁜 숨을 몰아쉬고 있다. 급하다.

인도주의적 지원을 머뭇거리지 말라.

"인도적 지원은 무기가 아니다."

워싱턴에서 만난 남북한 결핵

2006년 7월 27일, 제퍼슨기념관이 내려다보이는 조지워싱턴대학교의 한 세미나실에서 역사적인 학술모임이 열렸다. 남북한 그리고 미국 결핵 전문가들의 만남이 바로 그것이다. 최근 북한의 미사일 발사로 인해 북-미 관계가 경직될 대로 경직된 상황에서, 다른 곳도 아닌 바로 미국의 수도 한복판에서 북한 전문가들을 포함한 세 나라 전문가들이 함께 머리를 맞댔다는 것만으로도 큰 의의가 있는 행사였다.

물론 모임이 이루어지기까지 우여곡절도 많았다. 북한 관계자들의 미국 비자가 회의 이틀 전에야 발급되어 참석 예정자 모두가 가슴을 졸였고, 북쪽 전문가들의 워싱턴 D.C. 숙박은 끝내 허락되지 않아 인근 도시인 볼티모어에 묵으면서 회의에 참석해야 했다. 그럼에도 회의는 성공적으로 끝났다. 그 뒤에는 많은 이들의 헌신이 있었다. 특별히, 전 과정에서 유진벨재단 스티븐 린튼 박사의 노력은 눈물겨웠다.

세 나라 전문가들은 최근 급증하고 있는 '다제내성결핵' 문제에 어떻게 하면 효과적으로 대응할 수 있을까 온종일 열띤 토론을 벌였다. 다제내성결핵이란 치료의 조기 중단 등 부적절한 치료나 관리로 인해 약에 대해 내성을 가지게 된 결핵을 말한다. 따라서 이 결핵은 마땅한 치료 방법이 없기에 대부분 치명적인 결과를 낳게 된다.

세 나라는 결핵에 관한 한 몇 가지 공통점을 가지고 있었다. 무엇보다 높은 유병률이다. 북한 보건의료잡지 〈인민보건〉의 자료에 따르면, 약 800만 명에 이르는 북한 주민들이 결핵으로 인해 심각한 고통을 겪고 있다. 이 수치대로라면 북한 주민 3명당 1명꼴로 결핵을 앓고 있는 셈이다. 우리나라 결핵 유병률도 통계에 따라 큰 차이를 보이나 인구 10만 명당 125명 이상 될 것으로 보이는데, 이는 경제협력개발기구 국가 중 제일 높은 수치다. 미국은 평균적으로 결핵 유병률은 낮지만, 빈곤층 밀집 지역에서는 여전히 큰 문제가 되고 있다. 더욱이 에이즈 환자 및 해외이주민의 증가와 노령화는 결핵의 위험성을 더욱 높이고 있다. 또한, 최근 다제내성결핵이 빠르게 증가하여 마치 시한폭탄처럼 되고 있음에도 체계적인 모니터링이나 표준 치료 지침조차 제대로 만들어내지 못하고 있다. 무엇보다 중요한 사실은, 이렇게 증가하는 결핵의 위험성에도 불구하고 세 나라 정부 모두 너무 일찍 결핵 관리에서 손을 떼는 잘못을 범했다는 것이다.

참석한 전문가들은 결핵 문제는 개별 나라의 문제가 아니고, 국제사회와 다양한 부문의 전문가들이 협력해야 해결될 수 있다는 데 의견 일치를 보았다. 그런 점에서 조지워싱턴대학교 의과대학장인 제임스 스콧 박사의 환영사는 인상적이었다.

"결핵은 빈곤층, 장애인 등과 같이 우리 사회의 '약한 부분'을 찾아가는 질병입니다. 세계 여러 나라 정부·국민의 이 약한 부분에 대한 애정과 헌신 그리고 국제적 연대 없이 우리는 이 문제를 해결할 수 없습니다."

어쩌면 이러한 그의 주장은 마치 다제내성결핵처럼 '백약이 무효'하다는 최근 한반도 문제를 푸는 데도 공히 적용될 수 있는 원칙인지 모른다. 긴 회의를 마치고 회의장을 나서며 올려다본 워싱턴 D.C.의 하늘은 그날따라 참 푸르렀다.

워싱턴에서 만난 '남북한 결핵'
〈한겨레〉, 2006. 8. 6.

그때 당신은 어디에 있었는가

어린이들을 상대로 한 잔인한 범죄에 온 국민이 치를 떨었던 것이 얼마 전이다. 하지만 어른들의 횡포로 가녀린 숨을 몰아쉬다 죽어가는 어린이는 혜진이, 예슬이만이 아니다. 지금 이 순간 아주 지척의 거리에 수십만 명의 어린이들이 굶주림에 못 이겨 콩 찌꺼기, 심지어 흙으로 주린 배를 채우다 못해 가쁜 숨을 내쉬며 서서히 죽어가고 있다.

최근 북한의 주민들을 돕고 있는 단체들은 춘궁기에 접어들면서 식량난을 겪는 북한 소식들을 연이어 전하고 있다. 식량값이 무섭게 폭등하고 있고 평양과 함흥, 청진 등 주요 도시에서 4월부터 아사자가 발생하고 있다고 한다. 곡창지대인 황해남도에서도 아사자가 나타나는 상황이라고 하니 다른 지역 주민들의 고통은 더욱 클 것으로 보인다.

세계식량계획 등 국제기구와 민간지원단체들은 올해 북한의 식량 부족량이 100만 톤에서 166만 톤 정도에 이르고 전체 인구의 25% 정도인 600여만 명이 심각한 식량난을 겪고 있다고 한다. 지난 2년간의 홍수와 비료 부족, 여기에 북핵 문제로 국외 식량지원이 준 데다 엎친 데 덮친 격으로 최근 중국마저도 애그플레이션(농산물 가격 상승에 따른 물가 상승)과 식량 부족으로 북한과의 교역량을 줄이고 있다. 한 북한 전문가는 이런 상황이 지속될 경우, 1990년대 이른바 '고난의 행군'이라 일렀던 대기근 이상의 재난으로 이어질 가능성이 높다고 이야기한다. 당시 굶주림으로 죽어간 사람 수는 30만 명에 이르렀고, 그들 중 대부분이 어린이와 노인이었다. 이런 상황에서 최근 이명박 정부는 대북 식량 지원 의사를 표명하고 있으나 상황의 절박함에 비해 그 진행이 너무 더디다.

《북한의 기아》라는 책을 쓴 앤드루 나초스는, 1990년대 북한을 덮친 기아는 사전에 충분히 예방할 수 있는 것이었다고 말하면서 그 일차적 책임은 북한에 있지만 그러한 상황을 잘 알았고 또한 지원할 수 있는 충분한 식량이 있었으면서도 모른 체하거나 지원을 늦춘 한국과 주변 강대국들에도 책임이 있다고 말한다.

정치·경제적인 이유로 북한과의 정치 회담이나 경제 협력을 중단할 수 있다. 그것은 온전히 정치의 문제이고 경제의 문제이기 때문이다. 하지만 인도주의적 지원은 그런 것이 아니다. 인도주의는 내 말을 잘 들을 때만, 내게 이득이 될 때만 도움을 주는 것이 아니다. 그렇기에 인도주의가 실용주의를 만나면 그것은 더 이상 인도주의가 아니다. 기존 대북지원은 일반 지원과 인도적 지원을 명확히 구분하지 않은 채 진행해 온 문제가 있다. 그렇기에 이번 기회에 그 둘 사이의 구분을 명확히 하고, 인도적 지원은 정치적 상황이나 주장에 휘둘리는 일이 없도록 해야 한다.

다시 한번 말하자. 인도주의는 '그럴 때만' 주는 것이 아니라 '그럼에도 불구하고' 나누는 것이다. 또한 남쪽 어린이의 잔혹한 죽음에 치를 떨듯 수십만 북쪽 어린이의 죽음에 대해서도 그에 못지않게 함께 가슴 아파하는 것이다. 이 원칙을 잊어버릴 때, 인도주의는 쉽게 무기가 된다. 더욱이 인도주의적 지원은 "고맙다"는 말을 듣기 위해 하는 것이 아니다.

제2차 세계대전 직후 독일 작가 하인리히 뵐은 〈아담, 너는 어디에 있었느냐?〉란 소설로 시대를 고발했다. 우리의 이기심과 무관심으로 1990년 대기근 같은 비극이 재현되어 또 한번 수십만 아니 수백만 명이 굶어 죽는다면, 먼 훗날 사람들이 "그때 당신은 어디에 있었습니까?"라고 물을 때 과연 우리는 뭐라고 답할 것인가? 북녘의 아이들이 가쁜 숨을 몰아쉬고 있다. 급하다. 인도주의적 지원을 머뭇거리지 말라.

"인도적 지원은 무기가 아니다."

인도적 지원은 무기가 아니다
〈한겨레〉, 2008. 5. 27.

그때도 그랬다

그때도 그랬다. 옛날 옛적, 하고 싶은 말만 하는 북쪽 나라와 듣고 싶은 말만 듣는 남쪽 나라가 있었다. 오랫동안 두 나라는 한 나라였다. 북쪽 나라엔 남쪽 나라 순희의 외할아버지가 살았고, 남쪽 나라엔 북쪽 나라 철수의 고모할머니가 살고 있지만, 언제부터인가 그 나라는 둘로 나뉘어 서로 미워하게 되었다.

그때도 그랬다. 남쪽 나라는 힘센 이웃 나라와 함께 매년 북쪽 나라를 선제공격할 경우에 대비한 대규모 군사훈련을 하고, 북쪽 나라는 자신의 털끝 하나라도 건들면 자폭하겠다고 폭탄을 흔들어 대고 있다.

얼마 전에는 그나마 다시 하나가 되지는 못할망정 서로 욕하지 말고 사이좋게 냄비랑 신발이랑 함께 만들자던 약속마저 깨버리고 서로를 향해 확성기를 크게 틀어 육두문자를 교환하는 사이가 되어버리더니, 오늘은 또 그간 화해의 의미로 주고받았던 편지와 선물을 모두 태워버리겠다는 결별 선언을 북쪽 나라가 해오고, 남쪽 나라는 그 편지와 선물은 원래 내 것이니 돌려달라고 우기는 막장드라마를 연출하고 있다.

그때도 그랬다. 약 20년 전, 이렇게 서로 싸우다 식량이 부족해진 북쪽 나라 사람들이 죽어가기 시작했다. 하지만 남쪽 나라와 이웃 나라 사람들은 그런 비극적 상황에 관심이 없었다. 어떤 이들은 북쪽 나라에 기근이 있다는 것은 '괴담'이라고 목소리를 높였다. 북쪽 나라 사람들이 굶어 죽어가는 것을 알았던 남쪽 나라와 이웃 나라 사람들도, 자기 나라 곳간엔 쌀이 가득했지만, 이제 조금만 참으면 북쪽 나라가 곧 망할 거라고 하면서 식량을 지원하지 않았고 심지어 쌀을 주지 못하게 막기도 했다.

그런데 북쪽 나라는 망하지 않았다. 그 대신 약 30만 명이 굶어 죽었다. 대부분은 어린아이와 노인이었다. 물론 그때 순희의 외할아버지와 어린 철수도 굶어 죽었다. 옥수수죽도 못 먹고 배고파 죽은 외할아버지와 철수는 퉁퉁 부은 누런 얼굴에 눈도 제대로 못 감았다.

그때도 그랬다. 남쪽 나라는 북쪽의 30만 명이 굶어 죽은 것은 전적으로 북쪽 나라 지도자 탓이고 남쪽 나라와 이웃 나라들은 아무런 책임이 없다고 했다. 심지어 어떤 이들은 아주 고소하다고 박수를 쳤다. 그러나 어쨌든 그 후 남쪽 나라 순희는 다시는 북쪽 나라 외할아버지를 볼 수 없게 되었고, 북쪽 나라 철수도 남쪽 나라 고모할머니를 만날 수 없게 되었다. 배고파 죽은 외할아버지 귀신, 철수 귀신은 천당도 못 가고 오늘도 구천을 떠돌고 있다고 한다.

2016년 2월 10일 미국 해외정보국이 운영하는 〈미국의 소리〉는 "북한이 굶어가고 있다"면서 유엔이 북한을 또다시 외부 지원이 필요한 34개 '식량부족 국가' 중 하나로 재지정했다고 발표했다.

유엔 산하 식량농업기구는 "북한은 곡물 생산량 감소 등으로 부족한 식량의 양은 더 늘었지만 확보한 양은 오히려 줄어 현재 올해 부족한 식량의 96%를 확보하지 못했다"며 "2월 초 현재 확보한 곡물은 외부 지원 8900톤과 수입 8700톤으로 특히 이 기간 북한이 수입한 곡물량은 지난해 같은 기간 2만 4500톤의 30%에 그쳤다"라고 밝혔다. 또한 2015년 4월부터 7월 중순까지 계속된 가뭄으로 북한의 곡물 생산량이 크게 줄었고, 식량 상황은 지난 몇 년에 비해 더욱 악화될 것으로 보인다고 전망했다.

상황은 이렇게 돌아가고 있건만, 하고 싶은 말만 하는 북쪽 나라 지도자는 "우리는 끄떡없다"고 하면서 여전히 폭탄만 흔들어 대고 있고, 듣고 싶은 말만 듣는 남쪽 나라 지도자와 힘센 이웃 나라 지도자는 폭탄을 그렇게 흔들면 국물도 없다고, 그리고 이제 조금만 더 기다리면 북쪽 나라가 망할 거라고 하면서 남아도는 쌀 창고 문단속하느라 여념이 없다.

"북쪽 나라가 총 한 방만 쏴 주면 우리가 이번 선거에서 이길 텐데……"라고 남쪽 나라 어떤 정치가가 중얼거릴 때, 북쪽 나라 순희 외할머니가 말했다. "며늘아, 뭐 먹을 것 좀 없냐?"

이어서 철수 동생 철이도 칭얼거린다. "아빠, 배고파."

그때도 그랬다.

〈경향신문〉, 2016. 3. 13.

핵보다 강한 두 가지 무기

대통령님께.

혼란스러운 국내외 상황 속에서 여러 가지로 심려가 많으실 줄 압니다. 얼마 전 통일부 장관이 참석한 자문회 자리에서 저는 대통령을 면담할 기회를 달라고, 그리고 저를 평양으로 보내 김정은 위원장을 만나게 해달라고 졸랐습니다. 답을 받기까지 오랜 시간이 걸릴 것 같아 이렇게 편지를 드립니다. 제가 대통령 뵙기를 청했던 이유는 하나입니다. 현재 중단된 북한 어린이 예방접종 사업을 재개할 수 있게 해주십사 하는 것입니다.

그간 한국 정부는 5·24조치 등 대북 강경정책하에서도 북한 어린이들에 대한 대규모 예방접종 사업을 지원해 왔습니다. 그 혜택을 입은 북한 어린이는 B형간염 사업 약 370만 명, 일본뇌염 사업 약 310만 명에 달합니다. 지난해에도 어린이 250만 명에게 홍역·풍진 예방접종을 지원했습니다. 하지만 개성공단 폐쇄 등 남북관계의 악화로 인해 나머지 300만 명에 대한 예방접종 사업이 중단되었습니다.

대통령님, 인도적 사업에는 미룰 수 없는 사업이 있습니다. 예방접종은 시기를 놓쳐서는 안 되는 사업입니다. 이런 다급함을 호소해도 관계자들은 '4월 총선' 뒤에 보자고 했습니다. 총선이 끝나니 '5월 북한 전당대회' 후에 보자고 합니다. 전당대회가 끝나면 또 '내년 대선' 후에 보자고 할 것입니다. 그러다가 북한이 5차 핵실험을 강행하면 또 우리는 몇 년을 기다려야 할지도 모릅니다. 꺼져가는 어린 생명은 기다릴 시간이 없습니다.

　　북한 어린이 예방접종은 북한만을 위한 사업이 아닙니다. 2010년 천안함 사건 등을 이유로 대북 말라리아 방역 지원을 중단한 탓에 남한 내 말라리아 환자도 늘어나 서둘러 지원을 재개하기도 했습니다. 하지만 다시 지원이 중단되자 작년 1~6월 경기 지역 말라리아 환자 수가 153명으로 증가했는데, 이는 이전 해보다 배 가까이 늘어난 수치입니다. 지금대로라면 올해 남한 말라리아 환자 수는 더욱 급증할 것입니다. 주변의 이야기를 들으니, 예방접종 재개 결정을 내릴 수 있는 분은 오직 대통령밖에 없다고 합니다. 실무자들도 이런 상황을 잘 알고 있지만, 대통령의 호통이 두려워 누구도 제대로 직언하기 어려운가 봅니다.

　　대니얼 러셀 미 국무부 차관보가 북한이 5차 핵실험을 강행할 경우, '군사적인' 대응 조처를 할 수도 있다고 경고했다는 기사를 보았습니다. 전쟁이 나면 남북한 가릴 것 없이 적어도 수백만 명이 죽을 텐데 자기네 땅, 자기네 국민이 아니라고 말을 참 함부로 합니다.

대통령님, 한반도의 평화는 정말 중요합니다. 저는 북핵보다 더 강한 두 가지 무기를 알고 있습니다. 하나는 '희망'입니다. 남북의 평화적 공존이 충분히 가능하다는 희망이야말로 핵보다 강한 무기입니다. 또 하나는 '따뜻한 포용'입니다. 설령 북한이 5차 핵실험을 하더라도 북한 어린이들을 위한 식량과 예방접종 지원을 중단하지 않는 따뜻한 포용이야말로 핵폭탄을 녹여내고 궁극적으로 한반도에 평화통일을 가져올 수 있는 '북핵보다 강한 무기'라고 저는 확신합니다.

'통일 대통령'을 꿈꾸셨으니 진정 북핵보다 강한 이 '통일의 무기'를 장착해 주시길 부탁드립니다. 무엇보다 남북 어린이를 보듬어 안는 따뜻한 지도자가 되어주십시오. 먼저, 지원을 보류하고 있는 북한 어린이 예방접종 사업의 재개를 허락해 주십시오. 북쪽이 거절한다면 저를 북한으로 보내주십시오. "어른들 싸움 때문에 나라의 보물인 어린이를 다치게 하지는 말자"고 설득하면 북한 지도자도 '통 크게' 승낙하리라 확신합니다. 그럼 '반가운 소식' 기다리고 있겠습니다.

〈한겨레〉, 2016. 4. 21.

인도적 지원은 계속되어야 합니다

대통령님께.

여독은 풀리셨는지요? 얼마 전 대통령께 편지(「핵보다 강한 두 가지 무기」)를 썼는데, 해외순방 등으로 아직 못 읽으신 듯하여 다시 편지를 드립니다.

얼마 전 '북한과 대북제재'라는 제목의 국제회의가 있었습니다. 북한의 핵실험 후 대북제재의 필요성과 효과를 검증하기 위해 유엔 전문가들과 전 세계 학자들, 관계자들이 모여 회의를 진행했습니다. 그간의 제재 효과에 대해 제재 이후 북한 쌀 가격의 변동이 없고 달러 환율도 변화가 없어 큰 효과가 없다는 이야기도 있었고, 일부 지역에서는 1990년대 말 북한 대기근 때 나온 '감자국수'와 '미역국밥'이 등장했다는 이야기도 있었습니다. 일부 효과는 있지만 그리 크지 않을 것 같다는 의견이 전반적이었습니다. 더욱이 북한의 밤 조명 밝기의 변화와 국제 교역자료를 분석한 미국 스탠퍼드대학교의 이용석 연구원은 제재가 강해질수록 평양 등 대도시, 군사시설, 중국 국경 등으로 모든 자원이 더욱 집중되어 그 외 지역과의 격차가 커진 다는 걸 보여주었습니다. 제재가 기대했던 효과를 가져오기보 다는 오히려 북한 지배 엘리트의 권력과 자원 집중을 강화하고 사회 내 불평등을 악화시키는 원치 않는 효과가 나타나고 있다는 겁니다.

토론 시간에 저는 개성공단 폐쇄와 함께 북한 영유아에 대한 집단 예방접종을 중단한 것도 이번 유엔 제재에 해당하는지, 그래도 되는 것인지 물었습니다. 또 "이번 제재가 북한 정권의 교체를 목적으로 하는 것은 절대로 아니라고 하는데, 영유아에 대한 예방접종까지 중단하면 북한 당국이 우리 말을 믿겠느냐?"고 되물었습니다. 아시다시피 '유엔 대북제재 결의 2270호'는 인도주의적 지원을 막지 않고 있으며, 특히 취약계층에 피해를 주어서는 안 된다고 명시합니다. 유감스럽게도 발표자들로부터 '멋진' 답변을 들을 수 없었습니다. 토론이 끝나고 휴식시간에 몇 나라 사람들이 제게 와서 인도적 지원까지 중단하는 것은 말이 안 된다고 동의를 표하기도 했습니다.

대통령님.

이 토론회는 6·15 공동선언 16주년이 되는 날에 열렸습니다. 한때 '평화' '번영' '통일'을 꿈꾸던 날이 이제는 세계 여러 나라가 모여 '제재' '전쟁' '기근' 등의 말을 주고받는 날이 되어버린 작금의 현실에 가슴이 아팠습니다. 대통령님, 한반도에 전쟁이 와서는 안 됩니다. 이러한 위기를 극복하는 유일한 무기는 남북의 평화적 공존이 충분히 가능하다는 '희망'과 '따뜻한 포용'뿐입니다. 힘들지만 그것을 시작하는 방법을 저는 압니다. 먼저, 지원을 보류하고 있는 북한 어린이 예방접종 사업의 재개를 허락해 주십시오. 어린이들에 대한 지원이 유엔 대북 제재 결의에 위배되지 않고, 오히려 인도적 지원까지 중단하는 것은 결의에 반하는 일임도 확인되었습니다. 또한 어린이에 대한 인도적 지원은 대통령님께서 '드레스덴 선언'을 통해 약속했던 내용이고, '5·24 제재조치'에도 해당하지 않는 내용입니다.

부디 어른들 싸움 때문에 통일 한국의 미래 씨앗들이 고통받지 않도록, 그들 마음속에 "어린이들에 대한 예방접종까지 중단했다"는 분노가 자리 잡지 않도록 해주십시오. 무엇보다 남북 어린이를 보듬어 안는 '따뜻한 지도자'가 되어주십시오. 그럼 반가운 소식 기다리고 있겠습니다.

대통령님, 인도적 지원은 계속해야 합니다
〈한겨레〉, 2016. 6. 20.

그것은 인권이 아니다

북한에서 역사상 최대 규모의 핵실험이 이루어지고 남한에
선 최대 규모의 지진이 발생하여 국민을 공포에 떨게 하고 있
다. 이런 대형 사건에 묻혔지만, 북한은 최악의 수해로 국제사
회에 도움을 요청하고 있다. 실로 불안하고 어수선한 한반도 풍
경이라 할 것이다.

이런 상황에서 2016년 9월 4일 자로 '북한인권법'이 발효
되었다. 주요 내용은 북한인권기록센터를 통해 북한 당국이 자
행하는 인권 범죄를 체계적으로 기록하여 처벌 근거로 삼고, 북
한인권재단을 통해 북한 주민의 인권 증진을 위한 다양한 사업
을 지원하는 것이다.

인권은 소중하다. 그러나 인권을 특정 정치집단의 이해를
위한 무기로 삼는 것이야말로 '비인권적'이다. 우리는 '인권'이
란 이름 아래 자행된 수많은 폭력을 기억한다. 국제문제 전문
저널리스트인 커스틴 셀라스는 그의 책《인권, 그 위선의 역사》
에서 전쟁을 통한 자국의 이익 추구를 위해 '인권'이란 개념을

자기 입맛에 맞추어 이용한 강대국들을 고발한다. 많은 식민지를 가졌던 영국 등의 강대국은 자신들이 점령했던 식민지에 인권의 원칙이 적용되는 것을 극렬히 반대했고 피식민지 국민들의 인권운동을 잔인하게 유혈로 진압했다. 북한 정치 지도자를 국제형사재판소에 세우고 싶어 하는 것처럼 보이는 미국은 정작 1998년 상설 재판소 설치에 반대표를 던졌다. 그것도 이란, 이라크, 중국, 알제리, 수단과 같은 (당시) '독재국가'와 '인권의 적'이라 불리던 국가들과 함께.

누가 인권을 말하는가? 특정 정치집단의 이해를 위해 인권을 도구화하는 이들을 경계하라. 그것은 인권이 아니다. 또한 대북한 강경정책을 비판하는 사람을 무조건 '종북'이라고 몰아붙이는 행위만큼 인권의 가치를 훼손하는 일은 없다. 적어도 그런 비판자들은 '인권'을 논할 자격이 없다. 세계인권선언 제18조를 보면, 모든 사람은 사상의 자유를 가지며, 공개적으로 또는 사적으로 자신의 종교나 신념을 겉으로 표현할 수 있는 자유가 있다.

다시 한번 명토 박자. 북한 주민들의 시민적·정치적 권리(자유권)와 경제적·사회적·문화적 권리(사회권)는 즉각적이고 획기적으로 개선되어야 한다. 그리고 그것에 대한 일차적 책임은 북한 정권에 있다. 국민의 인권을 지켜내지 못하고, 더 나아가 훼손한 이들에게는 언제나 응징이 뒤따랐던 역사를 북한 정권은 기억해야 한다. 하지만 또한 잊지 말아야 할 것이 있다. 이런 역사의 교훈은 북한 정권에만 해당하는 것이 아니라는 사실이다.

북한 주민의 인권이 보장되어야 한다는 목소리가 진정 힘을 얻으려면 그것을 주장하는 사람 자신이 인권의 원칙에 충실한지 되돌아봐야 한다. 정치공작 댓글 의혹, 방송매체에 대한 압력 논란, 시위에 대한 폭력적 진압 등 우리 정부의 숱한 비인권적 행태는 제쳐놓고라도, 북한 홍수 피해 지역에 적극적인 구호 활동을 하지 않는 대한적십자사는 인권적인가? 북한 어린이들에 대한 예방접종을 지원하다 '정치적인 이유'로 중단한 한국 정부는 인권적인가?

우리가 여러 가지 정치적 상황에도 불구하고 북한 홍수 피해자들과 어린이들을 도와야 하는 이유는 한 가지다. 그것이 '인권'이기 때문이다. 인권과 인도주의는 무기가 아니다. 인권에는 국경이 없기에 남과 북도 없다. 더욱이 오랫동안 한 핏줄이었던 이들의 재난에 고개를 돌리면서 무슨 낯으로 '북한 인권'을 외칠 텐가?

한반도의 정치 상황이 엄중할수록 '진정한' 인권적 접근이 필요하다. 미움이 아니라 따뜻한 인류애로 문제를 풀어야 한다. 우선 북한 홍수 피해자들에게 구급 식량, 깨끗한 물, 약품을 보내자. 약속했던 북한 어린이 예방접종 사업과 인도적 지원 사업도 즉각 재개하자. 한시가 급하다. 남한과 북한이 함께, 사람의 생명과 권리를 존엄하게 생각하는 나라를 만들자.

그래야 작금의 공포스런 한반도 위기에서 벗어날 수 있고, 또한 다음과 같은 질문에 자신 있게 '저요!'라고 손을 들 수 있지 않겠는가?

"누가 인권을 말하는가?"

> 북 재난에 고개 돌리며 누가 인권을 말하는가?
> 〈한겨레〉, 2016. 9. 19.

통일부 장관 출마선언

저마다 대선 출마 기자회견을 준비하느라 바쁜 시기다. 대통령감으로는 턱도 없기에 일찌감치 불출마 의사를 밝힌다. 대신 통일부 장관에 출마하고자 한다.

출마의 변은 이렇다. 한반도가 일촉즉발의 위기에 처해있건만 이 문제를 풀어야 할 통일부가 보이지 않는다. 얼마 전 크리스토퍼 힐 전 주한 미국 대사와 가렛 에번스 전 호주 외교부 장관이 참석한 북한 관련 국제회의에서는 한반도를 시발로 하는 '제3차 세계대전' 이야기까지 나왔다. 2017년 1월 31일 미 상원 외교위원회 북한 핵문제 청문회장에서 대북 선제공격과 '김정은 암살'이라는 단어까지 꺼내 들었다고 한다. 그들에게는 다른 나라 땅에 폭탄을 떨구는 일이라 그리 쉽게 말하겠지만, 서울과 평양이 1~2시간 거리인 한반도에 사는 사람에겐 선제공격이 한반도의 종말을 의미할 수 있다. '미국 우선주의'를 내세우며 무슨 행동이라도 할 것 같은 도널드 트럼프가 미국 대통령이 되었고, 중국과 미국은 금방이라도 한판 붙을 기세로 으르렁거리고 있다. 일본의 아베 신조 총리 역시 언제든지 북한으로 자위대를 파견할 수 있도록 법을 고쳐놓고 출병을 기다리고 있다. 북한은 털끝 하나만 건드리면 모두 불바다를 만들겠다며 연일 엄포를 놓고 있다. 이런 긴박한 와중에 한반도에 전쟁 방지와 평화를 위해 핵심적인 역할을 해야 할 통일부는 어디서 무엇을 하고 있는 것일까?

작금의 상황까지 이르게 한 통일부, 개성공단을 폐쇄하자는 대통령 제안에 "그것만은 안 됩니다. 차라리 저를 밟고 가십시오"라고 하면서 대통령 앞에 드러누울 줄도 모르는 통일부 장관은 있어봤자 소용없다. 외교부나 국정원과 똑같은 말을 앵무새처럼 반복하는 힘없는 통일부도 필요 없다. 차기 통일부 장관은 전쟁을 막고, 민족화해의 문을 다시 여는 인도주의자여야 한다. 전 부처의 전문성을 이끌어낼 수 있는 조직력도 있어야 하고, 국민들의 평화와 통일의 염원을 모아낼 수 있는 지도력도 있어야 한다.

출마를 선언했으니, 공약도 있어야겠다. 통일부 장관이 되면 우선 부총리급으로 올려달라고 하겠다. 지금 구조로는 여러 부처에 대한 조정 권한을 행사할 수도 없고, 전문성을 발휘하기 어렵다. 무엇보다 먼저 할 일은 북한에 가는 것이다. 북한에 가서 말할 것이다. 개성공단을 무조건 다시 열자. 그리고 북한 어린이들이 예방접종을 못 하거나 영양실조로 죽는 일은 없도록 하겠다고 약속하겠다. 그리고 이미 초고령이 된 이산가족이 가족 얼굴도 한번 못 보고 돌아가시는 일이 없도록 대규모 만 남을 일 년 내내 계속하자고 제안하겠다. 지하자원 값을 잘 쳐 줄 테니 중국에 싸게 팔지 말고 우리에게 팔라고도 할 것이다. 부산, 대구, 서울, 평양 찍고 블라디보스토크, 모스크바까지 연결된 철도 위를 우리 한반도기를 단 철마(鐵馬)가 신나게 달리도록 해보자고도 할 것이다. 야단도 칠 것이다. 이제 어린애들처럼 서로 그만 싸우고 화해하자고 할 것이다.

이런다고 당신이 통일부 장관이 될 것 같냐고 물으신다면, 혹시나 장관이 된다 해도 그 공약을 지킬 수 있겠냐고 묻는 사람이 있다면 나는 이렇게 대답할 것이다.

"그래 난 머리가 돌았다 돌아도 한참 돌았다 / 머리가 돌지 않고 역사를 사는 일이 있다고 생각하나 / 이 머리가 말짱한 것들아 / 평양 가는 표를 팔지 않겠음 그만두라고 // 난 걸어서라도 갈 테니까 / 임진강을 헤엄쳐서라도 갈 테니까 그러다가 총에라도 맞아 죽는 날이면 / 그야 하는 수 없지 / 구름처럼 바람처럼 넋으로 가는 거지"*

<경향신문>, 2017. 2. 15.

★ 문익환,《두 손바닥은 따뜻하다》(사계절, 2018)

영세중립국으로 가자

자꾸 반복해서 아프고 증상이 점점 심해진다면 병에 걸렸을 가능성이 크다. 병을 치료하는 가장 좋은 방법은 '근치(根治)'다. 말 그대로 질병의 뿌리를 도려낸다는 뜻이다. 그러지 않고 병의 윗부분만 치료하면 당장은 낫는 것 같지만 이내 도지기 마련이다. 지금 한반도에서 일어나고 있는 4대 강국의 힘겨루기와 전쟁 위기는 오랫동안 때만 되면 반복되는 병이다. 하지만 작금의 상황은 한국전쟁 이후 가장 큰 위기다.

북한 핵심 시설의 선제타격을 염두에 둔 키리졸브 한-미 군사 연습과 독수리훈련으로 한반도 상공에는 F-35B '라이트닝 Ⅱ' 스텔스 전투기 비행대대가 날고, 바다에는 칼빈슨 강습 항모전단이 모습을 드러냈다. 이에 질세라 북한은 연일 미사일을 쏘아대고, 최근에는 6차 핵실험이 임박했다는 소식이 들려오고 있다.

북한 왕조 패밀리 암살사건이 백주대로에서 일어나고, 남한에서는 대통령 탄핵이란 초유의 정치 상황이 벌어졌다. 이 와

중에 자신을 대통령으로 착각하는 황교안 권한대행은 미국의 '알박기'인 사드장비 일부 배치를 전격 허용했다. 이에 중국은 대규모 경제제재를 가동하고 러시아는 남한 전역을 타격할 수 있는 장거리 미사일 배치로 응수하고 있다. 북한은 미국발 경제제재, 남한은 중국발 경제제재에 한반도는 지금 아슬아슬하고도 고달프다. 언제까지 이렇게 살 것인가?

얼마 전 미국 도널드 트럼프 새 대통령의 대북정책 기조를 가늠해 볼 수 있는 일이 있었다. 국무장관 렉스 틸러슨이 방문한 것이다. 미국의 신임 장관이 내한했는데, 한국 정부가 식사 대접하겠다는 말을 안 했다는 것은 한국을 몰라도 너무 모르는 발언이다. 더욱이 식사를 대접한다는데 거절했다면, 그것이 한국에서는 얼마나 큰 결례인지 모르는 것이다. 알면서도 거절했다면 이처럼 모욕적일 수 없다. 게다가 "한국은 파트너이고 일본은 동맹국"이라고 이야기했다고 한다. 이것이 미국의 새 대북정책의 기조이자 한국에 대한 입장이라면 한반도의 미래는 더욱 불안하다.

언제까지 이렇게 살 것인가? 4대 열강에 둘러싸인 지정학적 위치가 그 원인이라 해도 더는 이렇게 살 수 없다. 다행히 이번의 위기가 원만히 해결된다고 해도 한반도는 여전히 언제 터질지 모르는 세계의 화약고로 남을 수밖에 없다. 그런 한반도를 우리 후손에게 물려줄 수는 없는 노릇이다.

그러면 어떻게 할 것인가? 문제는 복잡하지만 답은 명확하다. 한반도를 스위스나 오스트리아와 같이 '영세중립국화'하는 것이다. 남북한 모두 영세중립국을 선포하고 국제사회는 이를 받아들이면 된다. 당연히 남북한 모두 비군사화 과정을 진행해야 하고, 주변 강대국들은 국제 협약에 따라 중립국의 정치적 독립과 지역적 통합을 영구히 인정하고 한반도 평화를 약속해야 한다. '영세중립국' 이야기는 1885년 유길준의 '조선중립론' 이후 지속적으로 제안되어 온 주장이니 새로울 것도 없다. 이미 김대중 전 대통령과 김일성 주석이 그 가능성에 긍정적인 반응을 보인 적이 있는 만큼 가능성 없는 이야기도 아니다. 오히려 문제는 한반도를 자기네 앞마당처럼 생각하는 4대 강국이다. 남북한이 영세중립국이 되면 핵이나 전쟁, 경제제재를 걱정할 필요가 없다.

봄이다. 개나리, 진달래, 벚꽃 봉오리가 터져 나올 성주에서는 매운 최루탄이 먼저 터질 기세다. 100년 전에 일본 제국주의의 침략에 목 놓아 울면서 외치던 구호, 평택 대추리 미군기지, 제주 강정마을 앞에 걸려있던 펼침막을 이 봄에 또 피눈물로 적어 걸어야 하는가? "빼앗긴 들에도 봄은 오는가?" 그만하면 됐다. 이제 그만 가자. 영세중립국으로.

<한겨레>, 2017. 4. 3.

문재인 대통령과 김정은 위원장께

안녕하십니까? 저는 남쪽에 사는 의사입니다. 전공은 예방의학입니다. 대학교에서 학생을 가르치고 있기도 합니다. 저는 2005년 초기 계획서를 제출한 것을 계기로 세계보건기구 그리고 남쪽 민간단체가 진행한 영유아 사업 등 남북 보건의료 교류 사업에 오랜 기간 전문가로 참여해 왔습니다.

2007년과 2008년에는 남북을 오가면서 평양, 남포 등에 있는 어린이병원과 산원(여성종합병원)을 보수하고 어린이들에게 영양식을 전달했습니다. 때론 어떻게 사업을 해야 더 효과가 있을지를 두고 북쪽 전문가와 종일 토론도 하고 참사들과 티격태격도 했지만 그래도 참 보람 있던 시절이었습니다.

특별히 '5·24 조치' 등 경색국면에서 북쪽 어린이 370만 명에게 남쪽이 제공한 B형간염 예방백신을 놓아주었을 때는 정말 오랜만에 가슴이 뛰고, 내가 의사 노릇 하길 참 잘했다고 생각했습니다. 오랫동안 북에는 간염 환자가 많아 고생이 심했는데, 이 대규모 예방접종이 성공적으로 이루어진 까닭에 앞으로 북쪽에서 신규 B형간염 환자는 거의 생겨나지 않을 것입니다. 남북이 힘을 모아 이런 일을 해내다니 얼마나 멋집니까? 북쪽 전역으로 예방접종 시행을 독려하러 다니느라 얼굴이 새까맣게 타버린 북쪽 예방접종 담당자에게 저는 "정말 큰일을 해냈다. 복 받을 것"이라고 칭찬하며 고마움을 표했습니다.

이런 기적 같은 남북협력은 이후에도 계속되었습니다. 약 310만 명의 북쪽 어린이에게 일본뇌염 예방접종 주사도 놓아 주었습니다. 그런데 문제가 생겼습니다. 애초 550만 명의 북쪽 어린이를 대상으로 진행하던 홍역, 풍진 예방접종 사업이 개성공단 폐쇄와 함께 중단돼 버린 겁니다. 이후 아직까지도 300만 명의 어린이들이 예방주사를 맞지 못하고 있습니다.

그 이후 박근혜 정부하에서는 북쪽에서 오라고 해도 남쪽에서 방북을 승인하지 않아 못 갔는데, 이제 남쪽에 새 정부가 들어서고 방북 승인을 검토하기 시작하니 이번엔 북쪽이 오지 말라고 합니다. 며칠 전에는 휴전선 근방 말라리아 공동방제를 위해 방북을 신청했던 민간단체가, 또 며칠 전에는 북쪽 어린이의 의료지원을 위해 방문하려던 단체가 북쪽으로부터 초청장을 받지 못했습니다.

기억하시는지요? 1984년 8월 서울·경기·충청 일원에 내린 집중호우로 남쪽이 사망 및 실종 189명, 이재민 35만여 명의 큰 피해를 당하였을 때, 북은 남쪽 수해 지역 이재민들에게 쌀과 의약품 등을 보냈습니다. 한국전쟁 이후 이루어진 최초의 물자 지원이었습니다. 이번에는 1995년 북에서 큰물 피해를 입었을 때, 2004년 용천역에 큰 사고가 났을 때 남쪽은 북에 인도적 지원을 했습니다. 남북은 이렇게 대치하면서도 도울 땐 서로 도우며 지냈습니다.

　문재인 대통령과 김정은 위원장님.

　남북이 서로 다툴지라도 인도적 지원만큼은 정치의 대상이 되어서는 안 됩니다. 질병과 재난으로 고통받고 있는 가족과 이웃을 모르는 체하는 것은 인류를 저버리는 행위입니다. 또한 2010년 천안함 사건 등을 이유로 이명박 정부가 대북 말라리아 방역 지원을 중단한 탓에 남쪽 내 말라리아 환자도 늘어났습니다. 그래서 서둘러 다시 지원사업을 재개하기도 했습니다. 남북 모두 이런 어리석음을 또다시 범해서는 안 됩니다.

　인도적 지원은 무기가 아닙니다. 인도적 교류는 정치적으로 이용해서도 안 되고, 정치적으로 금지돼서도 안 됩니다. 더욱이 남북 간 인도적 교류협력은 한반도 평화의 마지막 씨앗입니다. 이것이 땅에 뿌려지지 않으면 한반도엔 희망이 없습니다.

　문재인 대통령과 김정은 위원장님.

　거절당한 방북 신청을 다시 합니다. 이번에는 부디 남북 모두 우리의 방북을 허락해 주시기 바랍니다. 어른들 싸움 때문에 우리 아이들이 다치지 않게 해주십시오. 무엇보다 우리의 미래이자 희망인 어린이들을 보듬어 안는 따뜻한 지도자가 되어주십시오. 연로할 대로 연로한 이산가족들이 죽기 전에 만나 얼굴이라도 쓰다듬고 손이라도 '꼬옥' 잡아볼 수 있게 해주십시오. 이제 다시는 무슨 일이 있어도 인도적 교류의 통로만큼은 닫지 말아주십시오. 내년 6월 15일은 올해처럼 슬픈 기념일이 되지 않게 남북 모두 그간 서로 약속한 것들을 지켜주십시오. 평화와 통일, 민족의 번영, 화해와 인권, 이 모두를 화려한 말이 아니라 행동으로 보여주십시오. 그 행동의 시작이 바로 남북 간 인도적 교류입니다. 그럼 기쁜 소식 기다리고 있겠습니다.

〈한겨레〉, 2017. 6. 18.

문재인 대통령과 김정은 위원장께

"겨울이 다가오고 있다"

　　북쪽 지도자는 기어코 핵실험을 단행한 후 축하연을 베풀었고, 남쪽 대통령은 북한으로 가는 원유 파이프라인을 잠가 달라고 여러 나라에 전화를 걸었다. 2017년 8월 12일 유엔 안전보장이사회(안보리)가 북한의 '섬유 및 의류 제품 수출 금지'와 대북 '원유·정제유 수출 상한제'를 뼈대로 한 대북제재 결의 2375호를 만장일치로 채택했다. 미국이 애초 요구한 '전면 중단'보다는 완화됐지만, 대북 유류 공급에 대한 안보리 차원의 첫 제재다. 정부 측에서는 북한의 유류 수입을 약 30% 차단하는 효과가 있을 것이라고 자축하는 분위기다. 많은 매체도 이를 마치 승전보인 양 보도하고 있다.

　　하지만 이런 보도에서 누락된 이야기가 있다. 대북제재안이 채택되기 전 여러 나라 대표들의 발언이 있었다. 올로프 스코그 유엔 주재 스웨덴 대사는 "유엔과 그 동반자들이 (북한에 대한) 인도적 지원을 방해해서는 안 된다"며 "겨울이 가까워지면서 더 많은 인도적 지원이 필요하게 될 것"이라고 말했다.

또한 이번 대북제재 결의 2375호는 북한 사람들에 대한 복지와 존엄을 강조하며, 북한 주민의 반 이상이 식량과 의료 지원 부족에 시달리고 있다는 유엔 인도지원조정실(OCHA) 조사 결과를 재차 언급하고 있다. 북한 주민이 처한 극심한 고통에 대해서도 깊은 우려를 표하고 있다. 지난 여러 차례의 대북제재 결의에서도 반복해서 강조한 바와 같이, 이번 결의도 북한 주민들을 위한 식량 원조, 인도적 지원, 경제적 활동 등에 부정적인 영향을 주어서는 안 됨을 재차 확인하고 있다.

그럼에도 불구하고 현실은 그렇지 못하다. 며칠 전 서울에서는 북한에 대한 인도적 교류 사업을 하고 있는 국제기구와 단체, 남한 민간단체와 전문가들이 모인 회의가 있었다. 이 회의에서는 최근 인도적 지원단체가 겪고 있는 수많은 사례가 제시되었다. 많은 이들이 인도적 사업에 대한 지원을 중단하고 있고, 북한으로 물건을 실어 나를 배를 구하지 못해 예전엔 며칠이면 되던 것이 6개월이나 걸린다고도 한다. 은행 거래가 금지되어 인도주의 단체 활동가들은 위험을 무릅쓰고 현금 주머니를 몸에 차고 제3국을 경유해 움직이기도 하고, 그러다가 1만 달러 이상을 가지고 들어가지 못하는 중국의 외환법 위반으로 구금되어 고초를 당했다고도 한다.

신용카드 사용이나 은행을 통한 대금 결제도 하지 못해 시급히 필요한 물건을 구하지 못하는 경우도 허다하고 국경 검색 강화로 인도적 물자 반입도 차단되는 경우가 비일비재하다고 한다. 또한 오랫동안 북한에 대한 인도적 지원활동을 해오던 한 미국인은 사실상 방북이 금지되어 지속적으로 지원해야 하는 약품 등이 끊길 위기에 있다고 어려움을 호소했다.

이러한 상황은 인도적 지원은 막지 않겠다는 지난 유엔 대북제재 결의 1718호(2006), 1874호(2009), 2087호(2013), 2094호(2013), 2270호(2016), 2321호(2016), 2356·2371·2375호(2017)의 명백한 위반이다.

유엔의 대북제재 결의에 따르면, 유엔이 북한 핵실험을 제재하는 중요한 이유 중 하나는 핵실험이 북한 주민들의 복지와 인권을 침해한다는 것이다. 그런 제재안이 실질적으로 북한 주민에 대한 인도적 지원을 방해하고 있다면 얼마나 정당성을 가질 수 있겠는가. 유엔 산하의 모든 국가는 결의안을 준수하여 북한에 대한 인도적 지원을 방해하는 일련의 조치를 즉각 중단하라. 스코그 스웨덴 대사의 말처럼, 북한에는 이제 "겨울이 다가오고 있다."

<한겨레>, 2017. 9. 20.

또 하나의 북핵

저를 기억하시는지요? 우리는 지난 2010년 2월 인도 뉴델리에 있는 세계보건기구 동남아시아 본부에서 남북 영유아 사업 때문에 만난 적이 있습니다. 이곳 남쪽은 봄기운이 완연합니다. 요사이 사람들이 모이면 평창올림픽과 4월 말에 있을 남북정상회담으로 이야기꽃을 피웁니다. 저도 이번 남북정상회담을 계기로 한반도에 영구적인 평화가 깃들길, 무엇보다 핵 문제가 잘 해결되길 소원합니다. 하지만 한반도에는 시급히 해결해야 할 또 하나의 핵 문제가 있습니다. 바로 결핵 문제입니다.

2017년 세계결핵보고서에 따르면 북한의 결핵 환자는 13만 명에 달해, 결핵으로 인한 질병 부담이 세계에서 가장 높은 30개국 중 하나였습니다. 그런데 더 심각한 문제가 있습니다. 1차 결핵 치료에 실패해 생기는 다제내성결핵 역시 세계에서 가장 발병률이 높은 나라 중 하나이기 때문입니다.

이미 북쪽 의사들은 기존의 결핵약이 듣지 않는 결핵 환자가 지속적으로 증가하는 것 같다는 이야기를 해왔고, 결핵약이 장마당에서 '입맛 나는 약'으로 너무 쉽게 팔리고 있습니다. 최근 한 조사에서도 북쪽 일부 결핵 요양소 환자들은 이소니아지드와 리팜피신이라는 대표적인 결핵약에 각각 93.4%, 77.0%의 내성을 가지고 있는 것으로 나타났습니다. 한마디로 기존 결핵약으로는 치료가 안 된다는 의미입니다.

그보다 큰 문제는 현재 부분적으로 유입되고 있는 2차 결핵 항생제의 부적절한 사용으로 이에 대한 내성을 가진 '슈퍼내성 결핵' 환자도 생겨나고 있다는 것입니다. 제대로 된 관리 체계가 없는 상황에서 발생하는 슈퍼내성 결핵은 결코 북쪽만의 문제가 아닙니다. 남쪽에도, 아니 전 세계적으로도 실로 핵만큼이나 심각한 문제라고 할 수 있습니다.

아시다시피, 이러한 결과는 그간 결핵 관련 통계와 관리 정책에 전면적인 개편을 요구합니다. 그동안 대규모로 이루어졌던 남북 간 결핵교류 사업 역시 그 책임에서 자유로울 수 없습니다. 좋은 뜻으로 전한 결핵약이 오히려 독이 될 수도 있다는 것을 보여줍니다. 현재 결핵 신약개발을 빌미로 북쪽에서 시행되고 있는 임상시험도 다국적 제약회사의 이해에서 자유로운 전문가의 면밀한 검토가 필요합니다.

이런 상황에서 지난 2월 21일, 7년간 1억 300만 달러(약 1500억 원)를 들여 북쪽 결핵과 말라리아 치료 사업을 지원해 오던 '에이즈, 결핵, 말라리아 퇴치를 위한 세계기금'이 사업 종료를 선언했습니다. 더욱이 이번 세계결핵보고서는 북쪽의 다제내성결핵 환자 중 48%가 만성적인 영양부족 때문에 결핵에 걸렸다고 밝히고 있는데, 최근 북한에 대한 경제제재는 다제내성 결핵 환자의 만연이라는 비인도적 결과를 초래할 수 있습니다.

장준상 보건상님.

결핵 사업처럼 고도의 전문성이 필요한 사업은 정부와 전문가, 그리고 국제적 협력을 통해서만 해결할 수 있습니다. 특정 소규모 민간단체에 맡길 수 있는 일이 절대 아닙니다. 다행스럽게도, 예전에 만난 북쪽 현장 보건 일꾼들의 정성과 헌신을 잘 알고 있습니다. 더욱이 남쪽에는 결핵에 관한 한 미국을 비롯한 어떤 나라보다 경험과 실력이 출중한 최고의 전문가, 전문 시설, 장비가 있습니다.

4월 말 남북정상회담 때까지 기다릴 것도 없이, 우리 남북의 결핵 전문가들이 먼저 남북 '핵' 문제 해결을 위한 회의를 개최합시다. '결핵(結核)' 회담 말입니다. 이 시간에도 결핵으로 고통받고 있는 이들을 생각하면, 이는 하루가 급한 사안입니다. 북쪽의 '통 큰' 결단과 신속한 답장을 기다리고 있겠습니다.

장준상 북한 보건상께―또 하나의 북한 핵
〈한겨레〉, 2018. 3. 12.

기차는 두 개의 레일 위를 달린다

기차는 두 개의 레일 위를 달린다. 그 두 레일 사이 거리를 일정하게 잡아주는 것이 '침목(枕木)'이다. 이 침목이 없다면 기차는 서버리거나 탈선하고 만다. 최근 남북관계의 대규모 교류 협력에 다들 마음이 바쁘다. 잠재 가치 3000조 원에 달하는 광물 이야기가 나오고 철도, 항만, 특구 등의 개발 손익을 따지기 시작했다.

걱정이다. 남북관계를 돈이 이끌면 반드시 탈이 난다. 그 문제들은 다시 남북관계를 경색시키는 악순환을 일으킬 가능성이 크다. 정부와 민간단체 간, 남북 정부 간, 남북 주민 간 오해와 반목이 생길 가능성도 크다. 벌써 가슴이 조마조마하다.

2010년 아이티는 대지진으로 큰 재난을 당했다. 이후 무질서한 국제 지원이 두 번째 재난을 낳았고, 두 번째 재난이 첫 번째 재난보다 더 고통스러웠다고 한다. 반면, 2011년 일본 후쿠시마 원전 사태 때는 달랐다. 일본은 국제사회에 자신이 '필요한 물건'을, '필요한 때'에, '필요한 방식'으로 지원해 줄 것을 요청했고 비로소 국제 지원은 큰 힘을 발휘했다.

교류협력은 좋은 마음만으로는 부족하다. 결핵이 좋은 예이다. 남북 간 교류가 가장 많이 이루어진 분야 중 하나가 결핵이다. '에이즈, 결핵, 말라리아 퇴치를 위한 세계기금'도 2010년이후 1000억 원이 넘는 액수를 북한 결핵 퇴치를 위해 사용했고, 국내외 여러 민간단체도 많은 양의 결핵약을 북한에 보냈다. 하지만 퇴치 노력은 성공을 거두지 못했다. 북한은 여전히 결핵이 많은 세계 30개 나라 중 하나이고, 게다가 결핵약에 내성을 가진 환자 수도 세계에서 제일 많은 30개 나라 중 하나가 되었다. 뜻은 좋았지만, 질서를 잃어서 생긴 일이다. 결핵약 지원과 같은 고도의 전문성과 관리 능력이 필요한 일은 남북 정부가 책임을 지고 행하는 것이 맞다. 민간단체는 결핵약보다는 환자의 영양이나 시설 개선에 힘쓰는 것이 좋다. 서로 잘하는 것으로 역할을 나누는 질서 있는 협력을 해야 성공할 수 있다.

남북교류 활성화로 북쪽 감염병이 남쪽으로 올까 걱정하는 목소리도 들린다. 세균엔 국경이 없으니 일견 맞는 말이다. 하지만 불필요한 오해와 차별을 낳을 수도 있다. 면역력 면에서 보면 북쪽 주민이 남쪽 주민보다 더 취약하다. 고립되어 살았고 영양상태도 좋지 않아서다. 오히려 남쪽 주민이 북쪽 주민에게도 전염병을 옮길 수 있고, 그 경우 북쪽 피해가 더 클 수도 있다.

지나친 걱정도 병이다. 조심해야 하는 것은 분명하지만, 관계가 좋아 몇만 명이 남북을 오가던 지난 시절에도 심각한 감염병 문제는 없었다. 앞으로는 그때보다 더 규모가 크고 긴밀한 남북 주민 간 접촉이 이루어지겠지만, 남북 정부 간 협력 또한 과거보다 더 긴밀해질 것이다. 남북 정부가 서로 잘 협력한다면 이 문제를 너무 걱정하지 않아도 된다.

다시 말하지만, 그래서 질서가 중요하다. 남북관계에 돈만 앞서서는 안 된다. 경제교류가 야기할 문제들을 사전, 사후에 막을 수 있는 사회안전망 구축이 함께 가는 '질서' 있는 교류가 돼야 한다. 남북 정부 간, 전문가 간 긴밀한 협조 관계가 먼저 구축되어야 하고 남북 정부, 민간 부문, 국제사회 간의 역할을 합리적으로 조정할 조직의 설치도 중요하다. 뜨거운 열정도 중요하지만, 그 열정이 차가운 이성과 '함께' 달리도록 해야 한다. 그래서 지금 우리에게는 '두 개의 레일 전략(two rails strategy)'이 필요하다. 이쯤에서 다시 한번 명토 박아 두자.

"기차는 두 개의 나란한 레일 위를 달린다."

〈한겨레〉, 2018. 5. 17.

장마전선과 염원

한반도에 불어오는 평화의 바람에 많은 이들이 가슴 설레
하며 밤잠을 설치고 있다. 그 평화체제를 구체화하기 위해 판
문점 선언 직후인 2018년 6월 1일을 시작으로 남북고위급회담
과 군사당국자회담이 열리고 남북공동연락사무소 설치, 이산
가족 상봉, 식목 사업, 체육 교류 등의 논의가 진행 중이다. 반
가운 일이 아닐 수 없다. 그런데 중요한 것이 하나 빠져 있다.
보건의료 고위급회담이다. 이 시점에 중요하지 않은 사안이 어
디 있으랴만 남북한 주민의 건강만큼 중요하고 시급한 일이 없
기 때문이다.

2018년 6월 22일 대한예방의학회와 한국역학회가 주관한
'평화의 시대 남북 보건의료 협력과 발전 방향 심포지엄'에서
는 놀랄만한 남북한 보건 문제들이 발표되었다. 기모란 국립암
센터 교수의 연구에 따르면, 북한 주민 중 감염으로 죽는 사람
이 인구 10만 명당 95.6명에 달할 뿐 아니라 그중 결핵으로 인
한 사망률이 57.1%나 되고, 결핵 신고 환자 수는 세계 최고 수

준이다. '에이즈, 결핵, 말라리아 퇴치를 위한 세계기금'의 지원 중단으로 문제는 더욱 심각해질 것이고 이는 말라리아도 마찬가지다. 또한 홍역과 같은 질병의 유행도 예상되어 조기 대응이 절실한 상황이다.

감염성 질환 문제만이 아니다. 박상민 서울대학교 의대 교수는 북한이 높은 질병 부담에도 불구하고 경제제재 등으로 보건의료 원조가 거의 이루어지지 않는 '외로운 섬'이 되어간다고 했다. 충분한 기초 약제와 장비를 안정적으로 제공하지 못하고 있어 북한 보건의료체계의 잠재역량이 거의 발휘되지 못하고 있는 것이다. 이로 인한 질병 부담은 현재뿐만 아니라 미래에도 한반도의 큰 짐으로 남을 것이다.

정해관 성균관대학교 의대 교수가 새롭게 공개한 북한의 환경 문제 역시 가슴을 답답하게 한다. 일부 남한보다 좋은 환경 지표도 있지만 북한의 환경 문제도 도긴개긴이다. 특히 실내 공기 오염, 공장지대 대기·수질 오염은 준재난적 상황이며, 남한 주민의 고통인 미세먼지 문제 역시 남북의 공조가 필요한 실정이다. 하지만 이혜원 서울의료원 교수의 〈남북 보건의료 협력의 어제와 오늘〉에 따르면 북한 보건의료 교류협력은 고장난 시계처럼 너무 오래 멈추어 있다.

이 때문에 보건의료 부문 고위당국자회담이 시급히 열려야한다. 일찍이 동·서독이 그랬던 것처럼 남북 당국자들은 우선적으로, 남북한 '감염병 유행과 재난 대비 핫라인'을 설치하고, 결핵·말라리아·홍역·조류독감·구제역 등 감염병 유행에 공동

대처하기 위해 머리를 맞대야 한다. 또한 추진하다 중단된 어린이 예방접종 사업, 모자보건 사업 등 보건의료 부문 협력사업 재개도 다루고, 개성 남북연락사무소 내 보건의료 담당 부서 설치와 재난 대응 공조체계 구축도 논의해야 한다. 무엇보다 남북 교류 활성화에 따른 보건협정 체결을 준비해야 한다.

남북한 보건의료협정에는 △남북 간 보건의료 정보 교환방식 △공동방역 협조체계 구축방향 △상호 왕래자에 대한 의료편의 제공 방식 △남북 보건의료 전문기관 간 교류와 협력방안 △재난이나 응급의료 수요 발생 시 공동 협력방안 △보건의료 관련 국제기구에서의 공동보조 및 협력에 관한 내용 등을 포함해야 한다.

보건의료 부문은 한반도 평화로 가는 '가장 안정적인 통로'이자 공동의 이익을 위해 서로 협력해야 하는 영역이다. 또한 보건의료 부문이 가장 먼저 '안전한 길'을 내는 선제적인 역할을 해야 한다. 돈만 앞서는 남북교류가 되지 않도록 보건의료 부문이 번영과 사회안전망이 함께 달리는 '두 개의 레일 전략'의 견고한 한 축이 되어야 한다.

북상 중인 장마전선이 중부지방까지 올라왔다. 평화의 시대가 시작된 만큼, 남북의 공조를 통해 이번만큼은 한반도에서 홍수 피해를 당하는 이들이 없도록 해야 한다. 다른 어떤 문제보다 지금 이 시각에도 영양 부족과 의약품 부족으로 인해 가쁜 숨을 몰아쉬고 있는 어린이들과 환자들을 먼저 살려야 한다. 우리가 평화의 시대를 염원하는 이유가 그것이기 때문이다.

장마전선과 북한 의료

〈경향신문〉, 2018. 7. 1.

김정숙, 리설주, 펑리위안 여사께

북반구를 강타하고 있는 폭염 속에도 안녕하신지요? 저는 한반도 남쪽에 살고 있는 의사이자 교수입니다. 오늘은 급히 드릴 말씀이 있어 편지를 씁니다.

용건부터 이야기하자면, 세 분이 '아시아 어린이 기금(ACEF: Asia Children's Fund, 가칭)'의 설치와 운영에 앞장서 달라는 것입니다. 이 새로운 기금을 통해 지금 이 시각에도 영양실조와 질병으로 고통받고 있는 어린이들에게 희망이 되어주셨으면 합니다. 사실 이 아이디어는 제 머릿속에서 나온 것은 아닙니다. 얼마 전 남북교류 민간단체인 우리민족서로돕기운동의 강영식 사무총장이 '한반도 어린이 기금'을 제안하는 자리에 자문차 참석했다가 저는 그럴 바에야 차라리 '아시아 어린이 기금'으로 하자고 제안했습니다.

김정숙, 리설주, 펑리위안 여사님.

한반도 남쪽에서는 '어린이가 나라의 보배'라고 하고 북쪽에서도 '보물'이라고 합니다. 중국도 예외는 아니겠지요. 아시

다시피, 전 세계 14세 이하 어린이의 약 60%에 달하는 12억 명의 어린이가 아시아에 삽니다. 그리고 그중 상당수 어린이가 하루 한 끼를 걱정하고, 기본적인 예방접종과 치료도 받지 못한 채 너무 일찍 세상을 떠나고 있습니다.

얼마 전 발행된 유엔아동기금의 조사 결과와 '세계기아지수 2017'에 따르면 북한 어린이 170만 명이 치명적인 질병 위험에 노출돼 있고, 생후 6~23개월 어린이 중 최소 필요식을 섭취하는 비율이 26.5%에 불과한 것으로 나타났습니다. 5세 미만 발육 부진 상태의 아동 비율은 27.9%로 3명 중 1명이며, 량강도 지역에선 무려 31%에 달합니다. 2,500그램 미만인 저체중아로 태어나는 경우도 무려 5.7%나 됩니다. 시골 지역은 90%가 깨끗한 물을 먹지 못해 5세 미만 어린이 10명 중 1명이 심각한 설사 증세로 고생하고 있습니다. 결국 북한의 5세 미만 어린이 사망률은 출생아 1,000명당 20명으로 남한의 5.8배, 중국의 2배에 달합니다.

이런 절박한 상황인데도, 어른들은 핵이니 경제제재니 하면서 좀처럼 평화를 만들어내지 못하고 있습니다. 특별히 유엔의 경제제재가 북한에 대한 인도적 지원을 금지하지 못하게 명시하고 있지만, 북한 어린이들을 위한 기금 모집, 물품 구매, 선적, 배달이 거의 막힌 형국입니다. 대북제재의 명분이 평화, 인권, 인도주의인데 그런 경제제재가 오히려 북한 어린이의 인권을 침해하고 있는 역설적 상황입니다. 이러다간 1990년대 말이른바 '고난의 행군'이라는 대기근 참사가 재현될까 걱정입니다. 당시 추정 사망자 30만 명 중 대다수가 어린이였습니다. 이런 실패를 다시 반복해서는 안 됩니다.

김정숙, 리설주, 펑리위안 여사님.

지금 이 시각에도 배고픔과 질병에 시달리고 있는 북한의 어린이들을 기억해 주시기 바랍니다. 물론 '아시아 어린이 기금'은 북한 어린이만을 위한 것이 아닙니다. 아시아인의 따뜻한 연대를 통해 모든 어린이가 국적에 상관없이 행복할 수 있도록 하는 활동에 사용돼야 합니다. 하지만 한 치의 양보도 없이 언제 풀릴지 알 수 없는 대치 속 한반도에서 아무 잘못 없이 굶주리고 아파서 죽어가고 있는 어린이들에게는 시간이 너무 없습니다.

세 분이라도 먼저 나서주시기를 간절히 부탁합니다. 이러한 세 나라의 연대는 단순히 어린이들의 행복뿐만 아니라 황폐한 어른들의 전쟁놀이도 멈추게 하는 기적을 만들어낼지 모릅니다. 부디 세 분이 앞장서서 이 시간 고통받는 어린이들의 희망이 되어주시길, 그리고 평화의 마중물이 되어주시길 간절하게 부탁드립니다.

〈한겨레〉, 2018. 8. 6.

미국 유감

　김 형, 오늘은 요즘 제 마음속에 치밀어 오르는 감정 하나를 이야기하려 합니다. 저는 지난 15년간 보건의료 부문 남북 교류 사업에 직접 참여하기도 했고, 또 가까이에서 그 과정을 지켜봤습니다. 그러면서 마음속에 어떤 감정이 자라났습니다. 그것은 북한 못지않게 미국에 대한 섭섭함과 때때로 일어나는 미운 감정입니다.

　임시정부 수립 100주년이라는 뜻깊은 국가 행사도 포기하고 십여 시간을 날아간 대한민국 대통령을 미국이 홀대해서 그러느냐고요? 그것도 이유가 될 수 있겠지만 그것 때문만은 아닙니다. 그간 국제사회에서 제가 만난 미국은 한국의 평화, 안전, 이해에는 관심이 없었습니다. 오직 자국의 이익만이 있을 뿐이었지요. 집회 때마다 태극기와 함께 성조기를 들고 나가시는 분들께는 미안한 이야기이지만, 미국은 남한과 북한을 구별하지 않았습니다. 이른바 '원 코리아 정책'이 기본 입장이었지요. 그리고 보니 평생 북한 지원사업을 해온 한 인사가 미국 모

정치인과 함께 2박 3일 북한을 다녀왔는데, 그 미국 정치인에게 다음에 언제 또 북한을 방문하겠느냐고 물었더니 "내 인생에 한반도를 위해 쓸 시간을 이번에 다 썼다"고 대답했다는 말이 떠오르네요.

국제정치 전문가도 아닌 제가 뭘 아냐고요? 좋습니다. 이제 제 분야 이야기를 하지요. 2018년 2월 스위스 제네바에 위치한 국제단체인 '에이즈, 결핵, 말라리아 퇴치를 위한 세계기금(이하 세계기금)'이 지난 7년간 진행해 오던 북한 결핵과 말라리아 치료 사업 지원을 돌연 중단하겠다고 선언했습니다. 중단 이유로 사업의 투명성을 문제 삼았지만 그간 세계기금은 자체적으로 이들 사업이 H1(말라리아 사업), H2(결핵 사업)라는 높은 평가를 받았다고 자랑해 왔지요.

갑작스러운 결핵약 지원 중단 결정은 결핵 환자들에게는 청천벽력 같은 소식일 뿐만 아니라 결핵 치료의 중단은 결핵약의 내성 문제까지 야기한다는 점에서 실로 심각한 문제입니다. 더욱이 최근 휴전선 남쪽 지역에서 말라리아 유충이 다수 발견되는 상황에서 관련 사업의 중단은 북한만의 문제가 아닙니다. 국제사회에서는 이렇게 이해하기 힘든 세계기금의 결정이 북한에 대한 압박을 강화하고 있는 미국의 입김 때문 아니냐는 이야기가 흘러나왔습니다.

또한 얼마 전에는 보건의료 부문에서 4·27 판문점 선언과 9·19 평양 선언의 첫 결실이라 할 수 있는 20만 명분의 인플루엔자약이 끝내 휴전선을 넘어 북으로 가지 못하는 일이 벌어졌습니다. 유엔사령부가 약을 실어 나를 트럭의 방북을 허용하지 않아 전달이 늦어지고 있다는 기사가 나오더니, 결국 북쪽의 답변이 없다는 이유로 판문점 선언 이후 최초의 보건의료 부문 교류협력은 그렇게 중단되었습니다. 약을 실은 트럭의 이동을 문제 삼은 유엔사령부의 태도 역시 하노이 북-미 회담을 앞두고 북한에 대한 압박을 최대로 가하면서 대북 협상력을 높이려고 한 미국의 입김 때문이 아닌가 하는 이야기가 떠돌았습니다.

김 형, 지난겨울 저는 오랜만에 평양에 갔습니다. 모처럼 한반도에 불어오는 따뜻한 바람에 마음이 들떠 남북이 함께 하면 좋을 보건의료사업들에 대해 수다스러울 정도로 이것저것 늘어놓았지요. 그런데 제 이야기를 잠자코 듣고 있던 북쪽 인사가 이렇게 이야기했습니다. "신 선생, 그래 봤자 뭐 합네까? 어차피 미국이 못 하게 할 텐데." 그때까지만 해도 저는 그 말의 의미를 실감하지 못했습니다.

김 형, 약육강식이 지배하는 국제정치에서 약소국이 할 수 있는 일은 거의 없지만, 그래도 하나는 있습니다. 그것은 마음속에 분노를 품는 것입니다. 오래전, 있지도 않은 대량살상무기를 이유로 미군이 인류 문명의 기원지인 유프라테스강과 티그리스강 유역을 폭격했을 때 분노에 찬 한 팔레스타인 여인이 "그 대량살상무기는 바로 우리 마음속에 있다"고 소리쳤던 것을 저는 기억합니다. 그녀의 분노에 비하면 지금 제 마음속에 일어난 섭섭함과 미움은 작은 '씨앗'에 불과할지도 모릅니다. 그리고 미국에는 제가 좋아하는 많은 친구들이 있고 무엇보다 저는 찰스 강가의 붉은 석양, 월든 호숫가의 평화로움, 케이프 코드의 멋진 파도를 자주 그리워합니다.

　김 형, 저는 앞의 일들을 미국이 하지 않았길 빕니다. 또한 미국의 경제제재 때문에 더 이상 북한에 대한 인도적 지원과 한반도의 평화와 번영이 어려움을 겪지 않기를 바랍니다. 무엇보다 제 마음속에 뿌려진 이 미움의 씨앗이 싹을 터 큰 나무로 자라나지 않기를 진심으로 바랍니다.

<한겨레>, 2019. 5. 2.

"평화가 길이다"

오랫동안 일촉즉발하에 있던 한반도가 평화체제로의 전환을 시도하고 있다. 2018년 4월 27일, 분단 70여 년 만에 남북 정상은 처음으로 판문점 남쪽에서 만나 "한반도의 비핵화와 항구적 평화, 민족 공동 번영과 통일의 길로 향하는 흔들리지 않는 이정표"를 세우는 데 합의했다. 그러나 평화와 번영으로 가는 길은 그리 녹록하지 않을 것이다. 아마 "그 길에는 외풍과 역풍도 있을 수 있고 좌절과 시련"도 있을 것이다.

그럼에도 불구하고 우리가 한반도 평화체제 구축에 성공해야 하는 이유는 수없이 많다. 그중에서 평화가 보건복지 영역의 필수 불가결한 전제 조건인 주요 이유는 다음과 같다.

첫째, 평화의 반대말이라고 할 수 있는 전쟁은 개인과 집단을 철저히 파괴한다. 영국 소재 싱크탱크 국제전략문제연구소(IISS)가 발표한 연례 〈무력충돌 조사〉에 따르면 2016년 무력충돌로 인한 전 세계 사망자 수는 15만 7000명에 달한다. 이 중 시리아, 멕시코, 이라크, 아프가니스탄, 예멘, 소말리아, 수단,

터키 등 10개국의 사망자 수가 전체 사망자 수의 80%를 차지하고 있다고 한다. 또한 이 시간에도 약 36개 나라에서 무력충돌로 인한 피해가 지속되고 있다. 심지어 세계보건기구와 세계은행은 2020년까지 전쟁이 사망과 장애의 10대 원인이 될 것이라 추정하기도 했다.

전쟁 시 가장 큰 피해는 늘 어린이와 같이 가장 힘없는 이들의 몫이다. 유엔의 연례보고서 〈어린이와 무력분쟁〉은 예멘과 시리아, 이라크, 남수단 등에서 발생한 무력분쟁으로 1만 명 이상의 어린이가 죽거나 장애를 갖게 됐으며 아동 인권 위반 사례도 2만 건이 넘었다고 했다. 또한 예멘에서는 어린이 사상자 1,300명 가운데 최소 절반이 사우디아라비아와 아랍에미리트의 공격으로 목숨을 잃었고 남수단에서는 1,200여 명의 어린이가 징집돼 전장으로 내몰렸다고 보고했다.

둘째, 전쟁은 직접적인 사상자뿐만 아니라 대규모 난민을 양산한다. 7년 이상 지속되고 있는 시리아 내전은 이미 278만 명이 넘는 난민을 만들어냈고, 미얀마에서는 70만 명이 넘는 로힝야 난민이 발생하였다. 이들 난민은 도피 중 다수가 사망하고 강간, 납치 등 범죄에 노출되며, 이들이 임시로 거주하는 난민 수용소의 열악한 환경으로 인해 기아와 질병에 시달리고 있다. 이 문제는 이제 다른 나라만의 문제가 아니다. 최근 제주도로 들어온 예멘 난민은 한국 사회 내에서도 심각한 갈등을 야기하고 있다.

셋째, 전쟁과 전쟁 준비 비용은 삶의 질 향상을 위한 재원을 고갈시킨다. 전쟁 비용을 말할 것도 없이 국가 간, 사회 내 갈등이 심해질수록 전쟁 준비 또는 대비 비용은 급격히 증가한다. 한국의 복지 지출은 경제협력개발기구 평균의 절반에도 미치지 못하지만, 군사비 지출은 세계 10위에 해당한다. 남한은 이미 국방비와 전력 면에서 북한에 대해 압도적 우위에 있음에도 매년 국방비를 증액해 왔으며 2018년 국방 예산은 전년 대비 7% 증가한 43조 1581억 원에 달하고 있다.

이 중 약 절반에 해당하는 20조 원만 줄여도 우리나라 재난적 의료비 문제를 해결하는 데 필요한 돈을 충당하여 사실상 무상의료가 가능하다. 또한 이 금액은 기존 기초생활보장, 노인 복지 예산의 2배, 보육·가족 및 여성 예산의 4배에 해당한다. 한 나라가 가진 총자산이 한정되어 있는 만큼, 과도한 군사비 지출은 보건복지 예산의 축소와 동전의 양면인 셈이다. 더욱이 군사비의 증가는 그 자체가 국가재정의 부담일 뿐만 아니라, 오래전 드와이트 아이젠하워 미국 대통령이 경고했듯, 이른바 '군산복합체(military-industrial complex)'를 만들어 지속적인 군사 충돌과 긴장을 일상화한다. 이미 한국도 군산복합체의 영향에서 자유롭지 않은 나라가 되었다. 더욱이 최근, 당사자들은 해프닝이라 주장하지만, 한국의 한 대학교가 "인공지능 무기를 개발하겠다"는 표현을 사용하자 해외 저명 로봇학자 50여 명이 해당 대학교와의 연구 협력을 전면 보이콧하겠다고 선언했었다.

넷째, 전쟁은 상호 연대의 정신을 파괴하고 학문에 있어서도 자유로운 상상과 시도, 특별히 복지국가로의 이행을 제한한다. 실제로 냉전, 분단, 한국전쟁으로 이어지는 역사는 한국 사회에서 "'반공'과 '개발'을 어떤 현실 정치세력도 거스를 수 없는 초월적 이념"이 되게 함으로써 보건의료 부문을 포함하여 복지국가로의 발전 가능성을 차단하였다.

그 밖에도 전쟁으로 인한 개인과 국민 삶의 피해는 이루 말할 수 없이 많다. 결론적으로, 전쟁이야말로 보건복지의 궁극적 목표라 할 수 있는 '인간 안전보장(human security)'의 진정한 '적(敵)'이다. 그런 점에서 평화학자인 요한 갈퉁은 "안전으로 가는 길은 평화를 통해 이루어진다"고 하였다.

현재 한반도는 분단과 한국전쟁 이후 최고의 전쟁 위기를 지나 이른바 새로운 평화복지 체계로의 전환을 시도하고 있다. 한반도의 평화는 단지 한반도만의 문제가 아니라 인류 평화의 문제이기도 하다. 더욱이 전술한 바와 같이 평화는 보건복지의 전제(前提)이자 그 자체이다. 매일 비처럼 쏟아지는 폭탄 아래에서 가쁜 숨을 내쉬는 이들이 있는 한, 보건복지 분야 종사자들은 그 역할을 다했다고 할 수 없다. 따라서 모든 보건복지 분야 학자, 전문가, 활동가들은 무엇보다도 먼저 평화주의자여야 하며, 또한 평화를 만들고 지키는 데에도 전문가가 되어야 한다. 실제로 2001년 개최된 "건강을 통한 평화" 회의에서는 전쟁이 질병처럼 1차 예방(조기발견), 2차 예방(조기치료), 3차 예방(사회재활)이 될 수 있음을 확인하고 "건강을 통한 평화"를 보건의료 분야 전문가들의 교육·훈련 과정에 포함시킬 것을 제안하기도 했다.

결론적으로 모든 보건복지 전문가들은 전쟁의 예방과 조기

종식, 치유를 자신들의 과제로 삼음과 동시에 작금 한반도 평화 체제로의 전환에도 힘을 모아야 한다. 그러나 평화로운 세계와 한반도를 이루는 것은 지난한 과정이 될 것이다. 이럴 때 우리는 스스로 굳은 마음을 다지게 하는 말이 필요하다. 미국의 진보적 노동운동가이자 평화운동가 아브라함 머스티의 말이다.

"평화로 가는 길은 없다. 평화가 길이다.(There Is No Way to Peace, Peace Is the Way)"

〈보건사회연구〉, 2018년 6월

참고 문헌

문재인. (2018.4.27.). 판문점 선언 모두발언.
김정은. (2018.4.27.). 판문점 선언 모두발언.
IISS. (2017). Armed Conflict Survey 2017.
Lopez, A. D., & Murray, C. C. (1998). The global burden of disease, 1990 – 2020. *Nature medicine*, 4(11), 1241.
MacQueen, G., Santa-Barbara, J., Neufeld, V., Yusuf, S., & Horton, R. (2001). Health and peace: time for a new discipline. *The Lancet*, 357(9267), 1460-1461.
UNSG. (2018). Annual Report of the Secretary-General on Children and Armed Conflict (CAAC).
송은철, & 신영전. (2015). 재난적 의료비 예방을 위한 포괄적 의료비 상한제. 〈보건사회연구〉, 35(2), 429-456.
신영전, & 김진혁. (2014). 최응석의 생애: 해방직후 보건의료체계 구상과 역할을 중심으로. 〈의사학〉, 23(3), 469-511.
윤홍식. (2015). 반공개발국가를 넘어 평화복지국가로: 역사와 전망. 〈시민과 세계〉, (27), 57-106.

경계: 경계를 넘어

6장

동그라미를 그리는 것은 마술과도 같은 작업이다.

빈 칠판에 동그라미를 그리는 순간 갑자기 칠판에는

'안'과 '밖'이라는 매우 정치적인 이차원 공간이 만들어진다.

동그라미 그리기는 필연적으로 피아의 구분을 만들어낸다.

이른바 아군과 적군이 탄생하는 것이다. 그리고 역사상

이 동그라미가 만들어낸 가장 호전적이고 적대적인 경계가

바로 민족과 국가 간 경계이다.

국경을 넘는 방법

인터넷에 '세계시민(world citizen)' 또는 '코즈모폴리턴(cosmopolitan)'을 쳐보면 많은 이름이 등장한다. 스스로 세계시민 여권을 만들어 여러 나라를 여행하였던 게리 데이비스(물론 그는 종종 감옥으로 직행해야 했다)와 토머스 페인, 카를 마르크스, 알베르트 아인슈타인 등이 코즈모폴리턴의 족보에 올라있다.

최근 국내에서 국제보건에 대해 관심을 가지는 이들이 많아졌다. 그들과 이야기해 보면 자주 등장하는 말이 '국경을 넘는 인류애나 인도주의'이다. 실로 코즈모폴리터니즘의 핵심적인 이념과 일치한다. 하지만 "당신은 자신의 조국에 손해가 되더라도, 또 자신의 종교적 신념에 반하더라도 도움을 필요로 하는 이들을 돕겠습니까?"라고 물어보면 흔쾌히 답하지 못한다. 물론 이 질문에 기꺼이 "예"라고 대답하는 코즈모폴리턴이 되지 못했다고 해서 국제보건 부문의 전문가가 되지 못하는 것은 아니다. 오히려 그 반대일지 모른다. 내가 만났던 국제보건 관련 전문가 10명 중 8~9명은 기본적으로 국제사회에서 자국의 이해를 대변하거나 개인의 종교적 신념을 가지고 활동하는 이들이었다. 또 어쩌면 그렇기 때문에 국제보건 영역에서 상당한 지위와 영향력을 가질 수 있었던 사람들이었다. 하지만 자신의 조국에 손해가 되거나 자신의 종교적 신념에 반하면 협력이나 지원을 하지 않는 그런 활동을 '국경을 넘는 인류애나 인도주의'라고 부르기 어려운 것 역시 사실이다. 더욱이 이러한 정치적, 경제적, 종교적 이해에 기반을 둔 국가 간 협력과 지원이 빈곤국의 요구와 이해를 적절하고 공평하게 반영할 수 있을까? 나는 이것이 현실에서 국제보건이 가지고 있는 핵심적인 딜레마라고 생각한다.

그러면 어떡할 것인가? 특별히 세계시민적 입장에서 국제보건활동을 하고자 하는 이들은 무엇을 해야 할까? 세계시민주의적 입장을 떠난 모든 국제보건 활동은 중단되어야 한다는 주장은 멋있고 때론 필요하지만 그 실효성이 매우 적은 것도 사실이다. 이러한 상황에서 필요한 일은 우선, '국경을 넘는 인류애나 인도주의'에 기반을 둔 활동과 그렇지 않은 활동을 구별하는 일이다. 특별히 후자이면서 전자인 양 포장되는 것들의 실체들을 밝혀내는 일이 필요하다. 이것은 자신의 활동에 대한 자신의 오독을 넘어서는 것도 포함한다. 그다음으로 해야 할 일은 국제보건 관련 활동들을 가급적 전자의 성격을 가지도록 견인하는 것이다.

이쯤에서 등장하는 또 한 명의 세계시민이 있다. 바로 임마누엘 칸트다. 그는 국제 현실을 국가와는 다르게 헌법과 같은 자기통제 장치를 가지지 못한 '야만의 무법상태'로 간주했고, 따라서 영구적인 세계평화를 위해서는 한 국가 내에서 요구되는 수준보다 더 높은 수준의 도덕성이 필요하다고 주장했다. 나는 이 '높은 도덕성'이 정치적 이념의 좌우에 상관없이 세계시민이 가져야 할 최소한의 자격 조건이라고 생각한다.

그리고 바라기는 현실의 엄정함에도 불구하고, 이러한 세계시민의 정신으로 무장한 전문가들이 더 많이 생겨나 국제보건의 골간이 되어주기를 소망한다. 그런 의미에서 오늘도 국경을 넘어서는 국제보건 전문가를 꿈꾸는 이들에게 세계시민 중 한 사람인 구루 니티아 차이타냐 야티의 말을 전하고 싶다.

"세계시민은 진리의 기반, 보편적 지식, 모든 가치의 근원적 토대에 복무한다."

국경을 넘는 국제보건전문가를 꿈꾸는 이들에게:
세계시민 또는 코즈모폴리턴의 기원, 자격, 과제
한국국제보건학생연합회, 2011년

'경계'를 넘어 '관계'로

1.

국제보건 강의를 마칠 때면, 나는 학생들에게 (조금 유치하긴 하지만) 이렇게 이야기하곤 한다.

"오늘은 국제보건 강의 마지막 날입니다. 이제 한 학기 동안 여러분이 국제보건을 잘 공부했는지 알아보려 합니다. 여러분의 손바닥에 동그라미를 그려보세요."

그러면 학생들은 갸우뚱하며 손바닥에 동그라미를 그린다. 어떤 학생들은 손이 더러워지는 것이 싫어 그리는 시늉만 하고, 어떤 학생은 조그맣게, 또 어떤 학생은 큰 동그라미를 그리고는 다시 나를 말똥말똥 쳐다본다.

"잘했어요. 그럼 그 동그라미 한가운데 여러분이 있다고 생각해 보세요. 그 옆에 여러분의 가족들도. 됐나요? 자, 그럼 다시 한번 그 동그라미 안을 들여다보세요. 에이즈 감염으로 힘들어하는 부르키나파소의 임산부 야야, 배고픔 때문에 해적이 된 소말리아 청년 마흐디, 노동 착취에 힘들어하는 방글라데시 어린이 나즈믈, 오랫동안 배를 곯아 키가 작은 북한 청년 리철. 그들이 그 동그라미 안에 있나요, 아니면 밖에 있나요? 만약 그들이 여러분의 가족과 함께 그 동그라미 안에 있다면 여러분은 이미 훌륭한 국제보건 전문가의 기본 자질을 갖추게 된 것이고 저는 이번 강의의 학습 목표를 달성한 겁니다."

2.

동그라미를 그리는 것은 마술과도 같은 작업이다. 빈 칠판에 동그라미를 그리는 순간 갑자기 칠판에는 '안'과 '밖'이라는 매우 정치적인 이차원 공간이 만들어진다. 개인의 일상과 공적 공간에서도 이렇게 안과 밖을 구분하는 수많은 동그라미가 만들어지고 있다. '너' '우리 가족' '동문회' '동호회'에서 시작하여 '우리 민족' '우리나라'에 이르기까지 그 크기와 내용은 매우 다양하다. 사람들이나 조직이 동그라미를 그리는 이유는 일차적으로 그 동그라미 속 '우리 편'을 통해 단결, 편안함, 안전망, 자부심 등을 얻으며 더 나아가 외부에 힘을 과시하고 외부의 위협에 대처하는 데 효과적이기 때문이다. 하지만 이 동그라미가 반드시 바람직한 결과만 만들어내는 것은 아니다. 동그라미 그리기는 필연적으로 피아의 구분을 만들어낸다. 이른바 아군과 적군이 탄생하는 것이다. 그리고 이 동그라미가 만들어낸 역사상 가장 호전적이고 적대적인 경계가 바로 민족과 국가 간 경계이다.

3.

2013년 7월 24일, "민족국가가 없으면 전쟁은 없다. 민족과 국가에 대한 충성은 집단적 자살 서약"이라 외치며 그 경계를 부정했던 게리 데이비스란 '괴짜' 사나이가 91세를 일기로 영면했다. 제2차 세계대전 때 징집되어 미 육군 B17 폭격기를 몰아 독일 폭격에 참여하기도 했던 그는 전쟁이 끝난 후 미국 국적을 포기하고 스스로 세계시민임을 선언했다. 1948년 11월 파리에서 열린 유엔 총회 회의장에 들어가 전 인류가 "세계정부만이 줄 수 있는 평화"를 필요로 한다고 외쳤고 이런 그의 주장은 전 세계적 반향을 일으키기도 했다. 1954년 마침내 그는 웹사이트 '세계시민정부'를 설립하여 여권, 신분증, 출생 및 결혼 증명서를 자체 발급하기 시작했다. 최근까지 이 웹사이트에는 95만 명이 세계시민으로 등록되어 있으며 50만 명이 넘는 사람들에게 여권을 발급했다고 한다. 데이비스 그 자신도 자신이 직접 만든 이 여권을 들고 세계를 여행하였고 종종 출입국 위반으로 체포되어야 했다. 일부 보도에 따르면 그는 최근 피

신 중인 위키리스크 설립자 줄리언 어산지와 전직 미 중앙정
보국(CIA) 직원으로 미국 정부가 여러 다른 나라의 개인정보를
불법으로 감시하고 있다고 폭로한 에드워드 스노든에게 세계
정부의 여권을 전달했다고 한다. 1986년 그는 국적 없이 워싱
턴 시장 선거에 나서기도 했고 1988년에는 미국 대통령 선거
에 출마하기도 했다.

　어떻게 보면 마치 괴팍한 비현실주의자, 이상주의자처럼
보이는 데이비스의 이런 생각과 행동은 어디에서 비롯되었을
까? 1921년 미국에서 부유한 오케스트라 지휘자의 아들로 태
어나 브로드웨이 뮤지컬 배우 생활도 했던 그에게 제2차 세계
대전 중 겪은 친형의 죽음과 그 자신이 폭격기의 조종사로서
가해자가 되었던 경험은 매우 고통스러운 기억으로 자리 잡았
고 마침내 그를 행동하게 만들었던 것으로 보인다. 실제로 그
는 그의 저서《나의 조국은 세계입니다 *My Country Is the World: The
Adventures of a World Citizen*》에서 "내가 얼마나 많은 폭탄을 투하
했고, 과연 얼마나 많은 남녀, 어린이들을 죽였을까? 과연 다른
방법이 없었을까?"라고 자문하고 있다. 또한 그는 그보다 일찍
비슷한 생각을 가지고 있었던 헨리 노엘에게도 영향을 받은 것
으로 보인다.

　그의 주장과 행동이 얼핏 비이성적으로 보이기는 하지만,
그의 주장은 적어도 심정적으로나마 전 세계 많은 이들의 지지
를 얻고 있고, 이제 그는 '민족'과 '국가'의 이름으로 자행되는
수많은 폭력에 반대하는 평화운동과 코즈모폴리터니즘의 중요

한 상징 중 하나가 되었다. 그런 그가 얼마 전 미국 버몬트의 호스피스 병동에서 숨을 거둔 것이다.

4.

하지만 이쯤에서 우리가 잊어서 안 되는 것은 국경을 넘어 코즈모폴리턴 또는 세계인을 꿈꾼 사람은 데이비스만이 아니라는 사실이다. 이미 2,000년도 훨씬 전에 견유학파의 디오게네스와 '만인의 스승' 소크라테스는 스스로 자신이 아테나 시민도 그리스 국민도 아니라 '세계시민'이라고 선언하였다. "나의 나라는 세계다. 모든 인류가 나의 형제이며 나의 종교는 선을 행하는 것이다"라고 말했던 미국의 건국공신 토마스 페인도, "노동자에게는 조국이 없다"라고 외쳤던 카를 마르크스도 세계시민사에서 중요한 인물이다. 세계 공통어인 에스페란토 운동을 전개했던 폴란드 안과의사 라자루스 자멘호프도 빼놓을 수 없다. "권력을 가진 국가가 있는 한 전쟁은 피할 수 없다. 세계정부의 건설 없이 인류와 문명의 구원은 없다"고 말한 알베르트 아인슈타인의 이름을 뺀다면 그는 저승에서도 화를 낼지 모른다.

데이비스와는 좀 다른 방식으로 국경을 넘는 활동의 상징이 된 조직이 있다. 내가 아는 한 가장 멋있는 이름을 가지고 있는 비정부단체, 국경없는의사회가 그것이다. 국경없는의사회는 국제 인도주의 의료 구호 단체로서 1971년 나이지리아 내전으로 발생한 기아 문제를 해결하기 위해 프랑스 의사와 언론인이 힘을 합쳐 설립했다. 이 단체는 현재 3만 명 이상이 70여 개 국가에서 분쟁, 질병, 영양실조, 자연재해, 인재에 고통받는 사람들과 의료 혜택을 받지 못하는 사람들에 대한 긴급 구호 등의 활동을 전개하고 있다.

그럼 한국에서 국가, 민족의 경계를 허무는 이들은 누구일까? 아마도 다양한 공간에서 다양한 방식으로 그 경계를 지우며 살아가는 많은 이들이 있을 것이다. 하지만 두 사람이 제일 먼저 또 오른다. 첫 번째는 문익환 선생이다.

"난 올해 안으로 평양으로 갈 거야 / 기어코 가고 말 거야 이건 / 잠꼬대가 아니라고 농담이 아니라고 / 이건 진담이라고 …… 뱃속 편한 소리 하고 있구만 / 누가 자넬 평양에 가게 한대 / 국가보안법이 아직도 시퍼렇게 살아있다구 …… 이 땅에서 오늘 역사를 산다는 건 말이야 / 온몸으로 분단을 거부하는 일이라고 / 휴전선은 없다고 소리치는 일이라고 / 서울역이나 부산, 광주역에 가서 / 평양 가는 기차표를 내놓으라고 / 주장하는 일이라고 …… 평양 가는 표를 팔지 않겠음 그만두라고 …… 난 걸어서라고 갈 테니까 / 임진강을 헤엄쳐서라도 갈 테니까 / 그러다가 총에라도 맞아 죽는 날이면 / 그야 하는 수 없지 / 구름처럼 바람처럼 넋으로 가는 거지"*

누구는 문익환 선생을 오히려 민족이라는 동그라미를 진하게 그리려는 민족주의자라고 이야기할지도 모른다. 하지만 나는 그의 '민족'이 한반도라는 좁은 땅에 국한한 것이었다고 보지 않는다. 오히려 그는 이데올로기가 만들어낸 인류사상 가장 적대적인 두 동그라미의 경계를 부정하고 몸을 던져 그것을 지우려 했던 이로 기억해야 할 것이다. 더욱이 무엇보다 문익환 선생은 '경계를 허무는 것'이 '역사를 사는 것'이며, 그 길을 가는 것이 '총에 맞아 죽더라도 넋으로라도 가'야 하는 지난한 길임을 보여주었다.

두 번째로 생각나는 이는 함석헌 선생이다. 그는 《뜻으로 본 한국역사》에서 다음과 같이 이야기했다.

"한국을 외톨로 서 있는 한국으로만 알아서는 참 알았다 할 수가 없고 반드시 세계 전체와 산 관련을 가진 것으로 알아서만. 세계역사의 안에서 그 자리를 발견해서만 비로소 바로 알았다 할 수 있다. …… 그러므로 우리는 우리나라에 대한 관심이 깊으면 깊을수록 늘 세계의 한국, 우주의 한국임을 잊어서는 안 된다. 우주, 인생의 근본을 찾는 종교적·철학적인 마음의 태도를 내버리고 다만 나라와 나라 사이에 오가는 정치적·경제적 문제에만 정신을 빼앗기면서 나라를 하겠다는 것은 마치 높은 데 올라가지 않고 집터를 잡겠다는

★   문익환, 《두 손바닥은 따뜻하다》(사계절, 2018)

것과 마찬가지다."*

그러면서 그는 "역사는 하나"라 이야기한다. 역사관에서 이보다 더 큰 울림이 있는 정언이 있으랴!

5.

1997년 유네스코 성명에서도 언급한 바와 같이 "유전적으로 동질적인 인구집단이라는 의미에서 순수한 인종이란 오늘날 인간의 종(human species)에 존재하지 않으며, 과거에 존재했었다는 증거도 없다." 민족도 마찬가지이다. 인종이든 민족이든 그것은 사회적이고 이데올로기적인 합의의 반영일 뿐이다. 그렇다면 민족에 근거한 민족국가도 마찬가지이다. 하지만 유감스럽게도 인종, 민족, 국가는 현실 세계에서 여전히 가장 강력하게 작동하는 권력이다.

인류 역사상 수많은 전쟁이 있었고 그중 제2차 세계대전 사망자 수만 해도 그 수가 약 6000만 명에 달한다. 또한 지난 100년간 집단 학살의 희생자가 된 사람들은 모두 1억 7500만 명으로 알려져 있는데, 이들 중 대다수가 인종, 민족, 국가의 이름으로 행해진 것이었다. 따라서 데이비스의 말대로 민족국가가 없으

★   함석헌, 《뜻으로 본 한국역사》(한길사, 2009)

면 전쟁은 없을 수 있으며, 따라서 그 국가의 경계를 해체하는 것이 인류의 영구적 평화를 보장하는 거의 유일한 길인지도 모른다. 그러나 이런 매력적 주장이 현실 세계에서 아직 승리하지 못하고 있는 것도 사실이고 그 길 또한 요원해 보인다.

무엇보다, 굳이 토머스 홉스의 '리바이어던'까지 들먹이지 않더라도 근대는 결국 주체의 확립이고 주체는 기본적으로 자율적인 존재이므로 주체 간 갈등을 낳을 수밖에 없는데, 국가는 이러한 개인들의 조화를 위해 불가피하게 존재할 수밖에 없다는 주장은 여전히 설득적이다. 또한, 최근 들어 국가의 힘은 더욱 막강해지고 여기서 더 나아가 그중에서도 미국으로 대변되는 몇 개 국가는 그 존재 자체가 법과 정의인 양 행세하고 있다. 아울러 초국적 거대 자본이 국경을 넘어 힘이 약한 국가의 주권을 초토화하는 광경은 이제 너무나 분명한 현실이 되었다. 이러한 상황에서 일부 학자들은 초국적 자본의 횡포에 대해 일부 저항할 수 있는 근거지로 국가가 중요하다는 주장에 동조하고 있다.

재레드 다이아몬드는 인류문명의 발달 동력에 대한 관찰을 통해 "혁신은 분열이 최적에서 중간 정도에 머문 사회에서 가장 빠르게 일어나고, 지나치게 통합되거나 너무 분열된 사회에서는 불리하게 작용한다"고 결론지었다. 소위 '최적분열의 법칙'이 그것이다. 또 많은 이들이 세계화 이후 전 세계 어디에 가도 '맥도날드'와 '스타벅스'가 보이고 저마다의 고유한 모습을 지키기보다는 인류 전체 삶의 모습이 서로 비슷비슷해지는 것을 목격하며 문화적, 생태적 다양성의 말살에 대해 우려하고 있다. 그러면 어떡할 것인가? 결국 데이비스의 죽음은 그저 한 비현실적 이상주의자의 죽음일 뿐이었을까?

6.

게리 데이비스로 상징되는 코즈모폴리턴이 꿈꾸는 세상은 국가라는 경계를 사이에 두고 벌이는 상호 적대적 관계에 대한 문제 제기이며, '민족'이나 '국가'가 다른 민족이나 다른 국가의 국민에게 폭력을 행사할 근거가 되지 못하고 또 그렇게 해서도 안 된다는 것이다. 그들이 개개인과 작고 큰 공동체의 자율성, 문화적·생태적 다양성까지 부정하는 것은 아닐 것이다. 또한 부정해서도 안 된다. 따라서 적대적이고 착취적인 경계의 해체를 요구하는 이들의 주장은 단순히 무조건적인 국경의 해체보다 그 경계의 의미를 변화시키는 것이 되어야 한다.

세계시민 중 한 사람인 구루 니티아 차이타냐 야티는 "세계시민은 진리의 기반, 보편적 지식, 모든 가치의 근원적 토대에 복무한다"고 말한다. 나는 이 말의 진정한 의미는 코즈모폴리턴이 지향하는 세계가 국경과 모든 경계들을 허물어 이 세상을 획일화한 균질제를 만드는 것이 아니라 인권과 같은 인류의 보편적 규범이 민족과 국가라는 경계보다 우선하는 세상이 되어야 한다는 것이라 믿는다. 하지만 이것만으로는 충분하지 않다. 이러한 보편적 가치 위에서 "개인을 포함하는 모든 동그라미는 연대함과 동시에 점점 더 다르게 되어야 한다." 이는 기존 코즈모폴리터니즘이 다소 단순해 보이는 '경계론'에서 보편적 가치에 기반을 둔 평화와 연대의 '관계론'으로 발전적 전환을 시도하는 것을 의미한다.

이렇게 발전된 코즈모폴리터니즘은 여전히 그 단초를 제공한 데이비스의 헌신적 삶에 경의를 표해야 할 것이다. 또한 그의 죽음이 코즈모폴리턴 운동의 한 세대가 끝나고 새로운 세대가 출발했음을 알리는 상징적 계기가 되어야 할 것이다. 아마도 국경 없는 천국에서 그는 그것을 기쁜 마음으로 바라보고 있을 것이다.

세계시민 게리 데이비스: '경계'를 넘어 '관계'로

〈써알의 소리〉, 2013년 9·10월

오시비엥침으로 가는 길

학회차 폴란드를 다녀왔습니다. 학회 일정 중에는 오시비엥침 참관도 포함되어 있었습니다. 오시비엥침은 아우슈비츠의 폴란드식 이름입니다. 폴란드인은 자기 땅이 폴란드 이름으로 불리기를 원했습니다.

그곳으로 가는 버스 안에서 각자를 소개하는 시간을 가졌습니다. 프랑스에서 온 한 노인은 자기 가족이 그곳에서 죽었다고 이야기했습니다. 다른 몇몇 사람들도 비슷한 아픔을 가지고 있었습니다. 르완다 출신 벨기에인은 르완다 학살 이야기를 했습니다. 한 슬픔은 또 다른 슬픔과 자연스레 이어졌습니다. 여행자 중에는 독일인도 몇몇 끼어 있었습니다. 오시비엥침에서는 약 110만 명의 유대인, 집시, 폴란드 정치범이 가스실과 고문 등 잔혹한 방법으로 죽어갔습니다.

하지만 도착해서 바라본 그곳의 겉모습은 너무나 평범했습니다. 한나 아렌트의 말처럼 악은 너무나 평범하게 우리 곁에 있는 것 같습니다. 하지만 가스실과 화장터, 인체실험병동을 돌아보는 시간은 고통스러웠습니다. 어두침침한 가스실에 들어서자 마치 우리가 끌려온 유대인인 양 공포감에 떨었습니다. 산더미처럼 쌓인 어린아이들의 신발 더미 앞에서 많은 이들이 깊은 탄식을 뱉어냈습니다. 참관은 세미나로 이어졌습니다. 집단학살에서 의학과 공중보건 전문가들이 어떤 구실을 했는지에 대한 역사가 소개되었습니다. 그들은 사람들을 '일할 수 있는 자'와 '없는 자'로 분류하는 일을 기꺼이 맡았습니다. 어린이들에게 균을 주사하고, 여인들에게 방사선을 쪼이면서도 거기에서 얻은 결과물을 전리품인 양 자랑했습니다.

세미나를 맡았던 히브리대학교 엘리우 리히터 교수는 "제노사이드(대량학살)는 인간의 '선택'이자 그 옆에 있는 사람의 '무관심'에서 비롯된다"고 말했습니다. 또 "아우슈비츠는 돌로 세워진 것이 아니라 (미움의) 말로 세워졌다"는 랍비 아브라함 헤셸의 말을 인용하며, 다른 이들을 향한 저주의 말들이 모여 결국 아우슈비츠를 낳았다고 이야기했습니다. 세미나 말미에 한 노인이 일어섰습니다. "오늘 나는 너무나 슬픕니다. 나의 할아버지와 할머니가 여기에서 죽어갔기 때문입니다. 하지만 우리는 이것을 분노가 아니라 평화적인 방식으로 풀어야 합니다." 그의 발언은 격앙되어 있던 우리를 숙연하게 만들었습니다. 돌아오는 버스 안은 하루의 피로와 함께 무거운 정적이 흘렀습니다. 저는 그때 우리나라를 생각했습니다. 우리에게도 비슷한 아픔의 역사가 있습니다. 관동대지진 조선인 학살, 일본 731부대의 만행, 한국전쟁 양민학살, 보도연맹 사건, 그리고 가깝게는 베트남 전쟁도 있습니다. 우리는 늘 피해자였던 것이 아니라 때로는 가해자였다는 사실이 제 마음을 혼란스럽게 만들었습니다.

또한 그 역사는 과거에만 그치는 것이 아니라 현재도 진행 중입니다. 이 시간에도 '우승열패'의 신화 속에 내몰려 때때로 죽음을 선택하기도 하는 이 땅의 청소년들, 300일 넘게 장례도 치르지 못하고 있는 용산참사의 희생자들, 고공에서 수십 일째 단식농성을 하는 비정규직 노동자들의 모습이 겹쳐졌습니다. 또한 정부가 아프가니스탄 파병을 강행하려는 이 상황은 오시비엥침은 폴란드에만 있는 것이 아니고 과거와 현재 그리고 미래의 바로 우리 곁에 있을 수 있음을 상기시킵니다. 갑자기 저는 '우리 안의 파시즘'이 몸서리쳐지게 두려워졌습니다.

문득 오시비엥침 참관을 시작하는 곳에 붙어있던 철학자 조지 산타야나의 글귀가 생각났습니다.

"역사에서 교훈을 얻지 못한 사람은 그 역사를 반복하게 된다."

하지만 그곳에서 올려다본 하늘은 너무나도 천연덕스럽게 푸르렀습니다.

'오시비엥침'으로 가는 길
〈한겨레〉, 2009. 12. 11.

말뫼, 스웨덴의 끝이자 시작인 곳

김 형, 저는 지금 스웨덴을 여행 중입니다. 몇 차례 다녀간 적이 있지만, 이번에는 해마다 여름이면 고틀란드섬에서 열리는 알메달렌 정치박람회에 참가했습니다. 연인원 수십만 명이 참여하는 이 행사는 총리를 포함한 여러 정치인과 700여 개의 시민단체와 기관이 참여하는 행사입니다. 무려 1,500개의 공식 세미나에 더하여 곳곳에서 즉석 토론회가 열렸습니다. 참가자들은 홍보물을 나누어주며 열심히 자신들의 주장을 펼쳤습니다. 참가 조건은 모든 사람에게 열려 있어야 하고, 무료여야 하며, 특정 소수집단에 대한 차별이 없어야 한다는 것이 전부였습니다. 프레드리크 레인펠트 총리 그리고 여러 장관과 시장들이 길가 식당에서 일반 참가자들과 함께 식사를 하고 즉석에서 토론을 벌이는 장면은 제 평생 상상하기 어려웠던 모습이었습니다. 또 많은 이들이 자녀를 데리고 참가했습니다. 이른바 살아 있는 민주주의 교육장이기도 한 셈입니다. 무엇보다, 정치가 진지하지만 축제일 수 있음을 보여주었습니다.

이번 여행에서 만난 노르셰핑·고틀란드·베스테르비크의 정치 지도자들과 지방의회 의원들은 모두 보수연합의 정치인이었습니다. 저는 그들을 만날 때마다 집요하게 똑같은 질문을 했습니다. "북방의 빛(북유럽 복지모형)은 앞으로도 계속 빛날까요?" 제 질문에 보수 정치인들은 뜻밖에도 한결같이 "예"라고 대답했습니다. 그 이유도 같았습니다. 바로 "국민이 그것을 원하기 때문"이라는 것입니다.

하지만 3년 만에 다시 찾아간 스웨덴은 많이 변했습니다. 특히 남쪽 끝 말뫼는 더욱 그랬습니다. 말뫼는 조선업이 중심이었던 도시였지만 한국 조선업에 밀려 공장들이 문을 닫고, 2002년에는 말뫼 조선업의 상징이었던 '골리앗'을 한국 기업에 1달러에 팝니다. 당시 신문은 그것을 '말뫼의 눈물'이라고 보도했습니다. 그 후 말뫼는 변하기 시작했습니다. 많은 외국 기업의 본사와 지점을 유치했고, 주민의 30%가 이주민입니다. 25개국 다양한 형태의 고급 빌라촌도 들어서고 발트해를 가로질러 덴마크로 이어지는 17km 외레순 다리와 터널도 만들어졌습니다. 이제 스웨덴은 고립된 반도가 아니라 유럽 본토와 이어진 것입니다.

저는 심사가 복잡해졌습니다. 그리고 이렇게 중얼거렸습니다.

"이것은 스웨덴이 아니다!"

하지만 새 도시 설계자 중 한 명이었던 올슨에게 도시의 탈바꿈 과정을 전해 듣고 생각이 달라졌습니다. 조선업의 쇠퇴 이후 말뫼 시민들은 스웨덴 특유의 수많은 민주적 토론을 통해 말뫼의 미래를 설계했습니다. 기존의 튼튼한 복지체계에 더하여 지식산업을 육성함과 동시에 모든 생명체가 공존할 수 있는 환경을 만들고, 넓은 직선도로는 오히려 좁고 구불구불한 길로 바꾸었습니다. 도시 에너지는 100% 조력·풍력·태양열만으로 조달하는 등 '지속 가능한 도시'를 만들기 위해 혼신의 힘을 다하고 있었습니다.

보수 정치인의 단언에도 불구하고, 스웨덴 모형이 국영 의료체계와 같은 특정 제도, 단일한 인종에 기반을 둔 연대의식, 상대적으로 고립적 지형에 기반을 둔 정치·경제 등을 의미하는 것이라면 앞으로 스웨덴은 많이 변할 것 같습니다. 하지만 참여와 토론에 기반한 강력한 민주주의, 평등의 가치를 지키면서도 변화하는 상황에 실용적으로 유연하게 대응하는 것을 스웨덴 모형이라 정의한다면 스웨덴 모형은 그 외형적 틀의 변화에 상관없이 오래 지속되리라는 것이 이번 여행의 교훈입니다.

그런 점에서 말뫼는 지형적으로 스웨덴의 끝이지만 어쩌면 새로운 시작의 장소일지도 모른다는 생각을 했습니다. 1914년 말뫼 협정을 통한 중립국 선언으로 평화의 시대를 열었고 그것이 스웨덴 복지의 초석이 되었던 것처럼 말입니다. 말뫼의 시도가 성공할지 실패할지 아직 잘 모르겠습니다. 하지만 저는 말뫼의 성공을 기원합니다. 말뫼의 성공적 미래가 우리나라의 미래

일 수 있다고 믿기 때문입니다. 곧 한국에서 뵙겠습니다.

〈한겨레〉, 2011. 7. 15.

다시 몬주익 언덕에서

조 형. 저는 지금 바르셀로나의 몬주익 언덕에 서있습니다. 1992년 이곳에서 열린 바르셀로나올림픽 때 황영조 선수가 일본의 신예 모리시타 고이치 선수를 제치고 선두로 나서 마침내 마라톤에서 우승했던 바로 그 언덕입니다. 마침 런던올림픽도 얼마 전에 끝났고 한-일 간에 독도, 위안부 문제 등으로 시끄러운 요즘, 이 언덕에 서서 그때를 회상하는 것은 특별한 감상을 자아냅니다.

하지만 지금 제가 서있는 언덕은 그 반대편 산등성이에 있는 채석장 묘지입니다. 이곳에는 나치 정보원들에게 체포되어 죽임을 당한 카탈루냐의 마지막 대통령 류이스 콤파니스가 다른 희생자들과 함께 묻혀 있습니다. 황영조 선수가 월계관을 쓴 그 몬주익 경기장의 본래 이름인 '에스타디 올림픽 류이스 콤파니스'는 바로 이 사람을 기리기 위한 것입니다.

아돌프 히틀러와 베니토 무솔리니가 지원하는 프란시스코 프랑코 독재와 싸우기 위해 미국과 영국을 포함한 세계 53개국에서 3만 명 이상의 진보세력이 모여들었던 스페인내전은 반드시 이겨야 했던 싸움이었습니다. 하지만 그들은 졌습니다. 내전에 참여했던 앙드레 말로는 이 전쟁에서 "정의가 패배할 수 있음을, 폭력이 정신을 꺾을 수 있음을, 용기가 보답받지 못할 수 있음을 배웠다"고 말했습니다. 하지만 패배에는 이유가 있습니다. 파시스트들은 일사불란했고, 진보 진영은 헌신적이었으나 충분히 유능하지 못했습니다. 또한 큰 차이보다 오히려 서로 간의 작은 차이에 집착했습니다. 그들의 패배는 콤파니스의 운명이 보여주듯 참담한 것이었고 40년 가까운 프랑코 독재로 이어졌습니다. 내전 뒤에도 반대세력에 대한 대대적인 숙청 및 보복이 이루어져 적어도 3만 명 이상이 처형당했습니다.

조 형, 대통령 선거가 얼마 남지 않았습니다. 한 대선 주자의 아버지는 한국의 프랑코였고, 그 후보와 추종세력은 그 역사를 재현하려고 하며, 또 많은 이들이 그들의 승리를 점치고 있습니다. "역사에서 교훈을 얻지 못한 사람은 그 역사를 반복하게 된다"는, 아우슈비츠(오시비엥침) 수용소 참관을 시작하는 곳에 붙어있던 철학자 조지 산타야나의 글귀처럼, 우리가 지나간 역사에서 배우지 못한다면 얼마 뒤 카탈루냐의 비극이 다시 우리 땅에서 재현될지도 모르겠습니다. 그러지 않으려면 한국의 진보는 더 '유능'해져야 하고, 소탐대실하지 않는 '통 큰 연대'가 필요합니다.

콤파니스의 묘지 근처에는 스페인내전의 많은 전사들이 함께 묻혀 있고 그중에는 아나키스트의 상징인 부에나벤투라 두

루티와 그의 친구 프란시스코 페레르와 프란시스코 아스카소의 무덤도 있습니다. 두루티의 삶을 소설화한 《어느 무정부주의자의 죽음》에 따르면, 패전 이후 그의 친구들과 후손들은 전 세계 곳곳에서 망명 생활을 계속하고 있습니다.

하지만 "그들은 망명생활 중에도 결코 우울증에 빠져 있거나, 국가가 주는 생활보조금을 타서 쓴 일도 없으며, 오히려 남을 돕기를 좋아하고 그들 자신의 행동이 옳았다는 신념에 대해서는 한 치도 양보하지 않는 전사로 청렴하고 행복하게 살아가고 있다"고 적고 있습니다. 더욱이 지금 스페인은 기존의 수탈적 자본주의를 대신하여 서로 상생하는 새로운 사회모형을 만들어 가려는 몬드라곤으로 대변되는, 전 세계 협동조합운동의 근거지가 되고 있습니다. 이런 점에서 어쩌면 스페인내전을 '파시스트의 승리'라고 부르는 것은, 오히려 복지국가를 포함하여 '국가의 과잉' 속에서 살고자 하는 우리의 잘못된 역사관 때문일지도 모르겠습니다.

한여름 무더위 속에서도 카탈루냐 광장은 활기와 자신감이 넘치고, 지난 24일 밤 거대 자본을 상징하는 레알 마드리드와 협동조합 형태로 운영되는 FC 바르셀로나 사이에 벌어진 맞수의 축구 대결, '엘 클라시코'는 작은 키의 리오넬 메시가 이끄는 FC 바르셀로나의 압승으로 끝났습니다. 바르셀로나 거리가 환호로 뒤덮여 있을 때, 저는 문득 두루티의 무덤 위에 누군가 써놓고 간 편지의 문구가 떠올랐습니다.

"Otro mundo es posible(다른 세계는 가능하다)."

곧 서울에서 뵙겠습니다.

<한겨레>, 2012. 8. 29.

아직 끝나지 않은 임정로드

김 형, 저는 지금 충칭으로 가는 열차 안에 있습니다. 천둥벼락과 함께 쏟아지는 폭우로 기차가 섰다 가다를 반복하고 있어 언제 목적지에 도착할지 모르겠습니다. 그래도 같은 침대칸에 있는 중국인 가족 중 두 살짜리 샤와의 재롱에 지루함을 잊습니다. 목적지가 같아서일까요? 서로 말이 안 통해도 문제가 되지 않습니다. 국민당과 공산당이 함께 힘을 모아 일제와 싸우기로 결정한 뒤, 쑨원이 만들고 장제스와 저우언라이가 함께 가르쳤던 황포군관학교의 조선인과 중국인 학생들도 아마 지금 우리와 같았을 겁니다.

이 '임정로드' 프로젝트는 임시정부 수립 100주년을 기념하여 상하이에서 난징, 광저우, 류저우를 거쳐 충칭에 이르는 임시정부의 흔적 4천km를 따라가 보는 것입니다. 돌아보면 이 길은 고난의 길이었습니다. 임시정부가 상하이에서만 최소 12차례, 총 30차례 가까이 옮겨야 했던 이유는 일제에 쫓겼기 때문이기도 했지만, 방 한 칸 마련할 돈이 없었기 때문입니다. 이 길은 불안한 길이기도 했지요. 자싱에서 김구는 온종일 호숫가 배 위에 머물다 저녁 무렵 붉은 표지가 지붕에 걸려야 돌아올 수 있었고, 그러고도 비상 탈출구 위에 놓인 침대에서 쪽잠을 자야 했습니다.

그래도 이 길은 희망의 길이었습니다. 그렇지 않았다면 광복군에 들어오기 위해 조선의 청년들이 목숨을 걸고 일본 군대에서 탈영하여, 한겨울 얇은 여름 군복에 맨발로 임정이 있는 충칭까지 6,000리를 걸어오지 않았을 겁니다.

"꽃피는 고국은 빛 잃고 / 물이 용솟음치듯 대중은 들끓는다 / 억압받고 빼앗긴 우리 삶의 길 / 들끓는 것만으로 되찾을 수 있으랴 / 갈 길 몰라 하는 동포들이여 / 오라 이곳 학교의 교정으로"

이제는 공사장 뒷산 잡초만 무성한 폐허가 되었지만, 김원봉이 주도하여 만든 장쑤성 조선혁명간부학교 훈련 터에서 우리는 군복에 밴 짙은 땀내를 맡았고, 조국 독립의 꿈을 버리지 않은 청년들의 우렁찬 노랫소리를 분명히 들었습니다. 더욱 놀란 것은 그 자리에 술 한잔 올리고 돌아서는데, 저 산 아래에서 20여 명의 한국 청년들이 올라오는 것을 보았을 때입니다. 우리는 환성과 박수로 그들을 맞이했고 그 행렬 속에서 저는 구릿빛 얼굴의 청년 장준하와 김준엽의 얼굴을 보았습니다.

하지만 이 길은 미완의 길입니다. 이 '임정로드'는 한 언론사의 젊은 기자들이 휴가도 반납하고 몇 년을 발로 뛰며 개척한 길입니다. 지도에도 없는 산길에서 길을 잃고, 기차를 놓쳐 발을 동동 구르고, 서툰 중국말로 손짓 발짓 해가며 알아낸 장소들이 많습니다. 여전히 못 찾은 장소가 많고 어렵게 찾아낸 장소에서 아무 흔적도 찾을 수 없을 때 여러 번 그 자리에 주저앉기도 했다고 합니다. 서금이로에 있었다는 최초의 상하이 임시정부 터도 아직 정확히 어디인지 모르고, 만국공묘에는 아직 고국으로 돌아가지 못한 독립운동가들이 쓸쓸히 누워 있습니다. 광저우 기의열사능원에 누워 있는 150명의 조선 청년들은 아직 이름조차 찾지 못하고 있고, 충칭의 광복군 총사령부 건물은 중국 정부가 최근 수리를 마쳤지만 운영자를 찾지 못해 굳게 문이 닫혀 있습니다. 해방 조국의 이상향을 미리 꿈꿨던 토교촌은 차단막이 고집스럽게 가로막고 있고 여성 의열단원 박차정이 전투 중 입은 부상 때문에 죽음을 맞았던 집은 재개발로 며칠 내 흔적도 없이 사라질 처지에 있습니다.

김 형, 이번 임정로드 일정은 해방을 맞았던 충칭에서 끝나지만 저는 이곳이 종착역이라고 생각하지 않습니다. 분단된 조국에 있는 두 개의 정부는 어떤 의미에서 여전히 '임시정부'이기 때문입니다. 조국 독립의 방법에 대해 이견이 있었으나 새해 첫날에는 상하이 영안호텔에 다 함께 모여 덕담을 나누었습니다. 7개 정파로 나뉘어 있던 충칭 임시정부를 보고 청년 장준하는 "셋집을 얻어 정부청사를 쓰고 있는 형편에 그 (정)파는 의자보다 많다"고 비탄했지만, 그래도 그때는 조국의 독립이라는 꿈 아래 모두 하나였지요.

임정로드는 충청에서 어디로 이어져야 할까요? 그곳은 여의도 공항 터가 되어야 한다고 생각합니다. 미군정청에 의해 환영 행사도 금지당한 채 김구 등 임시정부 요원들이 개인 자격으로 입국해야 했던 그 굴욕의 장소 말입니다. 다시 그 길은 서울과 평양으로 갈라지겠지요.

김 형, 그런데 갑자기 궁금해집니다. 이 갈라진 임정로드는 언제, 어디에서 다시 만나 그 장엄한 끝을 맺게 될까요?

<한겨레>, 2019. 6. 27.

싸움: 푸른 유리 한 조각

7장

가장 먼저 해야 할 일은 '약육강식'의 논리와 청년실업 등

갈수록 커지는 '사회불평등'과 맞서 싸우는 일이다.

큰 사회문제를 개인의 질병 문제로 과도하게 축소하려는

지배 권력의 교묘함과도 싸워야 한다.

그래서 이 싸움은 쉬운 싸움이 아니다.

그러나 피할 수 없는 싸움이다.

이것은 인류의 생존을 건 지난한 '진짜 싸움'이다.

아스클레피오스의 죽음

　아스클레피오스는 그리스 신화에 나오는 의학의 신이다. 의술이 어찌나 뛰어났던지 죽은 사람도 살려낼 정도였다고 한다. 그래서 그는 의학을 전공하는 모든 이들의 상징이 되었다. 의학 관련 상징물에 어김없이 등장하는 뱀과 지팡이는 바로 이 아스클레피오스를 상징한다. 그런데 많은 이들이 사랑했던 아스클레피오스는 제우스의 번개에 맞아 비극적인 최후를 맞이한다. 왜 아스클레피오스는 죽어야 했을까? 신화에 따르면 그가 사람을 살려내는 대가로 거액의 돈을 받았고 그것이 제우스의 노여움을 샀기 때문이라고 한다. 하지만 혹자는 이것이 단지 음모이며, 자신보다 아스클레피오스가 더 유명해지자 이를 시기한 제우스가 그를 모함하여 죽였다고 한다. 신화인 까닭에 무엇이 진실인지 확인할 길은 없다.

　지금 한국 사회에서 또 한번 아스클레피오스의 죽음이 준비되고 있다. 최근 참여정부는 '의료산업의 선진화'라는 기치 아래, 보건의료 영역에 투기성 자본을 유치하는 데 사활을 걸고, 이른바 의료 부문의 영리화, 외국병원 유치, 민간의료보험의 활성화 등 다양한 정책안들을 쏟아내고 있다. 이러한 정책의 종합판이 바로 이번 의료법 개정안이다. 여기에 더하여 한-미 자유무역협정 체결은 마침내 돌아오지 못하는 강을 건너는 일이 될 것이다.

의료서비스 산업화로 대변되는 정부의 정책은 어떤 결과를 초래할까? 우선 대다수 국민은 엄청나게 증가한 의료비를 감당하지 못해 이른바 이류 서비스를 받아야 하는 이류 국민이 되고, 계층 간 건강과 의료 이용의 격차는 더욱 심화할 것이다.

1980년대 이후 급격한 영리화가 이루어진 미국의 보건의료체계를 연구한 하버드대학교의 리처드 레빈스 교수는 미국이 국내총생산의 14%에 달하는 엄청난 돈을 보건의료비로 쓰고 있지만 이것은 미국 사람들이 양질의 서비스를 더 많이 제공받기 때문이 아니라 단지 '더 비싼 서비스'를 제공받았을 뿐이라고 말한다. 4000만이 넘는 미국인들이 의료보장의 사각지대에 남아있는 중요한 이유 중 하나도 지나치게 비싼 의료비 때문이다. 막대한 돈을 지출하면서도 그보다 적은 돈을 지출하는 나라들의 국민에 비해 미국 국민의 건강 수준이 낮은 것은 이미 잘 알려진 사실이다.

의료체계의 근간인 일차의료를 담당한 개원의사들 역시 거대 할인매장 앞의 영세 상인처럼 어려움을 겪게 될 것이다. 실제로 영리화가 가속되면서 미국의 일차 개원의사들은 환자들 건강의 '문지기'에서 대형 병원의 이해를 위해 존재하는 '문 단속자'로 그 구실이 축소되었다. 또한 미국 제너럴 모터스의 사례와 같이 '불필요하게' 증가한 의료비는 국가의 '성장 동력'이 아닌 노사 모두의 부담으로 작용하고 있다.

그러나 무엇보다 안타까운 것은, 의료서비스의 영리화가 가속화할수록, 가난한 환자의 쾌유를 위해 밤을 지새우고, 교과서적 진료의 원칙을 지키겠다고 다짐하는 우리 시대의 선한 히포크라테스들은 그저 돈 못 버는 무능한 의사로 남게 될 것이라는 점이다. 이것은 단지 특정 집단만의 손실이 아니라 우리 사회가 가진 소중한 상징 하나를 잃어버리는 일이다.

그러므로 의료가 상품이 아니고 인술임을 믿는 사람들, 적어도 우리가 만들려는 세상이 아파도 돈이 없어 제대로 된 치료도 받지 못하는 사회가 되어서는 안 된다고 믿는 사람들은 이 천박한 정부의 영리화 정책에 분연히 저항해야 한다. 우리 시민사회의 이 저항이 성공하지 못할 경우, 많은 아픈 이들의 희망이었던 아스클레피오스는 또 한번 제우스의 번개를 맞게 될지도 모른다.

〈한겨레〉, 2007. 3. 26.

복지국가는 없다, 있다

가을이 무르익고 이른바 학회 철이다. 정치권 못지않게 학계에서도 여기저기 '복지국가' 이야기다. 한 사회에서 특정 단어의 회자는 그것의 결핍 또는 집단적 소망을 보여준다. 얼마 전 '한국 복지국가 담론의 지형과 과제'라는 주제로 펼쳐졌던 한 학술대회도 예외가 아니었다. 어떤 이는 당위를 이유로, 어떤 이들은 역사 분석을 통해 복지국가의 도래 가능성을 점치고 그 전략을 논했다. 어떤 이들은 노동세력의 위상을 포함한 정치구조의 보수성, 재정 능력 등을 이유로 가능성을 일축했다.

라메쉬 미쉬라 요크대학교 교수의 말처럼 복지국가에는 적어도 세 가지 치명적 약점이 있다. 첫째, 복지 전문가와 관료들의 기득권 문제이다. 둘째, 기대 상승과 자원 제한의 딜레마이다. 셋째, 사회서비스의 효율성과 비용 문제이다. 이 세 가지 약점에 대한 충분한 대안을 가지고 국민을 설득할 수 없는 한 복지국가는 없다. 또한 이제 한국 사회에서 '복지국가'는 진보만의 단어가 아니다. 개발독재의 유산을 정치생명으로 하는 유력한 대권주자도 '행복한 복지'를 이야기하고, 한나라당 역시 '70% 복지'를 이야기한다.

'복지국가'가 여야 모두의 언어가 되는 순간, 정치공학 면에서 이 단어의 유용성이 이미 상당 부분 훼손됐다. 또 혹자는 최근 복지국가라는 단어의 회자가 1997년 경제위기 이후 심화된 삶의 불안을 주식, 펀드, 부동산 투자로 풀 수 없다는 국민적 인식의 확산에 그 뿌리를 두고 있다고 말한다. 하지만 도덕적 결함이 있는 줄 알면서도 "잘살아 보세"라는 마음으로 엠비(MB)에게 표를 던진 국민들이 과연 연대적 삶을 살기로 마음을 바꾼 것일까? "국민들이 깨닫기 시작했다"는 것은 그저 "당신 생각일 뿐" 아닐까?

하지만 여러 가지 이유를 들어 '복지국가'가 오기 어려울 것이라 '예측'하는 것은 관망자의 몫이지 스스로를 역사의 주체로 여기는 이들의 생각은 아니다. 나는 복지국가가 인류의 역사 속에서 이미 수없이 존재했다고 믿는다. "해 뜨면 밭에 나가 일하고 / 우물 파서 물 마시고 밭을 갈아 배불리 먹으니 / 임금의 힘이 내가 살아가는 데 무엇 때문에 필요할 것인가"(격양가)라는 노래가 넘쳐흘렀던 요순시대가 바로 복지국가 아니었던가?

그것이 먼 옛날의 신화라면, 1871년 파리는 어떤가? 야간노동의 폐지, 집세 전액 면제, 책·지도·종이 등 모든 교재의 무상지급을 이뤘던 파리코뮌은 복지국가가 아니었던가? 남의 나라 이야기라면, 독재정부 없이도 평화롭고 행복했던 1980년 5월 며칠간의 광주는 어떤가? 겨우 두 달, 겨우 며칠만 존재하면 복지국가가 아닌가? 그것이 너무 비장하다면 최근 한국 사회가 이루어낸 무상급식과 학생 체벌 금지는 어떤가?

한국 사회에서 '복지국가'가 정치적 수사에 머무는 순간 복지국가는 없다. 새로운 세상은 새로운 주체를 필요로 한다. 새로운 주체가 나오기 위해서는 기존의 의미를 해체하고 그것에 새로운 의미를 부여하는 과정이 필요하다. '잘살고자 하는' 이들의 생각을 바꾸는 것이 아니라 그 의미를 바꾸는 작업이 필요하다. 당연히 이러한 작업에는 '낡은' 복지국가의 의미를 해체하고 재구축하는 것도 포함된다.

함석헌 선생은 "모든 싸움을 다 싸워내면 무풍지대의 유토피아가 올 줄로 생각하는 사람은 역사가 무엇인지 모르는 사람이다"라는 말로 '종말론적 복지국가론'의 설파를 경계했다. 그렇기에 복지국가는 현재에 우리가 살아내야 하는 그 무엇이다. 그렇기에 복지국가는 있다가도 없고, 없다가도 있다.

그래서 나는 오늘 밤 그 어느 곳에서 촛불 하나가 켜지면 그곳에 또 하나의 작은 복지국가가 태어났다고 믿는다. 하루의 노동에 몸은 파김치가 되었지만 몇 명의 '공돌이' '공순이'가 함께 모여 책을 읽으며 희망을 꿈꾸었던 그 3층 다락방, 10대 여공들이 똑바로 설 수조차 없던 그 전태일의 다락방, 그 시간 그곳에서 아주 짧지만 복지국가의 불빛이 반짝였던 것처럼.

'복지국가'는 없다, 있다
〈한겨레〉, 2010. 11. 10.

무상의료는 가능한가?

2011년 1월 민주당이 '무상의료'를 당론으로 결정했다. 의료정책사의 역사적인 사건이다. 예상했던 대로 여당과 보수신문은 이를 포퓰리즘이라 규정하고 반대의견을 내고 있다. 민주당은 왜 갑자기 무상의료를 들고나왔을까? 당연히 지난번 지방선거에서 지지를 받은 무상급식과 최근 힘을 얻는 복지국가론의 연장선이다. 여전히 국민이 보기에 박근혜식 복지국가와 진보의 복지국가는 구별이 안 된다. 민주당 등 진보 진영은 보수 진영이 따라 할 수 없는 내용으로 승부해야 한다. 그것이 바로 무상의료다. 진보 진영의 연대가 실속 없이 논의만 무성한 상황에서 그나마 기대할 수 있는 것은 함께할 수 있는 구호를 만들어내는 일이다. 무상의료는 그 하나가 될 수 있다. 이 점에서 이번 민주당의 무상의료 당론 결정은 더 큰 정치적 의미가 있다.

하지만 핵심적인 질문은 "과연 무상의료는 가능한가?"이다. 결론부터 이야기하면 "현재대로는 불가능하다." 전적으로 '사유화된' 의료체계와 의료공급자, 제약산업, 민간보험회사 등

강력한 이해집단, 이미 의료를 상품으로 여기는 국민 정서, 더욱이 오히려 의료민영화를 추진하는 정부 등 무상의료가 어려운 이유를 꼽으면 손가락이 열이라도 모자란다.

하지만 한국 사회가 다음의 두 가지를 만들어낼 수 있다면 무상의료는 가능하다. 첫째, 무상의료를 핵심 과제로 선언한 정치세력의 '장기집권'이다. 둘째, 무상의료체계로 가는 데 가장 어려운 장애물인 돈 문제 극복이다. 최근 5년간 국민의료비 증가율은 경제협력개발기구 국가의 4배에 달한다. 작년 한 해 국민건강보험은 1조 3000억 원의 적자를 기록했다.

국민의료비가 이렇게 빨리 오르는 것은 진료비 증가에 대한 위험부담을 전적으로 국민이 지고 있기 때문이다. 그러니 정부도 의료공급자도 대책에 소극적이다. 오히려 대다수 집단은 진료비 증가를 즐기고 있다. 이 구도를 바꾸지 않으면 안 된다.

방법은 의외로 간단하다. 100만 원 진료비 상한제를 약속하는 대통령을 뽑고 그 약속을 지키는지 눈을 부릅뜨고 지켜보면 된다. 진료비 증가의 책임을 국민에게서 정부로 전환하는 것이다. 그러면 각 부처들은 매일 밤을 지새우며 각종 대책을 만들어낼 것이다. 이렇게 해야 불필요한 의료비 상승과 낭비를 확실히 잡을 수 있다. 비로소 재원의 추가적 투입도 가능해진다. 북유럽 국가의 국민들이 세계에서 가장 높은 조세율에도 불구하고 조세저항이 가장 작은 것은 이런 투명하고 낭비 없는 예산 집행 때문이다. 그 시기가 되면 우리 국민도 기꺼이 주머니를 열 것이다. 더욱이 그때쯤엔 무상의료 덕분에 비싼 민간보험료를 내지 않아도 되니 말이다.

무상의료는 모두에게 좋다. 국민은 병원비로 파산할 걱정을 안 해도 되니 당연히 좋다. 진료비의 낭비가 줄면 기업도 부담이 줄어 좋다. 무상의료는 따뜻한 환자-의사 관계를 꿈꾸는 의사들에게도 좋다. 합리적인 보수주의자라면 적어도 교육과 건강 문제에 관한 한 모든 이의 출발선을 맞추어주는 데 동의할 것이다. 그런 점에서 무상교육·의료는 좌파의 논리가 아니다. 더욱이 의료체계의 전환을 이루어내지 못하면 이는 두고두고 보수 진영의 발목을 잡을 것이다. 집권하더라도 고령화의 높은 파도를 넘을 수 없다.

또 한 가지 설득 과제가 있다. 많은 국민이 무상의료에서 '질 낮은 서비스'를 연상한다고 한다. 하지만 북유럽의 의료서비스 질과 환자 만족도가 한국보다 낮다는 이야기를 들어본 적이 없다. 그래도 무상의료가 여전히 낯선 이들에게는 이것을 실현한 나라들이 많이 있음을 알려야 한다.

얼마 전 약값이 없어 끝내 동반자살을 선택한 노부부의 신문 기사를 보고 "돈이 없어 치료를 못 받아 죽는 국민이 있는 나라는 나라도 아니다"라고 말했던 고 노무현 대통령이 떠올랐다. 우리가 '나라다운 나라'에 살고 싶다면 무상의료는 선택이 아니라 우리 모두의 목표가 돼야 한다.

<한겨레>, 2011. 1. 12.

'착한 부자'가 되는 법

대학에서 학생을 가르친 지 어언 십여 년이 흘렀다. 그간 학생들로부터 수많은 질문을 받았고 나름 '멋진' 대답을 해왔지만, 제대로 대답을 못 해 지금까지도 마음에 남아있는 질문 하나가 있다. 그것은 몇 년 전 심각한 얼굴로 내 연구실에 들어섰던 한 여학생이 던진 질문이었다.

"교수님, 착한 부자는 될 수 없나요?"

나는 그 여학생이 의대생이면서 학교를 일 년 휴학하고 이주민 진료와 시민단체 활동을 한 후 복학한, 의과대학에서 흔히 보기 어려운 학생이며, 그 질문 또한 무심코 툭 던진 질문이 아니라는 것을 알았기에 신중하게 '멋진' 답변을 해야 했다. 그러나 고백하건대, 나는 그러지 못했다. "돈보다 마음이 중요하지" "부자란 돈이 많은 사람이 아니라 많이 나누는 사람이에요"란 대답은 내가 생각해도 구태의연했고, "부자가 천국에 들어가는 것은 낙타가 바늘귀로 들어가는 것보다 어렵대요"라는 성경의 한 구절로 대답을 대신하는 것도 그 학생의 기대를 채울 것 같아 보이지 않았다. 결국 나는 바보처럼 대답을 얼버무렸고 그 학생은 애써 아쉬운 얼굴을 숨긴 채 인사를 하고 돌아갔다. 지금 생각해도 그것은 내 교수 인생에 가장 굴욕적인(?) 순간이었다.

2012년은 대통령 선거가 있는 해이고, 최근 정치권은 갑자기 중요 변수로 등장한 '안철수 현상'을 해석하느라 분주하다. 정치 전문가가 아닌 평범한 한 시민의 마음으로 볼 때, 나는 이 현상이 5년 전 도덕성과 무관하게 부자를 만들어 줄 것 같은 후보를 선택했던 이들의 후회와 반성이 담긴 것이라 생각한다. 그리고 이제 상당수의 국민들은 안철수라는 사람을 통해 '착한 부자'가 되고 싶은 자신들의 욕망과 염원을 투사하고 있는 것이다. (하지만 나는 실제로 누가 얼마만큼 더 착한지는 알지 못한다.) 그러나 여기서 잊지 말아야 할 것이 있다. 국민은 그래도 '부자 되기'를 포기하지 않았다는 것이다. 다만 착한 부자가 되고 싶을 뿐이다.

자신의 부의 상당 부분을 사회에 환원하는 빌 게이츠, 워런 버핏, 조지 소로스 등이 매년 스위스 다보스에서 열리는 세계경제포럼(WEF) 행사 기간에 발표되는 '나쁜 기업' 리스트에 오르는 기업의 경영진보다 상대적으로 도덕적이기는 하겠지만, 그것만으로 그들이 대다수 서민의 대변자가 될 수 있을까? 하지만 한편으로 그것이 정치다. 옳고 그름에 상관없이 다수의 국민이 원하는 것이 권력이 되는 곳이 바로 정치의 토포스(topos)다. 그래서 이번 대통령 선거에서 국민은 자신들을 '착하지만 가난한 사람'으로 만들거나 '부도덕하더라도 부자'로 만드는 사람이 아니라 '착한 부자'로 만들어 줄 것 같은 사람에게 투표할 것 같다. 그런 점에서 이번 대통령 선거의 화두는 복지국가가 아니라 착한 부자인 셈이다.

하지만 문제는 "착한 부자는 가능한가? 가능하다면 어떻게 해야 하나?"이다. 국민 모두가 빌 게이츠가 될 수는 없다. 그들이 정말 착한지도 모르겠고, 또 어떤 사람이 빌 게이츠가 될 확률은 약 800만분의 1이라는 로또 복권의 당첨 확률보다 훨씬 낮다. 몇 년 전, 내 교수 경력에 부끄러운 상처를 남긴 그 사건 이후 나는 나름대로 이 질문과 씨름했다. 하지만 나의 우둔함으로 인해 아직도 '완벽한' 답을 찾아낸 것 같지는 않다. 다만 어느 날 근심 어린 얼굴을 한 학생이 또 내 연구실 문을 두드린다면 이제 나는 이렇게 대답할 것이다.

"쉬운 일은 아니지만 '착한 부자'는 될 수 있을 것 같아요. '함께' 열심히 일해 '함께' 부자가 되면 되지요. 무슨 선문답 같다고요? 1951년 봉급 수준이 높은 대기업 노동자의 임금은 깎고 중소기업 노동자의 임금은 올려서 노동자 간의 임금 격차를 줄이자는 주장을 받아들여 '다 함께' 부자가 된 스웨덴의 노동자들이 그 예지요. 서로 함께 나누는 협동조합 운동으로 가난한 마을을 부자마을로 바꾸는 기적을 만들어낸 스페인 북부 소수민족 마을 '몬드라곤' 주민도 바로 그런 사람들이에요."

어려운 질문으로 나를 곤혹스럽게 했던 그 학생은 지금 모 대학의 교수가 되었다. 그녀의 페이스북에 들어가 보니 학생들에 둘러싸여 환하게 웃고 있는 사진이 올라와 있다. 다행이다. 그런데 문득 궁금하다. "교수님, 착한 부자는 될 수 없나요?"라는 질문에 이제 교수가 된 그 학생은 어떻게 대답할까? 그리고 올해 선거에서 대통령으로 당선되기를 꿈꾸는 이들은 또 무어라고 대답할까?

〈한겨레〉, 2012. 2. 8.

"이제 우리가 자리를 지킬 차례"

세월호 참사의 고통이 여전히 진행 중인 상태에서 특별히 기성세대의 가슴을 이토록 저리게 하는 것은 바로 "제자리에 있어라"라는 어른들의 지시를 따랐던 어린 학생들의 죽음이 자리하고 있기 때문이다. 이 미안함을 어떡할까? 이 미안함 다음에 무엇을 오게 해야 조금이라도 속죄할 수 있을까? 마음을 가다듬고 머리를 쥐어박아도 그러한 생각을 하기엔 아직도 너무 가슴이 아프다. 그리고 자꾸자꾸 미안하다. 하지만 걱정이다. 이 아픔을 잊으면 어떡하지? 이 미안함을 잊으면 어떡하지? 하여 이쯤에서 명토 박아 두자.

학생들아! 미안하고 또 미안하다. 입이 백 개라도 너희에게 무슨 할 말이 있겠느냐. 하지만 부탁하건대, 부디 이제 우리를 믿지 말라. 반값 등록금이니 뭐니 하는 거짓 공약을 늘어놓는 정치인을 믿지 말고, '조금만 참으면 된다' '어른 말 잘 들으면 성공한다'라는 너희 부모·선생·교수의 말을 더 이상 믿지 말아라. 기성세대의 말을 따르는 것이 너희 생명과 행복을 보장하는 게 아니라는 것을, 때론 그 반대일 때가 있다는 것을 똑똑히 보지 않았더냐. 너희는 그 누구보다 너희 자신에게 가장 소중하고 중요한 것이 무엇인지 잘 알고 있지 않더냐! 무언가를 믿어야 한다면 너희 자신을 믿어라. 무엇보다 어른들의 감언이설에 속아 너희의 꿈을 빼앗기지 말아라.

엄마, 아빠들아! 지금 슬프고 아프거든 '학부모 노릇' 이제 그만하자. 저녁마다 "누구보다 잘했니"를 묻는 무서운 학부모가 아니라, 그들이 그랬던 것처럼, 오늘 밤이 우리 집에서의 마지막 잠자리가 될지도 모를 우리 아들과 딸을 "사랑한다"며 안아주는 엄마, 아빠가 되어 우리 집을 지켜내자.

말단 회사원들아! 해고되면 아이 학원비 걱정에 말도 안 되는 상사의 지시를 따라야만 했던 사람들아! 그래도 이제 우리, 안 되는 건 안 되는 거로 하자. 때론 소리치고, 때론 드러누워서라도 막아 지키자.

공무원들아! 공무원들아! 아느냐? 바로 너희가 세월호 선원이다. 그것을 너무나 자주 잊어버리는 이들아! 이제 '영혼 없는 사람'이란 소릴랑 그만 듣자. 열심히 일하는 것이 중요한 게 아니고 누굴 위해 일하느냐가 중요하다. 이제 돈 많고 힘 있는 사람 수발 그만 들고, 끝까지 남아 어린이들과 힘없는 이들을 지키고 구해내자. 설령 배와 함께 운명을 달리한다 해도, 수천 명 중에 끝까지 배를 지키는 공무원 몇 명쯤은 있어야 하지 않겠느냐!

불법 해고에 맞서 힘들게 싸우고 있는 노동자들아! 많이 힘들겠지만 그래도 우리 기필코 '공장으로 돌아가자.' 돌아가서 우리 공장을 우리가 지켜내자.

교수들아! 우리도 학교로 돌아가자. '진리'라는 단어보다 '경쟁력' '효율' '구조조정' 등 기업의 용어들이 난무하는 대학이지만, 그래도 우리 학생들이 있는 대학으로 돌아가자. 4·19 학생 묘지를 방문했던 한 교수가 "이렇게 많은 학생의 묘지 속에 어떻게 교수 한 명의 묘지도 없단 말인가"라고 탄식했다던데, 우리 이런 탄식을 되풀이 말자. 대학을 지키고, 지키지 못하면 우리 학생들의 묘지 곁에라도 같이 눕자.

시민들아! 우리를 지켜줄 이는 모든 책임을 다른 이에게 미루고 부하 뒤에 숨어버리는 정치 지도자도, 슬픔까지 선거에 이용하려 머리를 굴리는 정치인들도, 음침한 지하실에서 댓글을 다는 이들도 아니다. 시민들이 있어야 할 곳은 저 바리케이드 너머 '광장'이다. 그 민주주의의 광장을 돌려받고 끝까지 거기를 지켜내자.

우리 계속 아파하자, 계속 계속 미안해하자. 하지만 그것만으론 충분하지 않다. "이제 우리가 자리를 지킬 차례다." 죽어서라도 지키자. 또다시 어린이들을 남겨놓은 채 탈출하는 기성세대는 되지 말자. 그래야 나중에 젊은 꽃들을 만나도 덜 부끄럽지 않겠는가.

〈경향신문〉, 2014. 5. 2.

우리만이 아는 대답

2014년 2월 "마지막 집세와 공과금입니다. 정말 죄송합니다"라는 유서를 남기고 떠난 일명 '송파 세 모녀 사건(2014. 2. 26.)'은 한국 사회의 사회안전망과 사각지대 문제를 다시 부각시키는 계기가 되었다. 이 사건을 자세히 들여다보면 그 핵심에 질병과 장애, 그리고 높은 의료비가 자리했음을 알 수 있다. 문제는 그 비극이 '송파 세 모녀'로 끝나지 않는다는 것이다. 간단한 기사 검색만으로도 우리는 이와 유사한 '동두천 모자 사건(2014. 3. 2.)' '경기도 광주시 세 가족 사건(2014. 3. 3.)'을 만날수 있다. 정부와 국회가 대책을 만들겠다며 호들갑을 떨지만 이러한 비극은 한국 사회에서 여전히 진행형이다. 이른바 2015년 한국 사회는, '세계 10대 경제 대국' 운운하는 선전과 동시에 질병과 높은 의료비로 인해 목숨을 끊는 사람이 속출하는 비극이 함께 공존하는 기괴한 사회인 것이다.

그러한 비극적 상황을 조금 더 구체적으로 살펴보자. 최근 연구 결과에 따르면 한 가구의 소득에서 의료비 지출이 차지하는 비율이 10%를 넘는 가구수가 20.6%에 달하며 심지어 40%를 넘는 가구도 4.7%에 달한다. 이러한 '재난적 의료비'는 곧바로 빈곤으로 이어진다. 실제로 이런 높은 재난적 의료비(10% 기준)가 발생한 경우, 빈곤층으로 떨어질 확률은 18.6%로 재난적 의료비가 발생하지 않은 가구의 확률인 5.7%의 3.2배에 달한다. 더욱이 소득의 40% 이상을 의료비로 지출할 경우 빈곤화 확률은 더 증가하여 30.2%에 달하는데, 이는 그만큼의 의료비를 지출하지 않는 가구에 비해 4.3배나 높은 수치이다. 또한 이렇게 높은 의료비를 지출하는 가구는 빈곤에서 빠져나오지 못하게 될 확률도 훨씬 높다.

이렇게 높은 의료비로 인해 빈곤의 나락으로 떨어지고 또한 빈곤 속에서 헤어 나오지 못하는 이들은 누구일까? 연구 결과는 이들이 소득 수준이 낮으며, 취업가구원이 없고, 자기 소유의 집이 없으며, 가구주가 여자·노인·장애인인 사람임을 보여준다. 심지어 의료급여 대상자들도 여기에 포함된다. 당연한 듯 보이면서도 비정하고 가슴 아픈 결과라 아니할 수 없다.

왜 이런 일들이 벌어졌을까? 결론적으로, 우리나라 의료보장제도가 사회안전망으로써의 기능을 제대로 못 하기 때문이다. 우선 의료보장제도의 보장 수준이 너무 낮다. 한국 건강보험제도의 보장 수준은 흔히 62.5%(2012년)로 인용되는 경우가 많지만, 환자 본인이 지급하지 않는 의료비 부분을 계상할 경우 56%에 불과하다고 주장되기도 한다. 정부의 공식적인 건강보험 보장률을 그대로 받아들인다고 해도, 보장률 수치는 2006년 64.5%, 2007년 65%, 2008년 62.6%, 2009년 65%, 2010년 63.6%, 2011년 63%로 감소추세를 보이고 있다. 결과적으로, 2012년 한국 본인 부담률 35.9%는 덴마크 12.4%, 프랑스 7.5%, 독일 13.0%, 미국 12.0%, 캐나다 15.0%, 일본 14.0%에 비해 매우 높은 수준이다. 더욱더 참혹한 것은, 이들 수치는 의료보험 가입자에 대한 것으로, 보험료 체납 등으로 인해 의료보험이나 의료급여 등 의료안전망의 사각지대에 있는 사람의 규모가 250만 명이 넘는 것으로 보고되고 있다는 사실이다.

왜 우리나라의 의료안전망은 이렇게 부실할까? 또 이렇게 의료비 때문에 빈곤의 나락으로 떨어지거나 결국 죽음을 선택할 수밖에 없는 '전근대적인' 사회를 어떻게 넘어설 수 있을까?

다양한 진단과 처방이 있을 수 있고 그간에 수많은 안들이 제시되어 왔다. 어떤 이들은 먼저 돈 이야기부터 할 것이고, 또 어떤 이들은 다른 선진 복지국가처럼 '진료비 상한제'와 같은 제도를 전면 도입하자고 한다. 하지만 이러한 논의는 늘 맥없이 중단되어 왔고 취약한 의료안전망으로 인한 서민의 고통은 지속되고 있다. 이는 개별 정책의 수립과 집행이 기본적으로 그 사회의 맥락 속에서 이루어질 수밖에 없는데, 현재 한국 사회는 '가진 자들 중심의 정치' 그리고 그것을 떠받치고 있는 '반복지담론'이 강력한 힘을 발휘하고 있기 때문이다. 따라서 이러한 정치구조와 담론의 획기적인 변화 없이는 어떤 좋은 정책도 제안되어 시행되기 어렵다. 무엇보다 그간의 역사가 그것을 실증적으로 보여준다.

오늘 한국 사회의 전망이 더욱 비관적인 것은 이러한 상황에도 불구하고, 현 정부는 '의료민영화' '의료영리화'를 핵심적인 국정 기조로 삼고 있다는 것이다. 이는 의료안전망을 튼튼하게 하는 것이 아니라, 오히려 의료체계를 영리의 지배하에 두는 정책이다. 당연히 의료비는 급속히 증가할 것이고, 높아진 의료비를 감당하지 못하는 이들의 수 또한 늘어날 것이다.

신문의 지면은 앞으로도 오랫동안 의료비를 감당 못 해 세상을 등지는 또 다른 '송파 세 모녀' '광주시 세 가족' '동두천 모자'의 기사로 메워질 것이다. 이쯤에서 밥 딜런의 노래 가사가 떠오른다.

"사람은 얼마나 많은 길을 걸어야 / 사람이라고 불리 울 수 있을까? / 흰 비둘기는 얼마나 많은 바다를 건너야 / 모래밭에서 편안히 잠들 수 있을까? / …… / 친구여, 그 대답은 바람결에 흩날리고 있다네 / 그 답은 불어오는 바람 속에 있다네."

이 노래는 우리에게 이렇게 묻는 듯하다.

"한국 사회는 어떤 노력을 얼마나 해야 / 가난하고 아픈 이들이 돈 걱정을 하지 않고도 치료받을 수 있는 세상이 될까? / 그 대답은 당신만이 알고 있다네."

결국, 이 질문에 대한 우리의 대답과 행동이 우리 사회의 미래를 결정할 것이다.

'우리만이 아는 대답': 의료비로 인해 고통받는 사회와 그 해결책

〈복지동향〉, 2015년 2월

진짜 싸움

서울 강남역 살인 사건이 새 국면을 맞고 있다. 살인 용의자 김 아무개 씨의 정신질환 유무가 문제가 되면서부터다. 논의의 가치가 없는 황당한 주장들을 배제하더라도, 김 씨가 분명하고 심각한 정신질환을 가졌다면 그간 '여성혐오' 문제를 중심으로 일어났던 사회적 공분은 새로운 입장 정리가 필요하다.

며칠 전 지인에게 "이 사건이 곧 정신질환 문제로 이슈 전환이 시도될 것"이라고 말했다. 내가 이런 예언(?)을 한 까닭은 이 사건이 충격적이지만 매우 정치적인 사건이고, 또한 쉽게 '정신질환'이란 말을 가져다 쓸 수 있는 사건이기 때문이다. 진실 여부와 무관하게, 지배 권력(정부와 경찰)은 문제의 축소를 원하고, 이때 가장 쉬운 방식이 범죄자를 '정신장애인'으로, 그의 행위를 '병적 행위'로 규정하는 것이다. 이러한 작업을 진행하는 데 필요한 정신 분야 전문가들 역시 자신들의 전문성과 권위를 높인다는 점에서 정부의 이러한 태도에 협조할 가능성이 크다. 이런 문제 해결 방식은 이번 말고도 그간 수없이 반복되어 왔다.

사실, 이 사건은 한마디로 요약하기가 어려운 사건이다. 김 씨가 확실히 정신장애인이라면 그는 유죄 판결이 아니라 감호 명령을 받게 된다. 또한 그가 사람을 죽인 이유로 들었던 '여성 혐오'는 하나의 '병적 증상'이 되어버리고 만다. 물론 이 경우에도 '여성혐오'가 피해망상의 내용이 되었다는 점에서 작금의 여성혐오 문제는 여전히 남겠지만 '여성혐오'와 관련한 주장의 힘이 떨어지는 것은 불가피해진다. 이후에는 정신장애인 치료 체계 미비와 낙인 문제가 주된 이슈가 되어버릴 수 있다. (물론 대중은 이 이슈에는 크게 관심을 갖지 않을 것이다.) 이렇게 되면 일반 인에 비해 범죄를 야기할 가능성이 훨씬 낮은데도 정신장애인 을 잠재적 범죄자로 간주하게 만드는 이번 경찰의 발표나 대중 매체의 보도 방식에 문제를 제기해야 한다.

그럼에도 잊지 말아야 할 것은 이 사건의 파장이 이렇게 커 지도록 만든 한국 사회에서, 여성들에 대한 혐오가 여전히 광 범위하게 퍼지고 있고, 이런 현상은 김 씨의 정신장애 보유 유 무와 하등 상관이 없다는 사실이다. 이 사건이 더욱 무서운 것 은 아무도 이것이 '마지막 사건'이 되리라고 생각하지 않는다 는 것이다. 또한 사회적 약자라면 그 대상에서 예외일 수 없다 는 점이다. 한마디로 언제든지 "그녀는 나일 수 있다." 우리 사 회가 근원적인 처방을 내리고 이에 대한 적극적인 변화를 실제 로 만들어내지 못한다면 여성뿐만 아니라 이주자, 빈곤자, 동성 애자 등 사회·정치적 소수자에 대한 제2, 제3의 '강남역 사건'

은 계속될 것이다. 그렇기에 강남역 사건의 가장 큰 비극성은 어쩌면 강자들의 비웃음과 무관심 속에서 이루어진 '약자(병자)에 의한 약자(여성)의 살인'에서 찾아야 할지도 모른다. 세상에서 가장 비극적인 일은 '동족상잔'이다.

더 이상의 비극을 막기 위해 우리는 답을 찾아야 한다. 가장 먼저 해야 할 일은 '약육강식'의 논리와 청년실업 등 갈수록 커지는 '사회불평등'과 맞서 싸우는 일이다. 큰 사회문제를 개인의 질병 문제로 과도하게 축소하려는 지배 권력의 교묘함과도 싸워야 하고, 이 과정에서 정신장애인의 인권도 함께 지켜야 한다. 그래서 이 싸움은 쉬운 싸움이 아니다. 그러나 피할 수 없는 싸움이다. 이것은 인류의 생존을 건 지난한 '진짜 싸움'이다. 이 싸움에서 중요한 것은 약자들 간의 연대이다. 그래서 이 진짜 싸움의 슬로건은 아마 다음과 같아야 할 것이다. 질 들뢰즈와 펠릭스 가타리란 철학자가 한 말이다.

"우리 모두는 약자이자 소수자입니다."

'진짜 싸움'

〈한겨레〉, 2016. 5. 23.

박정희와 비스마르크를 넘어서

병원비 걱정 없는 나라를 만들겠다는 문재인 대통령의 선언 이후, 여기저기서 기대와 불안이 섞인 움직임들이 나타나고 있다. 지난주에는 일부 의사단체 회원들이 모여 건강보험 개편안에 반대하는 시위를 벌였다. 하지만 전면 비급여를 철회하고 의료수가를 올려달라는 이들의 주장은 국민의 지지를 받지 못하고, 결국 이번 일부 의사단체의 '투쟁' 역시 성공할 것 같아 보이지 않는다.

문제는 지난 100년간 한국 의사 사회가 이렇게 늘 '지는 싸움'만을 해왔다는 것이다. 한국 의사 사회는 우리나라 의료보장제도를 시작할 때 관행 수가의 55%에 불과한 낮은 수가를 채택한 것이 모든 문제의 원죄(原罪)라고 이야기한다. 이 주장은 의사 사회 내에서 서로 인용되면서 강화되어 '절대 진리'가 되었다.

의료 과정의 불친절, 과잉 진료, 낮은 의료의 질 등 무슨 문제를 제기할 때마다 이 모든 문제의 근원에 '낮은 수가'가 있다는 것이다. 그 주장이 일견 타당할 수 있다. 하지만 이와 함께 이야기해야 할 것이 있다.

우선, 현실에 안 맞는 '강요된 낮은 수가'는 독재의 산물이었다는 사실이다. 박정희 정권은 낮은 수가만이 아니라 의료 부문에 대한 투자도 하지 않았다. 우리나라에서 공공병상이 차지하는 비율이 10%조차 안 되는 것도 그의 작품이다. 의사가 되는 데 들어가는 돈, 의료기관을 만들고 운영하는 데 들어가는 돈이 대부분 의사 자신에게서 나왔다.

5·16 군사쿠데타로 집권한 박정희는 민심 무마책의 일환으로 의료보장제도를 법제화하지만, 그 시행은 1977년이 되어서야 이루어졌다. 박정희 정부가 의료보험을 도입한 주된 이유도 국민의 기본권 보장이 아니라 '정권의 정당성 확보'였다. 박정희의 의료보험 시행은 철혈재상 비스마르크의 사례와 흡사한데, 1883년 비스마르크가 독일 노동자의 봉기를 미연에 방지하기 위해 유럽에서 제일 먼저 의료보험을 실시한 것처럼, 박정희 또한 사회보장제도를 통해 '노동 평화'를 사고자 했던 것이다. 이러한 전통은 전두환, 노태우 정권으로까지 이어졌다. 1988년 농어촌의료보험의 실시와 1989년 전 국민 의료보험 시대의 개막은 정권의 보위와 정당성 확보를 위한 정치적 결정이었다.

그러나 더욱 큰 문제가 있다. 현재의 박정희식 의료보험체계는 고성장과 완전고용을 전제로 한 비스마르크식 제도이다. 고령화, 장기적 저성장, 낮은 고용률의 상황에서 '비스마르크식 사회보장체계'는 더 이상 지속 가능하지 않은 제도이다.

이쯤에서 다시 한번 명토 박아 두자. 먼저, 의사 사회가 그

독재 정권에 얼마나 적극적으로 저항했는지 성찰이 필요하다. 또한 박정희 정권은 낮은 수가만을 강요하지 않았다. 실제로는 많은 비급여와 리베이트의 뒷문을 열어주는 방식으로 일종의 '담합 구조'를 만들어냈다. 따라서 한국 의사 사회는 정부에 대한 비판 못지않게, 그간의 역사를 성찰하고 스스로 변화를 각오하고 이뤄내야 한다. 그러지 않는 한 국민의 지지를 얻기 어려울 것이며 100년이 지나도 여전히 '지는 싸움'만을 계속할 것이다. 더욱이 어느 정권이 들어서더라도 의료보장체계의 개혁은 불가피한 상황이 되었다. 비스마르크와 박정희식 의료보장을 청산하고, 건강권에 기초한 보건의료체계를 구축하는 싸움에 의사 사회가 국민과 어깨를 걸고 함께 행진하는 날을 고대해 본다.

'의료 보장' 비스마르크와 박정희를 넘어서
〈경향신문〉, 2017. 8. 29.

우리 인류의 '마지막 싸움'

　김 형,《사피엔스》의 저자 유발 하라리는 몇해 전 한 강연에서 "약 200년 뒤에는 (지구상에) 인간이 없을 거라고 생각한다"라고 했지요. 우리에게《총, 균, 쇠》로 유명한 재레드 다이아몬드 교수도 앞으로 50년간 인류가 어떻게 하느냐에 따라 100년이나 200년 뒤에는 더 이상 지구에 인간이 살지 않게 되거나 석기시대처럼 살아가게 될 것이라고 맞장구를 쳤습니다.

　당시 이 발언을 들었을 때는 무슨 종말론적 주장처럼 여겨졌으나, 얼마 전 일주일 가까운 시간을 초미세먼지 속에서 살아보니 이 공상과학소설 같던 이야기가 이제는 실감 나기 시작합니다. 따가운 눈과 목도 불편했지만 더 고통스러웠던 것은 마스크를 쓰고 초등학교 입학식에 가는 어린이들과 지하철 안에서 싸고 성능 좋은 마스크가 무엇인지 열심히 인터넷 검색을 하고 있는 청소년들을 바라보아야 했을 때입니다. 미세먼지 사태를 계기로 새삼스레 작금 지구의 상황을 돌아보면, 전 지구를 뒤덮고 있는 쓰레기와 각종 환경오염, 핵발전소, 대량살상무기의 위협에 이르기까지 하루하루가 아슬아슬합니다.

이 모든 문제에 대부분의 책임이 있는 기성세대이자 명색이 전문가로서 이 문제의 해결을 고민하지 않을 수 없었습니다. 하지만 오늘날 생태위기는 기존의 자연재해와는 달리 우리가 넘어야 할 '다섯 가지 패러독스'가 있다는 것을 알게 되었습니다.

첫째는 '지킬 박사와 하이드' 패러독스입니다. 작금의 생태위기는 과거 모든 문제를 해결해 줄 '마법의 탄환'으로 여겨온 그 과학기술이 만들어내는 문제입니다. 썩지 않는 플라스틱 쓰레기, 매연을 쏟아내는 자동차와 화력발전소, 방사성 폐기물을 만들어내는 원자력발전소 등은 개발 당시 과학기술의 승리로 불린 것들이지요.

둘째는 '키케로' 패러독스입니다. 2,000여 년 전 로마 정치가 마르쿠스 키케로는 "모두들 노년에 도달하기를 바라면서도 일단 도달하고 나면 비난하니, 이 얼마나 어리석고 모순되고 이치에 어긋나는가!"라고 한탄했습니다. 우리가 과학기술의 발전을 통한 완벽함을 지향할수록 우리의 노년은 길어지고, 우리의 불완전함은 더욱 부각됩니다. 의학기술의 발전이 고령화 문제의 해결책이기보다는 오히려 중요 이유이기도 하다는 것이 이를 보여줍니다.

셋째는 '시간감각 불일치' 패러독스입니다. 현재 과학기술이 만들어내고 있는 위험은 시차를 가집니다. 현재보다 미래의 위험과 불확실성이 훨씬 크지요. 그러나 우리는 일반적으로 자신의 생애 안에 일어나지 않는 일에 별로 관심을 보이지 않습니다. 더욱이 미래세대의 목소리는 늘 기성세대의 목소리보다 작고 힘이 없지요.

넷째는 '공범 만들기' 패러독스입니다. 과학기술이 야기하는 문제들에 대해 문제를 제기하면, "너도 자동차, 비닐, 전기를 사용하고 있지 않느냐?"는 질문이 곧바로 돌아옵니다. 그러나 이러한 주장은 더 크고 근원적인 원인을 제공하는 이들과 사실상 선택권이 없는 서민들을 섬세히 구별하지 않습니다.

다섯째는 '증가하는 격차' 패러독스입니다. 과학기술이 발전하면 할수록 거대과학과 거대 자본의 결합은 강화되는 반면, 전문 지식에 취약한 일반 시민은 더욱 왜소해집니다. 이러한 격차는 시간이 지날수록 더 큰 격차를 만드는 악순환을 야기하고 있지요.

현재 인류가 맞이하고 있는 위기는 이러한 특징 때문에 극복하기 어려운 문제입니다. 과거 인류가 직면하지 못했던 위기이기도 하지요. 이런 고민을 알고 있듯이, 유발 하라리는 또 이렇게 말합니다.

"호모 사피엔스에게는 여유가 없다. …… 하지만 공학자는 인내심이 평균보다 낮고 투자자는 최악이다. 생명을 설계할 힘으로 무엇을 할지 당신이 모른다 해도, 답을 찾을 때까지 1000년의 시간을 시장 권력이 기다려주지 않을 것이다. 시장의 보이지 않는 손은 자신의 맹목적인 답을 당신에게 강

요할 것이다.˝

　김 형, 우리 인류는 과연 이 다섯 가지 패러독스를 넘어설 수 있을까요? 늘 그렇듯 저는 그리 긍정적이지 못합니다. '과학 입국' '신성장 동력' '4차 산업혁명' '규제샌드박스'만이 살길이란 깃발이 영리화와 과학만능주의라는 광풍에 가장 힘차게 휘날리고 있는 곳이 바로 한국 사회 아닌가요? 김 형, 저는 인류의 미래가 어떨지 잘 모르겠습니다. 하지만 한 가지 분명한 사실은 압니다. 이 다섯 가지 패러독스와의 싸움이 우리 인류의 '마지막 싸움'이 될 것이라는 겁니다.

〈한겨레〉, 2019. 4. 15.

의료보험증 불살라 만든
국민건강보험

1989년 경기도 용인군 농민들은 가구당 평균 5,320원이던 의료보험료가 새해 들어 68.4%나 오르자 의료보험 거부 운동에 돌입했다. 일부 지역에서는 의료보험증을 불사르기도 했다. 그런 다사다난한 역사와 함께 2019년에 전 국민 건강보험 30주년을 맞았다. 돌아보건대 우리나라 건강보험제도에는 두 가지 역사가 있었다.

첫 번째 역사는 노동생산성을 높이고 노동자들의 불만을 잠재우는 동시에 정권의 정당성을 높이려는 시도가 만들어낸 역사다. 철혈재상 비스마르크가 그랬고, 쿠데타를 통해 성립된 제2공화국도 그랬다. 1975년 의료보험 실시를 건의했다는 신현확 당시 보건사회부 장관의 회고록에 따르면, "남북 간 경쟁에서 우위를 점하고 체제를 안정시키기 위해" "안정적인 경제성장을 위해서도 국민 생활을 '적절히' 개선해 줄 필요가 있다"는 말로 권력자를 설득했다고 한다. 두 번째 역사는 이른바 '두레' '계' 등으로 상징되는 오래된 상부상조의 전통이다. 조선인들의 건강에는 아무런 관심이 없던 일제강점기 때조차 노동자와 농민은 스스로 자신의 질병 문제를 해결하려고 다양한 노력을 기울였다. 그중 대표적인 것이 1928년 원산노동연합회가 만든 원산노동병원이다.

1988~1989년에 걸쳐 농민들이 의료보험증을 불살랐던 사건은 정권의 안위와 노동생산성 향상을 위해 어느 날 갑자기 강제로 의료보험료를 내라고 했던 '첫 번째 역사'를 거부하는 사건임과 동시에, 스스로 자신들의 의료보장제도를 만들려는 '두 번째 역사'의 실천이었다. 그 뒤 농민들은 공화당사를 점령함으로써 의료보험 통합 운동의 도화선 역할을 했다. 이렇게 시작한 시민·노동사회의 연대는 2000년 마침내 지금의 통합의료보험 체계를 만들었다. 수백 개로 나뉘어 있었던 조합이 하나로 통합되지 않았다면 가난한 조합과 부자 조합 간 격차 문제, 의료보장 확대의 어려움 등 때문에 건강보험제도는 사회안전망으로서의 기능을 지금 정도로 담보하기 어려웠을 것이다.

그러나 지난 30년간 전 국민 건강보험이 이루어낸 일부 성과에도 불구하고 객관적인 수치가 보여주는 평가는 실로 부끄럽다. 여전히 건강보험 보장률이 60% 수준으로, 이는 경제협력개발기구 회원국 평균 80%에 크게 못 미치는 '반쪽짜리 건강보험'이다. 이로 인해 10%에 달하는 의료 미충족률과 4%에 달하는 재난적 의료비 지출 가구 문제를 야기하고 있다. 여기에 보험료 미납 등으로 의료 사각지대에 놓여 있는 400만 명의 문제를 더하면, '전 국민 건강보험'이라는 표현이 무색해진다.

지난 2일 전 국민 건강보험 시행 30주년 기념식에서 문재인 대통령은 임기 내에 전체적인 보장률을 70%까지 높이겠다고 약속했다. 일단 환영할 만한 일이지만 약속을 지킬 가능성은 낮다. 이미 의료비 증가 속도가 경제협력개발기구 회원국 평균의 5배에 이르는 상황에서, 정부가 발 벗고 의료영리화 조치를 하루가 멀다 하고 쏟아내고 있고, 이들 조치가 실효화될 경우 국민건강보험 재정은 급격히 악화될 것이다. 반면 지속 가능한 건강보장체계 구축을 위해 꼭 필요한 지불제도 개편, 일차의료 중심의 의료서비스 제공체계 구축, 공공보건의료 부문의 질적·양적 강화 등의 구조적 전환 작업은 시작조차 못 하고 있다. 더욱이 보험료 인상 등은 국민의 동의와 지지 없이는 불가능한 일이다.

　　국민을 설득하기 위해서는 정부의 솔선수범이 절대적으로 필요하다. 그런데 의료보험 통합 당시 정부가 약속했던 국고 지원은 1992년 36.1%를 기록한 뒤 2018년 현재 13%까지 떨어졌다. 일본의 46%, 대만의 33%에 비해 턱없이 낮은 수치다. 현재처럼 의료비 증가의 모든 위험을 전적으로 국민이 떠안는 상황에서 의료보장성 강화는 불가능하다.

　　우선 정부의 국고 지원 비율을 30% 이상으로 높여야 한다. 아울러 국민건강보험 거버넌스의 전면 개혁이 필요하다. 보건복지부 산하 '건강보험정책심의위원회' 등을 국민이 실질적인 주인 역할을 할 수 있도록 개편해야 한다. 그래야 "국민건강보험 기금을 (영리) 바이오헬스 산업에 투자하겠다"는 국민건강보험공단 이사장의 발언 같은 것이 나오지 않는다.

전 국민 건강보험 30주년을 맞는 해, 건강보장 쟁취의 역사는 우리에게 말한다. 국민건강보험이 모든 국민이 주인 되는 견고한 사회안전망으로 자리 잡게 하기 위해 우리는 다시 의료보험증을 불사르고 정당을 점거해야 할지도 모른다고. 1989년 농민들이 그랬던 것처럼.

〈한겨레〉, 2019. 7. 26.

푸른 유리 한 조각

우리 모두의 가슴속에는 푸른 유리 한 조각이 있습니다. 그 것은 어느 날 누군가에 의해 바닥에 내팽개쳐졌을 때 우리 몸의 일부가 부서져 생겨난 듯합니다. 그래서인지 그 유리 조각은 멍 색깔처럼 푸릅니다. 그것은 가슴속에서 수정처럼 날카롭게 자라났습니다. 내 안에서 그것이 달각거리는 날이면 심장을 찔러 가슴에 피가 흥건히 고이기도 했습니다. 어떤 땐 그것을 꺼내 들어 다른 이를 찌르기도 했습니다. 찌를 때는 통쾌했지만 유리 조각을 움켜쥔 손에서도 피가 흘렀습니다.

온 세계가 코로나19 대유행으로 어수선하지만 하늘은 천연덕스럽게 푸르고 볕은 따스한 봄날, 저는 오랜만에 가슴속 그 유리 조각을 꺼내 보드라운 천으로 닦았습니다. 유리 조각도 저처럼 나이를 먹나 봅니다. 여러 차례 찌르고 부딪친 까닭에 여기저기 무디어졌습니다. 하지만 여전히 그 푸른빛은 제 가슴을 설레게 하고 군데군데 남아있는 뾰족하고 날카로운 날은 잠시라도 한눈을 팔면 스치는 것들에 붉은 핏자국을 남기기에 충분했습니다.

오늘 오랜만에 가슴속 이 유리 조각을 꺼내든 이유는 두 가지입니다. 하나는 이제 곧 다가올 총선입니다. 저는 그날 이 푸른 유리 조각을 가슴에 품고 투표장에 가려고 합니다. 찍을 사람이 없어도 가려 합니다. 제가 투표장에 안 가면 바로 '저들'이 제일 좋아할 테니 마스크 두세 개를 착용하고라도 갈 겁니다. 국회의원이 되어서는 안 되는 사람을 안 되게 하려고, 푸른 유리 조각으로 내리찍듯, 그들을 찍지 않으러 가렵니다.

그래도 찍을 사람이 없으면 '나'를 찍으면 됩니다. 부자는 부자를 찍을 테니 걱정 말고 가난한 사람은 후보 중 가장 가난한 사람을 찍으면 됩니다. 여성은 여성을, 젊은이는 가장 젊은 이를, 비정규직은 비정규직을 찍으면 됩니다. 그렇게 하면, 유권자 중 50.5%가 여성이니 여성 국회의원 수가 반을 넘고, 19세부터 39세 유권자가 44.2%에 달하니 국회의원의 거의 반이 상대적으로 젊은 사람들로 채워질 겁니다. 노동자 중 비정규직이 37%이니 국회의원의 상당수가 비정규직 출신이 될 테고, 연 가구소득이 6000만 원이 안 되는 서민들이 80%이니 국회의원의 절대다수도 서민들과 비슷한 경제 수준인 사람들이 되겠지요. 상상해 보세요. 이렇게만 된다면, 완벽하지는 않더라도 지금보다 훨씬 더 민의를 잘 대변할 국회가 되겠지요?

너무 잘 알려진 이야기지만, 캐나다인들이 가장 사랑하는 정치가 토미 더글라스는 "생쥐나라"라는 제목의 연설에서, 생쥐들을 못살게 하는 검은 고양이를 몰아내고 다시 그 자리에

흰 고양이를 앉히고 좋아하지 말고 생쥐나라에서는 생쥐를 지도자로 뽑으라고 했지요.

그의 말대로 국민들은 생쥐를 지도자로 뽑아 행복한 나라를 만들었지요. 그러니 '그/그녀' 말고 '나'를 찍으세요. "그래도 의리가 있지" "미워도 다시 한번" "비판적 지지" 뭐 이런 달콤한 유혹에 넘어가지 않게 이번에는 한 손에 날카로운 유리 조각을 꽉 움켜쥐고 다른 손으로 '나'를 쾅 찍으렵니다.

유리 조각을 꺼내든 두 번째 이유는 코로나19 때문입니다. 빅터 프랭클이 아우슈비츠 수용소에 갇혔을 때 한 동료가 막사로 들어와 가스실로 가지 않는 묘책을 이야기했다고 합니다. 매일 아침 남은 빵을 포기하더라도 유리 조각으로 면도를 하라는 것이었지요. 그래야 일할 능력이 있는 것처럼 보여 가스실로 끌려가지 않는다는 것이었습니다. 하지만 저는 살기 위해서가 아니라 비록 오늘 가스실로 끌려간다고 해도 그 푸른 유리 조각으로 아침 면도를 하기로 마음먹었습니다. 왜냐고요? 끌려온 130만 명 중 110만명이 죽은 지옥 같은 수용소 삶 속에서도 프랭클은 한 가지 진리를 깨달았습니다. "인간에게 모든 것을 빼앗아갈 수 있어도 단 한 가지, 마지막 남은 인간의 자유, 주어진 환경에서 자신의 태도를 결정하고, 자기 자신의 길을 선택할 수 있는 자유만은 빼앗아 갈 수 없다"는 거지요. 이 자유가 바로 우리 가슴 속의 푸른 유리 조각입니다. 저는 이 고통의 시간, 이 푸른 유리 조각으로 자격 없는 정치인들, 혐오와 배제와 싸우는 자유를 선택하렵니다.

지금 수많은 사람을 고통으로 내몰고 있는 것은 코로나바이러스가 아닙니다. 깊은 동굴 속에서 잠자고 있던 코로나바이러스를 깨워 불러낸 것은 우리 인간의 탐욕이고 이 푸른 유리 한 조각 제대로 가슴에 품지 못했기 때문입니다. 그렇기에 인류의 종말까지 거론되는 위기의 시기에 마지막으로 우리가 준비해야 할 것은 인공호흡기가 아니라 이 푸른 유리 한 조각일지도 모릅니다.

잠자리에 들기 전 조심스레 가슴을 열어 안을 들여다봅니다. 캄캄한 어둠 속에서 유리 한 조각이 제법 푸른빛으로 반짝입니다. 우리 아이들이 잠든 깊은 바닷속 같습니다.

〈한겨레〉, 2020. 4. 2.

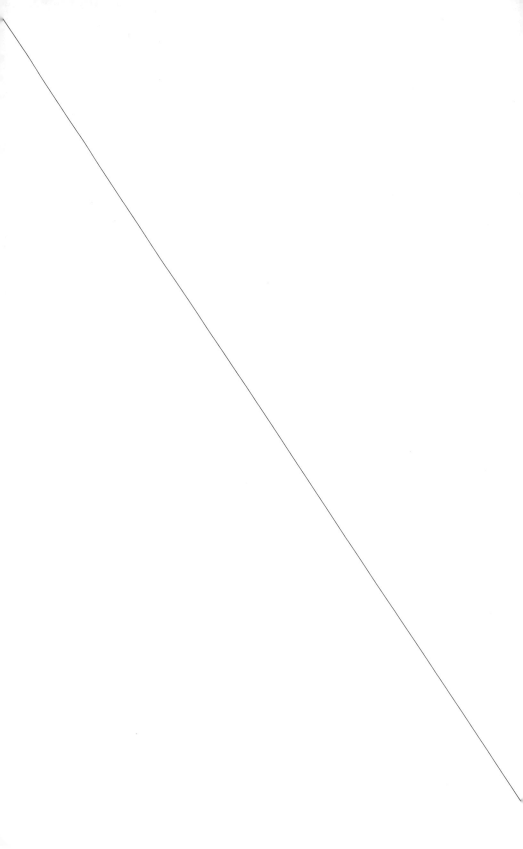

희망: 퓨즈만이 희망이다

8장

많은 진보세력들이 암울한 전망을 쏟아내고 있다.

하지만 전망은 모순의 현실 속에 있다.

어두운 밤이 되어서야 별을 볼 수 있듯,

우리는 낮보다 밤에 더 멀리 볼 수 있다.

싸움을 중단하지 않는 한, 다시 말해 '무엇을 할 것인가?'라는

질문을 중단하지 않는 한 우리에게 패배는 없다.

이것이 바로 '역설의 정치학'이자 '희망의 정치학'이다.

역설과 희망의 정치학

    니콜라이 체르니셰프스키가《무엇을 할 것인가?》라는 소설을 쓴 것은 1863년 수용소에서였다. 그의 소설은 이후 많은 이들에게 영감을 가져다주었다. 하지만 이 질문을 던진 이는 그만이 아니다. 아픈 시대를 살아가는 많은 이들, 특별히 토머스 홉스가 말한 '인간의 인간에 대한 늑대'로 살기보다 아나키스트 표트르 크로포트킨의 '서로 돕는 만물적 존재'로 살기 원했던 많은 이들이 같은 질문을 던졌고, 역사의 진보를 만들어온 이들은 바로 이 질문에 대한 답을 마치 '정언명령'인 양 실천했던 이들이었다.

    여전히 세상은 아프다. 아프가니스탄 인질 사태, 비정규직법과 관련한 이랜드 사태, 북핵문제, 자유무역협정 협상, 그리고 코앞으로 다가온 대통령 선거 등으로 나라 안팎이 온통 어수선하다. 보건의료 부문도 예외가 아니다. 경제자유특구 내 외국병원 허용, 유인·알선과 영리성 부대사업을 허용하는 의료법 개정, 채권발행을 통한 투기성 자본의 육성, 그리고 자유무역협정의 강행 등은 건강과 보건의료서비스를 국민의 보편적 권리라고 주장했던 이들에게는 마치 쓰나미 같은 재앙이 밀려오고 있는 느낌을 준다.

이른바 87년 체제에서 진보 진영은 정치 영역의 민주화를 진일보시켰으나, 새로운 사회에 대한 전망과 국민적 동력을 이끌어내지 못한 채, 지구화한 대자본과 수구세력에 급속히 포섭당하고 있는 양상이다. 지금 우리 사회가 겪고 있는 아픔은 이러한 상황과 깊이 연결되어있다. 이것은 보건의료 부문에도 그대로 적용된다.

우선 나는 2007년 한반도, 그리고 보건의료 영역을 '거대 위기의 시공간'이라 명명한다. 이 세기의 모순이 '여기'만큼 응축된 곳을 찾기 어렵기 때문이다. 이 공간과 시간을 '위기'라 명명했을 때 우리는 무엇을 할 것인가?

위기의 본질을 늘 먼저 규정하는 것은 위기의식의 부재, 전망과 전의의 부재다. 그러하기에 이 위기를 보건의료 부문의 위기로 국한하더라도, 이 위기의 시대에 우리가 해야 할 첫 번째 일은 '위기의 선포'이다. 작금의 상황이 국민들을 얼마나 더 힘들게 할 것인지, 건강과 의료 이용의 불평등을 얼마나 심화시키고, 우리 몸과 영혼 모두를 얼마나 상품화시키고 그 존재 자체를 유린할 것인지, 특별히 사회적 약자들을 얼마나 더 힘들게 할 것인지, 구체적이고 과학적인 근거를 가지고 또한 누구나 이해할 수 있는 쉽고 명확한 언어로 또박또박 설명해야 한다. 둘째는 구체적인 전망의 개발과 제시이다. 하지만 미래에 대한 전망은 점을 치는 것이 아니라 만들어가는 것임을 잊지 말아야 한다. 진정한 개혁가는 정치적 실현 가능성을 재지 않고 그것을 어떻게 만들어나갈 것인지 고민한다. 그러기에 전망은 그 자체가 우리의 '행동강령'이 되어야 한다. 나는 작금 우리 사회 보건의료 부문의 전망과 목표는 미국식 의료체계를 '거부'하고 유럽식 의료체계를 '넘어서는 것'이라고 생각한다.

마지막으로 위기의 시기에 중요한 것은 희망의 단초들을 만들어내는 것이다. 희망의 근원을 제공하는 것, 이것이야말로 역사의 새벽을 열고자 하는 이들의 막중한 임무이다.

많은 진보세력들이 암울한 전망을 쏟아내고 있다. 하지만 전망은 모순의 현실 속에 있다. 어두운 밤이 되어서야 별을 볼 수 있듯, 우리는 낮보다 밤에 더 멀리 볼 수 있다. 싸움을 중단하지 않는 한, 다시 말해 '무엇을 할 것인가?'라는 질문을 중단하지 않는 한 우리에게 패배는 없다. 이것이 바로 '역설의 정치학'이자 '희망의 정치학'이다.

무엇을 할 것인가? 역설과 희망의 정치학

〈건치신문〉, 2007. 9. 10.

우리가 꿈꾸는 '100만 원의 기적'

2010년 7월 1일은 건강보험이 단일보험자로 통합을 이룬 지 10주년이 되는 날이다. 일반 국민은 이것이 무슨 소리인가 하겠지만 1989년 전 국민 의료보험을 시작할 때만 해도 우리나라 건강보험은 수백 개의 조합으로 쪼개져 있었다. 그래서 강남구처럼 부자 조합은 돈이 남고, 철원군처럼 가난한 조합은 늘 적자에 시달렸다. 조합은 낙하산 인사와 각종 부패의 온상이기도 했다.

이러한 '조합 방식'은 사회적 연대를 기반으로 하는 사회보험의 정신에 어긋나는 것이었다. 이에 모든 조합을 하나로 합치자는 운동이 전개됐다. 한편으로 이 통합 운동은 암울한 시대에 나타난 민주화운동의 또 다른 모습이었다. 1988년 농민들의 보험료 거부 운동에서 시작한 의료보험 통합 운동은 많은 시민·노동단체의 연대활동으로 이어졌으며 수많은 우여곡절을 겪었다.

초기 통합을 주장했던 공무원은 '수뢰 혐의'를 빌미로 '기관'

으로 끌려가 발가벗겨지는 수모를 당했다. 또 노태우 당시 대통령은 국회에서 통과한 통합 법안에 거부권을 행사하기도 했다. 일부 반대세력은 의료보험을 통합하면 직장인의 보험료가 2.8배나 오른다는 거짓말을 유포했다. 거짓 서명지를 만들기도 했다.

그러나 마침내 2000년 7월 1일 통합을 이뤄냈다. 지난 1일은 이렇게 세계 건강보장사에 기록될 만한 사건이 있은 지 10년이 되는 날이었다.

하지만 건강보험 통합 운동은 미완의 역사이기도 하다. 조직과 재정의 통합은 이루었지만 우리나라 건강보험은 보장성이 겨우 50%대에 머무는 '반쪽짜리 건강보험'이다. 국민의 상당수가 비싼 민간보험료를 내느라 허리가 휘어지고 있다.

며칠 전에는 뇌출혈로 쓰러진 어머니한테 매달 들어가는 200만 원을 감당하지 못해 10대 아들이 자살을 기도하는 사건이 보도되기도 하였다. 이런 상황에서도 정부는 의료민영화를 강행해 건강보험의 근간을 뿌리째 흔들고 있다.

그러면 건강보험 통합 10돌을 맞이하여 우리 사회가 힘을 모아야 하는 일은 무엇일까? '100만 원의 개혁'이다. '100만 원의 개혁'이란 실제 진료비가 아무리 비싸게 나와도 1년에 100만 원 이상은 내지 않아도 되는 정책이다. 1970년대 스웨덴은 '7크로나 개혁'을 시행했다. 7크로나(약 3만 원)만 있으면 국민 모두가 필요한 의료서비스를 제공받을 수 있게 하는 개혁이었다. 현재 스웨덴은 국민총생산 대비 9% 정도의 의료비를 사용한다. 스웨덴 국민은 아무리 중한 질환이라도 한 해에 최대 50만 원

정도의 진료비만 내면 된다. 스웨덴 말고도 많은 나라에서 이를 시행하고 있으니 우리나라라고 못할 까닭이 없다.

이를 위해서는 무엇보다 현재 정부가 추진하고 있는 의료 민영화 정책을 중단해야 한다. 그리고 정부와 국회의 책임을 늘리고 주치의 등록제, 총액계약제 등 지출구조를 합리화하면서 사회적 합의를 이루면 국내에서도 충분히 가능한 일이다.

이러한 개혁이 성공하려면 무엇보다 시민사회가 힘을 모아 2012년 국회의원 선거와 대통령 선거에서 '100만 원의 개혁'을 공약하는 이를 선출해야 한다. 이번 6·2 지방선거에서는 '무상급식' 운동을 펼쳐야 한다. '100만 원의 개혁'은 '무상급식' '무상보육과 교육' 운동의 연장선상에 있다. 이를 위해 모든 시민, 노동계가 힘을 모을 일이다. 최근 우리 사회에서 이루어지고 있는 다양한 건강보장성 강화 운동도 이러한 목표 아래 힘을 합하면 어떨까?

요즘 남아공에서 월드컵이 한창이다. 얼마 전 남아공을 배경으로 넬슨 만델라의 일생을 다룬 영화 〈우리가 꿈꾸는 기적: 인빅터스〉가 국내에서 개봉됐다. 세계 건강보장사에 유례가 없는 통합을 이뤄낸 10돌에 아무리 아파도 한 해 100만 원이면 해결되는 나라, 그런 '100만 원의 기적'을 꿈꿔보면 어떨까?

<한겨레>, 2010. 7. 4.

만파식적을 찾아서

김 형, 저는 지금 학회 참석차 경주에 와있습니다. 공식 일정이 시작되기 전 오랫동안 수첩에 적어놓고도 하지 못했던 일을 하기 위해 새벽 일찍 일어났습니다. 바로 경주 근처 바닷가에 있는 감은사지 삼층 석탑을 보기 위해서입니다. 제가 감은사를 처음 만난 것은 10년 전 한 시인의 책에서였습니다. 그 시인은 냉기 서린 감옥 시멘트벽에 감은사지 석탑 사진을 붙여놓고 화두처럼 궁굴리며 참선의 날을 보냈고 덕분에 '얼핏 진리의 옷 한 자락을 만져본 느낌'이라고 적었습니다.

새벽 동틀 무렵 아무도 없는 조용한 감은사지의 석탑은 지난 1,500년 동안 그랬던 것처럼 여전히 거기 그렇게 서있었습니다. 수없이 사진으로 보았지만 실물 석탑을 보는 순간 저도 모르게 제 입에선 "아~하" 하는 탄성이 터져 나왔습니다. 단순하면서도 정제되고 힘 있고 기품이 있는 석탑 앞에서 한참을 서 있었습니다. 저 역시 그 시인의 깨달음을 조금은 이해할 듯했습니다. 그리고 할 수만 있다면 저 든든한 지대석의 한 부분만이라도 될 수 있기를 빌었습니다. 석탑을 둘러봤지만 또 하나 할 일이 남아 있었습니다. 바로 감은사 앞바다에 있는 문무대왕릉에 가는 일입니다. 대왕암이 보이는 바닷가 모래사장에 쪼그려 앉아 용이 되었다는 문무왕을 기다렸습니다.

그를 기다리며 생각했습니다. 죽어 용이 되어서라도 나라를 지키겠던 문무왕이 갑자기 나타나 제 나라 하나 제힘으로 지키지 못해 전시작전권까지 다른 나라에 넘긴 이 못난 후손을 야단치면 뭐라 변명해야 하나 생각하고는 저 혼자 씁쓸한 미소를 지었습니다. 하지만 제가 이른 아침부터 바닷가에서 문무왕을 기다린 데는 이유가 있었습니다. 바로 '만파식적' 때문입니다. 만파식적은 용이 된 문무왕과 김유신이 신문왕에게 전했다는 피리입니다.《삼국유사》에는 이 피리를 불면 적군이 물러나고 병이 나았으며, 가뭄 땐 비가 왔다고 합니다.

지금 우리 사회는 연이은 대형 참사로 어수선합니다. 지금이야말로 만파식적이 필요한 때가 아닌지요? 만파식적은 그저 신화일 뿐이라고 하지만, 진짜 만파식적이 있다면 저는 그것이 아마 대금이리라 생각합니다. 대금 소리를 한번쯤 들어본 사람이라면 그 소리가 얼마나 사람의 마음을 뒤흔드는지 잘 알 겁니다.

대금의 그 애끊는 소리는 갈대의 속살로 만든 '청'이라는 가느다란 막의 떨림이 만들어낸다고 합니다. 그 하얗고 얇은 막은 언젠가 보았던 심장 속 판막과 닮았습니다. 아하 그렇구나! 대금 소리가 그렇게 우리 가슴을 흔드는 것은 대금의 '청' 막과 우리네 심장의 판막이 공명하기 때문이구나. 만파식적이 만들어내는 기적은 아마 그런 '공명'에서 나오는 것이구나 하는 생각으로 이어졌습니다.

김 형, 저는 지금 전 지구적으로 벌어지고 있는 전쟁, 재난, 역질이 가져올 결말에 대해 조금 비관적입니다. 그래도 인류가 조그마한 희망이라도 만들어내려면 무엇보다 많은 이들과 공감을 나누는 훌륭한 지도자가 필요하다고 생각합니다. 지금 같은 '불통의 정치'로는 이 난국을 극복할 수 없습니다. 에볼라 사태만 하더라도 실은 그간 가난한 이들의 고통에 대한 무관심과 무시가 진정한 원인이며, 그러기에 위압적인 명령과 격리만으로는 해결할 수 없다고 저는 믿습니다.

하지만 훌륭한 지도자보다 더 중요한 것이 있습니다. 그것은 우리 모두의 심장 판막이 대금의 떨림판인 '청'이 되어 서로 공명하는 노랫소리를 만들어내는 일입니다. 우리가 저마다 자기 심장에 만파식적 하나씩을 품고 살아가야 한다는 것이지요. 물론 품는 것만으로는 소용이 없습니다. 우리는 그 피리를 밤낮없이 불어야 합니다. 힘들수록 단장(斷腸)의 아픔으로 불어내야 합니다. '미래는 오늘 우리가 부르는 노래에 달려있기 때문'입니다.

'만파식적'을 찾아서

〈경향신문〉, 2014. 10. 31.

'온 보건복지'를 향하여

코로나19 감염병 대유행으로 전 세계가 혼란스럽다. 4월 1일 현재 전 세계적으로 100만 명에 가까운 확진자와 5만 명에 달하는 사망자가 발생했다. 검사와 확진이 이루어지지 못한 나라들의 사례를 포함하면 이 숫자는 매우 과소 추계된 것이다. 이로 인해 많은 나라가 국민을 집 밖으로 나오지 못하게 하고 모든 학교는 수업을 중단했다. 저마다 국경을 봉쇄하고 전 세계 공항들은 문을 닫고 있다. 0.1~0.2 μm 크기(1μm=1,000분의 1mm)의 작은 바이러스가 만들어낸 사건으로는 실로 놀라운 일이라 할 것이다.

최근 빈발하고 있는 감염병의 대유행은 새로운 현상이라고만 할 수 없다. 역사적으로도 14세기 흑사병(약 1억 명 사망 추정), 20세기 스페인독감(5000만 명 사망) 등 많은 감염병 유행이 있어 왔다. 그러나 최근 사스(2002~2003), 신종플루(2009~2010), 에볼라 유행(2013~2014), 메르스(2015) 등의 대규모 감염병 유행은 오래전 대유행과는 조금 다른 특징이 있다.

첫째, 인간이 야기한 생태계 파괴 등을 주요 원인으로 볼 수 있다. 둘째, 국경을 넘나드는 대규모 지역 간 이동으로 인해 전파 속도가 빨라지고 이로 인한 위험의 크기가 매우 커졌다는 것이다. 따라서 많은 전문가가 감염병 유행이 일개 국가를 넘어 전 인류의 생존에 결정적인 영향을 미치는 중요한 재앙이 될 것이라고 보고 있다.

감염병 대유행이 알려준 것들: 우리 사회의 가장 취약한 부분

감염병의 대유행은 우리 사회의 가장 취약한 지점들을 드러냈다. 감염병은 빈부, 노소, 국내와 국외를 가리지 않고 있지만, 그래도 자세히 들여다보면 역시 가장 취약한 집단들의 고통이 가장 크다. 국내 사망자들을 보아도 정신병원이나 요양시설 장기수용자, 기저질환을 가진 노인들이 대부분이다. 직장과 일상생활의 장에서도 마찬가지다. 아파도 쉬지 못하는 일용직 노동자, 택배·배달 노동자, 재택근무가 불가능한 콜센터 노동자, 아르바이트 노동자 등에게 물리적 거리두기란 애초에 불가능한 처방이다. 고위험군의 보건의료·돌봄 노동자들은 감염의 노출 속에서 과로에 시달리고 있다. 유치원과 학교가 쉬기 때문에 맞벌이 부부들은 하루하루가 너무 고통스럽다. 그나마 얼마 안 되는 정부의 지원에서 배제되고 있는 이주민들은 실업의 고통에 더해 마스크도 구하지 못하고 또한 지독한 혐오에 시달리고 있다. 또 이럴 때면 어김없이 나타나는 가짜 뉴스와 각종 혐오 행동이 사회를 더욱 혼란스럽게 만들고 있다.

또 다른 진실

코로나19의 대유행은 우리 사회에 수많은 취약 지점들이 있음을 드러냄과 동시에 또 다른 진실도 드러냈다.

첫째, 미국, 프랑스, 영국, 스페인 등의 상황을 볼 때 감염병 대유행에 대응하는 능력은 정치·경제력 순이 아니라는 사실이다. 더욱이 이들 강대국들은 인류적 재난 앞에서 다른 저소득 국가들의 어려움에 거의 어떤 도움도 제공하지 못하고 있다. 최첨단기술이 만들어낸 전쟁무기들도 이런 상황에서 전혀 도움이 되지 못했다.

둘째, 지난 십여 년 동안 공공병원들을 민영화한 이탈리아, 스페인과 같은 나라일수록 더욱 혹독한 대가를 치르고 있다는 것이다. 대구처럼 첨단의료의 '메디시티'를 표방하는 곳도 일순간에 방역 취약 지역이 될 수 있다는 것을 보았다.

셋째, '영리 목적 탈규제'와 '작은 정부'를 외치며 공공병원을 없애고 관련 예산을 깎던 이들과 이들의 주장은 이런 인류적 재난 시기에 피해를 키우는 역할을 했고 더 나아가 어떤 도움이 되거나 실효적인 대책도 내놓지 못했다는 것이다. 소위 '빅5'라 불리는 대형 병원들은 이런 절박한 국가적 재난 상황에서 어떤 존재감도 발휘하지 못하는 반면, 부족한 예산과 인력으

로 근근이 유지해 가던 몇 개 남지 않은 도립의료원 등 공공의
료기관들이 우리 사회의 영웅 역할을 수행하고 있다는 것이다.
그 밖에도 많은 진실이 속속 드러나고 있다.

국내 보건복지 영역 평가

이번 코로나19 대유행에서 한국 보건복지 영역이 보여주고
있는 성적표는 어떨까? 뜻밖에도 한국 사회의 초기 적극 검사
및 대응, 투명한 정보 공개 등은 전 세계의 모범이 되고 있다.
전문가들은 "한국이 잘했다기보다 다른 나라들이 너무 못했다"
고 이야기하지만, 그래도 일부 성과를 보이는 것은 불행 중 다
행인 일이다. 이는 지난 사스와 메르스 사태를 통해 이루어낸
경험과 공중보건 분야 전문가들의 노력의 결과다. 하지만 그것
만으로는 설명이 부족하다. 이번 위기에 상대적으로 좋은 성과
를 만들어낸 저변에는 한국 사회가 만들어온 민주주의의 역동
성이 자리하고 있다. 가짜 뉴스에 대한 시민들의 빠른 대응과
정보교환, 투명한 정보와 의사결정에 대한 시민들의 요구와 그
에 부응하려 한 정부의 노력 등이 그것이다. 이러한 민주주의의
역동성을 극명하게 보여주는 것은 전 세계에서 거의 유일하게
사재기 현상이 벌어지지 않고, 지하철역에 비치한 손 세정제가
사라지지 않는 놀라운 사회의 모습이다.

그러나 일부 성과에도 불구하고 우리나라 보건복지 분야
의 대응이 완벽하지는 않다. 앞서 제시한 사례들과 같이 부실

한 사회안전망으로 인해 많은 이들이 고통과 죽음에 직면하고 있고 양적, 질적으로 부실한 사회안전망 속에서 폐업, 대량 실직 등 경제공황에 준하는 사태가 가져올 미래는 더욱 암울하다.

대응: 새로운 정책을 위한 새로운 이론

작금의 상황은 향후 전망과 대응방안을 이야기하기에 여전히 불확실한 영역으로 남아있는 부분이 너무 많다. 이 코로나19 사태가 언제 종료될지, 어떤 2차·3차 문제들을 야기할지 여전히 미지수다. 그러나 이 사태가 종료되기를 마냥 기다릴 수만은 없다. 우리는 늘 그렇듯 현재와 싸우면서 미래를 준비하는 이중의 과제를 수행해야 한다. 이것은 보건복지 영역도 예외가 아니다.

제2차 세계대전을 넘어서는 초유의 사건에 대한 대응은 당연히 기존의 생각과 관행을 넘어서는 것이어야 한다. 그 주요 과제는 첫째, 현재의 위기하에서 사회안전망의 사각지대를 신속히 찾아 메우는 일이며 둘째, 미래의 대비는 '코로나2n'의 도래 시에 보다 효과적으로 대처하는 체계를 구축함과 동시에 셋째, 감염병 대유행의 발생 그 자체를 막는 근원적인 대응이 병행되어야 한다. 첫 번째, 두 번째가 정책적 과제라면 세 번째는 문명 전환적 과제다.

첫 번째와 두 번째가 파격적인 긴급재난지원금, 공공보건의료의 양적·질적 강화, 실업급여, 상병수당 등 사회보장제도의 실효화 등을 포함한 사회안전망의 신속하고 파격적인 강화라면 세 번째는 반복적인 감염병 유행의 원인이 되고 있는 무분별한 생태 파괴적 산림개발, 식량 생산 및 소비 체계, 구체적으로 기존 신자유주의적 국제정치·경제체계의 전면적인 전환을 의미한다. 새로운 바이러스의 증대는 식량 생산, 다국적 기업의 수익성과 밀접하게 관련되어 있기 때문이다. 또한 문명론적 전환은 이에서 더 나아가 인류 전체의 삶의 방식을 '자발적이고 집단적인 소박함'에 기초한 방식, 생물종의 다양성을 늘려 감염병의 대유행 가능성을 근원적으로 줄이는 생태 친화적 방식으로 전환하는 것을 포함한다.

그것이 정책적 과제이든, 문명 전환적 과제이든 그것을 위한 구체적인 정책안, 시행전략을 만들기 위해서 우선적으로 학계가 해내야 하는 일은 이러한 전환의 목적에 부합하는 이론체계를 확립하는 것이다. 좋은 정책은 좋은 이론을 필요로 하기 때문이다. 또한 좋은 이론을 위해서 우리는 기존의 고식적인 사고의 경계를 넘어서야 한다.

새로운 이론이 가져야 할 핵심적 요소는 크게 두 가지다. 첫째, 사고와 정책의 범위를 파격적으로 확대하고 통합해 내야 한다. 구체적으로 인간 중심, 개발 중심의 분절화된 체계를 생태 친화적 개념으로 전환하는 것이다. 둘째, 과학의 패러다임을 전환하여야 한다. 그간 인류의 지식·과학·생산체계는 무한정 분열하고 서로 경쟁하는 방식으로 발전해 왔다. 짧은 인과관계의 확인을 중심으로 발전하는 과학은 현 코로나19 사태와 같은 복잡한 거대 현상에 대해 대응방안을 내놓지 못한다. 또한 이윤 지향적 자본과 결합하면서 거대해진 과학은 전쟁이나 생태 파괴도 서슴지 않는 방식으로 사용되고 있다. 이러한 거대과학은 인간을, 시민을 더욱 왜소하게 만들고 전쟁 가능성뿐만 아니라 되돌리기 어려울 만큼의 지구 환경 파괴를 야기하고 있다. 작금의 감염병 대유행의 원인이 성찰 없는 과학만능주의임에도 불구하고 여전히 많은 정치가와 일반 시민들은 이번 코로나19 유행 역시 과학이 해결해 줄 것이라 믿고 있다. 따라서 새로운 이론은 이렇게 폭주하는 과학을 시민과 생태환경의 관리하에 둘수 있도록 하는 내용을 포함해야 할 것이다.

보건복지정책 영역 역시 이상의 원칙에 충실한 패러다임의 전면적 전환이 필요하다. 구체적으로 요약하자면 특정 지역, 국가, 계층의 사람만을 위한 정책이 아니라 전 지구의 인간, 동식물, 생태계 모두의 '공생적 온존'을 지향하는 정책으로의 전환이 필요하다. 코로나19와 같은 대형 재난은 한 나라의 노력만으로 해결할 수 없다. 이의 해결을 위해서는 지역 수준뿐만 아니라 국제적 수준에서 모든 분야 간 긴밀한 협력체계의 구축이 필수적이다. 굳이 이를 기존의 개념으로 설명한다면 보건복지의 생태학적 패러다임으로의 전환이 필요하다. 또한 이러한 전환은 저절로 이루어지는 것이 아니며 지극히 정치적인 과정을 통해서만 가능하다. 특별히 이러한 거대한 질적 변화는 정부의 힘만으로 해낼 수 없다. 정부가 가진 공권력과 자본만으로는 감당할 수 없기 때문이다. 따라서 위기 상황에서는 정부와 시민의 민주적 거버넌스 체계로의 전환이 필요하다. 이 역시 지극히 정치적인 과정이라 할 것이다. 그렇기에 이 모형은 정치생태학적 모형으로 발전해야 하고, 그 궁극적 목표가 모든 존재들의 온존이라는 점에서 '공공적 정치생태학 패러다임'이라 부를 수 있을 것이다. 그리고 이러한 패러다임에 기반을 둔 보건복지의 이름은 '온 보건복지(One Health & Welfare)'이다.

우리 인류가 이러한 삶과 정치 및 경제체계의 질적·양적 전환을 이루어낼 수 있을까? 그러나 확실한 것은 우리 인류의 생존은 이러한 정책적·문명적 전환과 함께 기존 보건복지를 '온 보건복지'로 전환할 수 있는가에 달려있을 것이라는 사실이다.

코로나19 대유행 시기의 보건복지:
"온 보건복지(One Health & Welfare)를 향하여"
〈보건사회연구〉, 2020년 3월

참고 문헌

Curry, Patrick. (2004). *Defending Middle-Earth: Tolkien: Myth and Modernity:*. HMH.
Levins, Richard. (2009).《리처드 레빈스의 열한 번째 테제로 살아가기: 건강, 생태학, 과학, 그리고 자본주의》. (박미형, 신영전, 전혜진 역). 한울.
Levins, Richard, & Lopez, Cynthia. (1999). Toward an ecosocial view of health. *International Journal of Health Services*, 29(2), 261-293.

퓨즈만이 희망이다

1973년 10월 22일, 〈동아일보〉에 다음과 같은 기사가 실렸다.

"두꺼비집에 퓨즈 대신 구리철사, 영천 정부곡물 도정공장 화재원인."

여기서 '퓨즈'는 과전류가 흐르면 제일 먼저 끊어져 전기 장치를 보호하고 합선으로 인한 화재를 방지하는 장치다. 옛날에는 전기가 자주 끊기고 그때마다 퓨즈를 구하기 힘들어서 대신 구리철사로 묶어놓는 경우가 많았다. 그러면 과전류가 흘러도 전기는 나가지 않았지만, 불타버린 도정공장과 같은 신세가 되기 십상이었다.

최근 코로나19 유행은 인류사의 비극적 기록을 갈아치우고 있다. 무소불위의 힘을 자랑하던 미국은 4월 28일 현재 확진자 수가 100만 명을 넘었고 매일 1,000명이 넘는 사망자가 나오고 있다. 프랑스, 독일, 스웨덴과 같은 기존의 선진국들도 상황은 크게 다르지 않다. 그나마 한국의 성적이 제일 좋지만 언제 2차 유행이 다시 시작될지 몰라 아슬아슬하다. 이런 상황에서 전 세계는 백신과 신약개발에 사활을 걸고 있는 듯하다.

그러나 많은 이들의 염원에도 불구하고, 감염병 대유행을 백신과 신약개발로 막으려는 것은 퓨즈 대신 구리철사를 갖다 대는 미봉책에 지나지 않는다. 이유는 크게 두 가지다. 첫째, 코로나바이러스는 이미 급속한 변이를 시작했다. 중국 국립생물정보센터에 따르면, 전 세계 과학자들이 4,300개 이상의 돌연변이를 발견했다고 한다. 이는 백신을 개발해도 효과가 있으리라는 보장이 없음을 의미한다. 둘째, 백신과 신약이 일시적인 효과를 나타낸다 해도 코로나19보다 더 치명적인 니파(치명률 77.6%), 조류독감(치명률 52.8%), 에볼라(치명률 40.4%) 등 수없는 바이러스들이 깨어나 다음 차례를 기다리고 있다.

다시 한번 명토 박아 두자. 문제는 바이러스가 아니다. 작금의 종말론적 위기인 감염병의 창궐, 미세먼지, 핵전쟁과 방사능 누출 등과 같은 거대 재난 뒤에는 돈이 된다면 무엇이든 저지르는 탐욕스러운 자본이 있고 그 뒤에 이와 결탁한 고삐 풀린 과학이 있다. 더욱이 질병을 세포, 유전자, 염기서열의 이상으로 설명하는 주류 과학의 환원론적 접근은 코로나19로 대변되는 전 지구적 재난에 철저하게 무력했다. 3개월 만에 결과보고서를 내야 하는 연구는 부분적이고 짧은 인과관계를 재확인하는 선에서 그칠 수밖에 없다.

정육점에 매달린 소의 등심, 양지 등 각 부위를 모두 모아 놓는다고 해서 결코 소가 될 수 없다는 이야기다. 무엇보다 그런 과학으로는 코로나19 유행과 같은 대규모 복잡계 현상을 설명할 수 없다. 백신과 신약개발은 이런 실패한 노선의 연장선에 있다. 이런데도 다시 '바이오헬스'와 원격의료라는 구리철사에 목을 매고 있는 우리 대통령을 누가 좀 말려 달라!

그러면 어떡할 것인가? 알베르트 아인슈타인은 우리의 사고방식이 야기한 문제는 그것을 초래한 사고방식으로는 결코 해결할 수 없다고 했다. 우리에게 새로운 접근이 필요하다. 첫째, 비주류에서 답을 찾아야 한다. 도서관 구석의 뽀얗게 먼지 앉은 책들을 다시 펼쳐야 하고 그간 연구비를 못 땄다고 무시했던, 그래서 주류에서 밀려나 잊혔던 늙은 스승이 있는 골방을 이제라도 찾아 나서야 한다. 무엇보다 짧고 부분적인 인과관계가 아니라 '복잡한 전체'를 설명하는 이론으로 돌아와야 한다.

그런 사람 중 하나가 하버드대학교의 리처드 레빈스 교수다. 그는 오래전부터 작금의 상황을 예언했다. 홍수조절은 수해를 증가시키고, 첨단농법은 생산능력을 저하하며, 살충제는 해충을 증가시키고, 항생제는 감염을 증가시킬 수 있다고 하였다. 현재의 발전 방식으로 증가하는 국가 소득은 가난, 종속, 절망을 증가시킨다고도 했다. 하지만 그의 강의실은 늘 비어 있었다. 얼마 전 그는 운명을 달리했지만, 지금이라도 그의 주장을 들어보자.

"요컨대 국제공중보건체계는 해묵은 질병의 부활과 새로운 질병의 출현에 당혹스러워하고 있다. 이런 상황은 기대를 형성할 때 사용된 편협한 경험과 환원주의적이며 실용주의적인 이론 틀이 야기한 결과이다. 체계는 자연과 사회의 중요한 결합관계와 그것이 관리하고자 하는 대상이 가지고 있는 내적 역동성을 생산해내는 능력과 비선형적 복잡성을 고려하지 못했다. 그리고 이 체계는 과학기술과 경제의 발전에 대한 순진한 진보주의를 특징으로 했다. …… 마지막으로 이런 편견들은 과학의 오랜 역사와 현대 지식산업으로서의 사회적 조직화에 굳건히 뿌리를 내리고 있다. 다양한 연구 분야의 경계와 의제, 그리고 성공적인 문제 해결책에 대한 기준은 바로 이러한 지식산업에 의해 결정된다."[*]

둘째, 취약성 속에 답이 있다. 사회학자 지그문트 바우만은 과부하가 걸리는 순간 가장 먼저 망가지는 부품은 퓨즈이고, 점증하는 사회불평등과 '강등된 인류(약자)'의 고난이라는 요소로 구성된 폭발성 혼합물이 현 세기에 인류가 해결해야 할 가장 중요한 문제라 확신했다. 이런 약자들이야말로 현재의 모순을 가장 농축적으로 내재하고 있는 존재이기에 그들에게 답을 물어야한다. 로버트 라이시 캘리포니아대학교 교수가 말한 것처럼,

---

[*]　리처드 레빈스,《리처드 레빈스의 열한 번째 테제로 살아가기》(한울, 2009)

이들은 재택근무, 원격의료를 이용할 수 있는 이들이 아니라 "임금을 받지 못한 노동자""잊혀진 노동자"다. 장기시설수용 자이고 감염병이 창궐해도 하는 일이 하나도 달라지지 않는 청 소부, 택배 노동자다. 그러나 그 질문은 인간에게만 물어서는 안 된다. 사회적 거리두기가 시작되자 태국 해변으로 돌아온 멸 종 위기의 장수거북, 멕시코 아카풀코 해안의 푸른 형광빛 파도 로 다시 돌아온 플랑크톤, 스모그 걷힌 인도에서 30년 만에 시 야에 나타난 히말라야산에도 물어야 한다.

위기의 시기에 퓨즈처럼 가장 먼저 죽는 이들, 한 번 쓰고 버려지는 이들은 주류 사회에서 가장 약한 자들이다. 그러나 그 들은 "아프면 제일 먼저 붓는 편도(扁桃)"이고, "가장 먼저, 가장 늦게까지 아픈 시인(詩人)"이며, 마침내 인류 생존의 해법을 간 직한 이들이다. 그래서인가? 한 시인은 이렇게 노래했다. "아픈 곳이 중심이다."* 퓨즈만이 희망이다.

〈한겨레〉, 2020. 4. 30.

★ 박노해, 《그러니 그대 사라지지 말아라》(느린걸음, 2010)

은하수로 가는 방법

더글러스 애덤스의 소설 《은하수를 여행하는 히치하이커를 위한 안내서》에는 '깊은 생각'이라는 이름을 가진 최고 성능의 컴퓨터가 나옵니다. 마그라테아 행성인들은 750만 년을 기다려 이 컴퓨터로부터 "삶, 우주, 그리고 모든 것에 대한 궁극의 질문"의 해답을 들을 수 있었는데, 그것은 바로 '42'였지요. 그 '42'가 뭐냐고 다시 물으니 '깊은 생각'은 '진짜 질문'이 무엇인지 알게 되면 그 해답, '42'의 의미 역시 알게 될 것이라고 답합니다. 그 '진짜 질문'을 알아내기 위해 소설의 인물들은 다시 1000만 년짜리 프로젝트를 진행합니다.

그래서 그 '진짜 질문'을 찾았느냐고요? 이 소설의 작가는 작품을 끝내지 못하고 2001년 헬스장에서 심장마비로 우주를 향해 떠납니다. 그의 소설과 삶 사이에 구별이 없어지는 순간이지요. 하여튼, 이렇게 750만 년에 다시 1000만 년을 더해 찾아 헤맨 '진짜 질문'을 제가 찾았다면 여러분들은 믿으시겠나요?

그 '진짜 질문'을 한 이는 약 2,000년 전 척박한 사막에 살

던 율법교사입니다. 지금으로 치면, 철학이나 신학 교수쯤 될
까요? 그는 인간으로 현신한 신에게 이렇게 질문합니다. "내가
무엇을 해야 영원히 살 수 있습니까?" 신의 대답은 뜻밖의 것
이었습니다. "네 이웃을 네 몸같이 사랑하라." 율법교사는 고
개를 갸웃하며 또 묻습니다. "그럼 누가 내 이웃입니까?" 신은
대답합니다. "네가 스쳐 지나간 그 사람, 우연히 마주친 그 사
람, 길거리에 쓰러져 있는 그 사람이 바로 너의 이웃"이라고요.
2,500년 전 보리수나무 밑에 좌정했던 신 역시, 왕생(往生)의 요
체인 행선(行善) 중 타인을 위한 공덕(功德)만한 것이 없다 했지요.

　이 '진짜 질문'에 대한 답은 이제 신의 것만이 아닙니다.
철학자 이반 일리치 역시 평생 이 질문을 궁굴리며 살았지요.
"미래가 현재를 결정한다"는 프리드리히 니체의 말에서 영감을
얻은 듯, 미래학자 자크 아탈리도 우리가 지금 상상하는 미래
의 모더니티(근대성)가 현재와 미래를 만든다고 하면서, 향후 우
리를 지배할 모더니티로 '하이퍼(인공물) 모더니티'를 꼽습니다.
하이퍼 모더니티는 생산성 향상을 위한 극심한 경쟁이 만들어
낸 것으로, 노동계약을 포함한 모든 협정이 더욱 불안정해지고,
모든 이들이 네트워크에 의해 밀착된 감시 상태에 놓이며, 심지
어 인체까지 인공물을 많이 장착할수록 '모던하다'고 여겨지는
사회입니다. 이것을 뒷받침하는 것이 바이오, 나노, 로봇 기술
등입니다. 현 정부가 사활을 걸고 있는 영역이지요.

　이 하이퍼 모더니티의 끝은 어디냐고요? 아탈리는 불멸을
향한 욕망과 영원한 향락주의에 이끌려 인공물이 되어버린 인

류가 결국 옹기종기 모여있는 자기도취적 인공물의 군집으로 전락할 것이라 경고합니다. 그런 종말을 피할 수 있는 유일한 방법은 바이오, 나노, 로봇 기술이 아니라 타인의 행복을 자신의 삶의 조건으로 삼는 '이타적인 모더니티'라고 말합니다. 그것을 통해서만 정체성과 창의성, 자유를 동시에 유지해 나가면서도 지속 가능한 미래를 꿈꿀 수 있다는 거지요. 이 이야기는 수천 년 전 사막 한가운데와 보리수나무 밑에서 했던 신들의 말과 다르지 않습니다.

하지만, 답을 알면서도 행하지 않는 것엔 답이 없습니다. 작금의 코로나19 사태만 보아도 알 수 있지요. 얼마 전 구호 단체 옥스팜은, 지금 바로 '긴급 행동'을 하지 않으면, 제대로 된 마스크 한 장 써보지 못한 채 4000만 명의 빈곤국 사람들이 사망할 것이라고 발표했습니다. 그러나 선진국을 자처하던 나라들은 자신들이 급해지자 가난한 나라를 돕는 것을 포기했습니다. 마스크라도 보내자고 하면 "우리도 없어 죽을 지경인데 무슨 소리냐"며 마스크 수출 금지조치까지 했지요. 미국, 독일, 프랑스, 네덜란드 등 부자 나라들은 백신이 나오면 자기네가 먼저 쓰겠다고 벌써 '백신동맹'까지 맺었지요. 내 아픔 앞에 이웃은 없었습니다. 경쟁과 생산효율을 위해 스스로 기계가 되는 것도, 지구 파괴를 멈추지 않는 것도 바로 우리들입니다. 아탈리 역시, "이타적 모더니티에 도달하기 위한 길은 매우 좁다. 그것도 치명적으로 좁다"고 말합니다. 그러니 그마저도 희망적이지 않은 것 같습니다.

이제 "내가 무엇을 해야 영원히 살 수 있습니까?" "은하수로 가는 방법은 무엇입니까?"라는 이 '진짜 질문'에 대한 답은 다시 작가인 애덤스에게서 찾아야 할 듯합니다. "과학자들은 싫어하겠지만" 그가 마지막으로 헬스장에서 사용한 '무한 불가능 확률 추진' 방식 말입니다. 자, 우주선에 오르기 전 마지막으로 묻습니다.

"누가 당신의 이웃입니까?"

〈한겨레〉, 2020. 6. 25.

퓨즈만이

희망이다

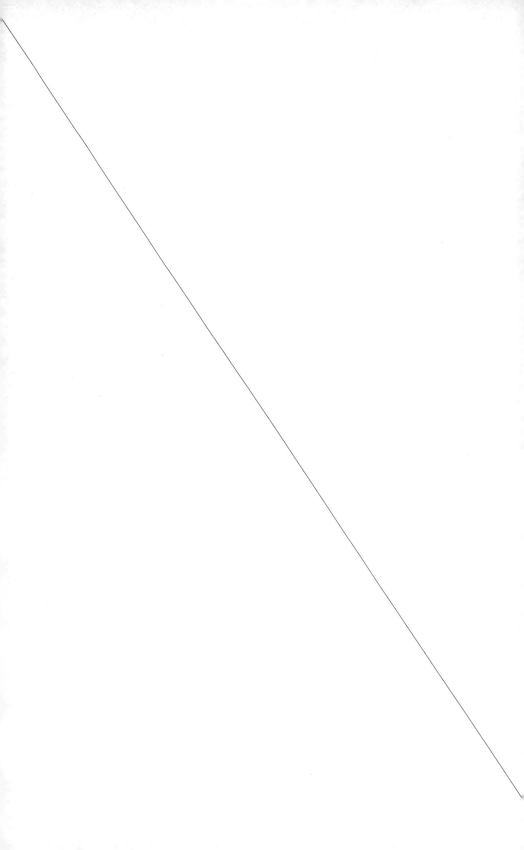

퓨즈만이 희망이다

© 신영전, 2020

초판 1쇄 인쇄 2020년 9월 11일
초판 1쇄 발행 2020년 9월 18일

지은이   신영전
펴낸이   이상훈
편집인   김수영
본부장   정진항
인문사회팀 김경훈 권순범
마케팅   천용호 조재성 박신영 조은별 노유리
경영지원   정혜진 이송이

펴낸곳 한겨레출판(주) www.hanibook.co.kr
등록 2006년 1월 4일 제313-2006-00003호
주소 서울시 마포구 창전로 70(신수동) 화수목빌딩 5층
전화 02-6383-1602~3   팩스 02-6383-1610
대표메일 book@hanibook.co.kr

ISBN 979-11-6040-430-2 03330

• 책값은 뒤표지에 있습니다.
• 파본은 구입하신 서점에서 바꾸어 드립니다.
• 이 책의 일부 또는 전부를 재사용하려면 반드시 저작권자와 한겨레출판(주)
  양측의 동의를 얻어야 합니다.
• 본문에 나온 시 등에 대해서는 저작권자의 게재 허락을 받았으나 일부는 진행 중입니다.
• KOMCA 승인필